基层社会意识形态问题调查研究系列丛书

国家社科基金项目

“当代中国农民民主意识发展问题研究”（项目号14BZZ014）阶段性成果

山东省农村居民政治心态调查数据报告

SHANDONGSHENG NONGCUNJUMIN ZHENGZHIXINTAI DIAOCHA SHÜJU BAOGAO

（2016）

楚成亚 刘 冬 黄建宁 著

山东人民出版社·济南

国家一级出版社 全国百佳图书出版单位

图书在版编目（CIP）数据

山东省农村居民政治心态调查数据报告.2016/楚成亚，刘冬，黄建宁著. --济南：山东人民出版社，2019.7

ISBN 978-7-209-12043-2

Ⅰ. ①山… Ⅱ. ①楚… ②刘… ③黄… Ⅲ. ①农村－居民－政治心理学－调查报告－山东 Ⅳ. ①D663.2

中国版本图书馆CIP数据核字(2019)第144732号

山东省农村居民政治心态调查数据报告（2016）

楚成亚　刘　冬　黄建宁　著

主管单位　山东出版传媒股份有限公司
出版发行　山东人民出版社
出 版 人　胡长青
社　　址　济南市英雄山路165号
邮　　编　250002
电　　话　总编室（0531）82098914
　　　　　市场部（0531）82098027
网　　址　http://www.sd-book.com.cn
印　　装　济南万方盛景印刷有限公司
经　　销　新华书店

规　　格　16开（184mm×260mm）
印　　张　16
字　　数　350千字
版　　次　2019年7月第1版
印　　次　2019年7月第1次
印　　数　1-1000
ISBN 978-7-209-12043-2
定　　价　48.00元

序

改革开放以来,我国在意识形态领域面临的问题和挑战趋于复杂。随着对外开放，政治系统的封闭性越来越弱；随着市场化改革，学校和大众传媒等政治社会化媒介也越来越难以在“口径”上保持一致性，因此，主流意识形态的传播、“教化”效用大打折扣。而且，随着社会经济转型，利益格局发生分化，城乡基层社会产生大量边缘群体，进而内生出与主流意识形态存在张力的价值信念。此外，境外势力也在借助宗教组织和 NGO 对我国基层社会进行意识形态渗透。马克思主义、西方自由主义、中国传统文化之间的互嵌与竞争正在当代中国基层社会的信仰场域中真实上演，可能已经或正在形成一个“主流（官方）意识形态”—“社会精英意识形态”—“基层社会意识形态”的三层结构。在此背景下，“基层社会意识形态”正在被越来越多的学者作为一个独立的研究领域来对待。例如，樊浩的《中国大众意识形态报告》（中国社会科学出版社 2012）分析了“农民群体”和“弱势群体”在内的六个阶层的意识形态状况；牟成文的《大变迁：转型期我国农村建构社会主义意识形态研究》（中国社会科学文献出版社 2012）区分了“群体意识形态”与执政集团所倡导的主流意识形态，认为前者是指各种社会阶层或者利益共同体关于社会经济、政治和文化生活等方面的理论学说、思想观念、价值体系、心理认知、精神指向等的总称；刘少杰在《当代中国意识形态变迁》（中央编译出版社 2012 年）中通过将意识形态内涵理解为一组相对稳定的价值信念，论证了意识形态的感性形式；吴学琴在《当代中国日常生活维度的意识形态研究》（人民出版社 2014）一书中区分了作为上层建筑的观念意识形态与日常生活的意识形态，前者是由政治思想、法律思想、道德观念、宗教观念、艺术思想、哲学理论等组成的观念体系，是一种社会存在的结社系统和阶级利益的维护系统；后者是反映人民群众在日常生活中表现出的思想意识和价值取向，具有自在的、自发的平民性。此外，还有于建嵘的《底层立场》（上海三联书店 2011）、李松的《底层民意》（新华出版社 2014）等。可见，这些研究大体都属于基层社会意识形态的范畴，但使用了“大众意识形态”“群体意识形态”“日常生活维度的意识形态”等不同的概念。很显然，当代中国 “基层社会意识形态”研究是一个宏大的系统工程。我们的调查研究不求面面俱到，但求真实记录当下中国民众的信仰状态，长期跟踪观察基层社会意识形态的变迁、分化与整合的历史过程，为国家意识形态的安全与治理提供参考。需要特别指出的是，我们的调查主要是在山东省境内进行的，研究结论虽然对认识当代中国基层社会的意识形态问题富有启发意义，但不能简单推及全国和其他地区。

楚成亚

2018 年 5 月于青岛

目录

第一章　政治社会化媒介

社会化属于社会学、心理学和文化人类学等学科的专用语，不同学科对社会化的研究侧重点不同。加布里埃尔·A. 阿尔蒙德认为："政治社会化是政治文化形成、维持和改变的过程。"[①]政治社会化是社会个体在社会政治互动中接受社会政治文化教化、学习政治知识、掌握政治技能、内化政治规范、形成政治态度、完善政治人格的辩证过程；是社会政治体系的自我延续机制和功能运行机制。[②]政治社会化是通过特定的媒介传递的。在社会政治生活中，特定的社会组织、机构和团体，都有可能为公民提供政治信息、传递政治文化，成为影响社会成员意识的媒介。主要的政治社会化媒介包括家庭、学校、大众传媒等，特定的政治符号、政治社会组织和各种社会团体也是政治社会化的重要媒介。本章从对政治话题的一般心理卷入、获取政治信息的主要媒介、电视媒介影响的差异性和政治参与实践等几个方面进行阐述。

第一节　一般心理卷入

对政治话题的谈论体现了农村居民对政治话题的关注度，进而表现出农村居民对政治的积极态度。为了考察农村居民对政治话题的一般心理卷入，我们询问了村民如下问题："与朋友在一起的时候，你们谈论国家大事吗?"选项为："经常讨论""有时谈论""说不清""很少谈论"和"从不谈论"。在3585个有效样本中，选择"经常谈论"的样本821个，占

① 〔美〕加布里埃尔·A. 阿尔蒙德等:《比较政治学:体系、过程和政策》,上海译文出版社1987年版,第91页。

② 李元书:《政治社会化:涵义、特征、功能》,载《政治学研究》1998年第2期。

22.9%；选择“有时谈论”的样本1741个，占48.6%；选择“说不清”的样本68个，占1.9%；选择“很少谈论”的样本668个，占18.6%；选择“从不谈论”的样本287个，占8.0%。总的来看，有71.5%的人选择了“经常谈论”和“有时谈论”，说明大部分村民对政治话题保持了一定的兴趣，其对政治话题的一般心理卷入程度较高（见表1－1－1）。

表1－1－1　不同性别间政治话题一般心理卷入的差异

		频率	百分比	有效百分比	累积百分比
有效	经常谈论	821	22.8	22.9	22.9
	有时谈论	1741	48.5	48.6	71.5
	说不清	68	1.9	1.9	73.4
	很少谈论	668	18.6	18.6	92.0
	从不谈论	287	8.0	8.0	100.0
	总计	3585	99.8	100.0	
缺失	系统	8	.2		
总计		3593	100.0		

一、不同性别间政治话题一般心理卷入的差异

在3576个有效样本中，男性选择“经常谈论”的样本581个，占男性总人数的30.4%；女性选择“经常谈论”的样本238个，占14.3%。男性选择“有时谈论”的样本972个，占男性总人数的50.9%；女性选择“有时谈论”的样本764个，占女性总人数的45.9%。总的来看，男性谈论政治话题的频率显著高于女性，男性对政治话题的一般心理卷入程度高于女性（见表1－1－2）。

表 1－1－2　不同性别间政治话题一般心理卷入的差异

			性别		总计
			男	女	
谈论国家大事	经常谈论	计数	581	238	819
		行百分比	70.9%	29.1%	100.0%
		列百分比	30.4%	14.3%	22.9%
	有时谈论	计数	972	764	1736
		行百分比	56.0%	44.0%	100.0%
		列百分比	50.9%	45.9%	48.5%
	说不清	计数	35	33	68
		行百分比	51.5%	48.5%	100.0%
		列百分比	1.8%	2.0%	1.9%
	很少谈论	计数	227	440	667
		行百分比	34.0%	66.0%	100.0%
		列百分比	11.9%	26.4%	18.7%
	从不谈论	计数	95	191	286
		行百分比	33.2%	66.8%	100.0%
		列百分比	5.0%	11.5%	8.0%
总计		计数	1910	1666	3576
		行百分比	53.4%	46.6%	100.0%
		列百分比	100.0%	100.0%	100.0%

二、不同年龄间政治话题一般心理卷入的差异

在3568个有效样本中，29岁及以下选择“经常谈论”的样本96个，占本组总人数的11.9%；30～49岁选择“经常谈论”的样本300个，占本组总人数的20.7%；50岁及以上选择“经常谈论”的样本419个，占本组总人数的32.0%。50岁及以上选择“有时谈论”的样本545个，占本组总人数的41.6%，显著低于29岁及以下和30～49岁。总的来看，年龄越高谈论政治话题的频率越高，对政治话题的一般心理卷入程度越高（见表1－1－3）。

表 1-1-3　不同年龄间政治话题一般心理卷入的差异

			年龄分段			总计
			29 岁及以下	30～49 岁	50 岁及以上	
谈论国家大事	经常谈论	计数	96	300	419	815
		行百分比	11.8%	36.8%	51.4%	100.0%
		列百分比	11.9%	20.7%	32.0%	22.8%
	有时谈论	计数	428	760	545	1733
		行百分比	24.7%	43.9%	31.4%	100.0%
		列百分比	52.8%	52.5%	41.6%	48.6%
	说不清	计数	18	22	28	68
		行百分比	26.5%	32.4%	41.2%	100.0%
		列百分比	2.2%	1.5%	2.1%	1.9%
	很少谈论	计数	186	270	210	666
		行百分比	27.9%	40.5%	31.5%	100.0%
		列百分比	23.0%	18.7%	16.0%	18.7%
	从不谈论	计数	82	95	109	286
		行百分比	28.7%	33.2%	38.1%	100.0%
		列百分比	10.1%	6.6%	8.3%	8.0%
总计		计数	810	1447	1311	3568
		行百分比	22.7%	40.6%	36.7%	100.0%
		列百分比	100.0%	100.0%	100.0%	100.0%

三、不同文化程度间政治话题一般心理卷入的差异

在 3572 个有效的样本中，小学及以下文化程度的村民选择“经常谈论”的样本 99 个，占本组总人数的 14.9%；初中文化程度的村民选择“经常谈论”的样本 352 个，占本组总人数的24.2%；高中或中专文化程度的村民选择“经常谈论”的样本 249 个，占本组总人数的 30.6%；大专文化程度的村民选择“经常谈论”的样本 56 个，占本组总人数的 18.9%；本科及以上文化程度的村民选择“经常谈论”的样本 61 个，占本组总人数的 17.7%。

小学及以下文化程度的村民选择“有时谈论”的样本 232 个，占本组总人数的 35.0%；初中文化程度的村民选择“有时谈论”的样本 713 个，占本组总人数的 49.0%；高中或中专文化程度的村民选择“有时谈论”的样本 414 个，占本组总人数的 50.8%；大专文化程度的村民选择“有时谈论”的样本 169 个，占本组总人数的 57.1%；本科及以上文化程度的村民

选择“有时谈论”的样本207个，占本组总人数的60.2%。总的来看，高中或中专和初中文化程度的村民谈论政治话题的频率最高，其对政治话题的一般心理卷入程度高（见1－1－4）。

表1－1－4 不同文化程度间政治话题一般心理卷入的差异

			文化程度					总计
			小学及以下	初中	高中或中专	大专	本科及以上	
谈论国家大事	经常谈论	计数	99	352	249	56	61	817
		行百分比	12.1%	43.1%	30.5%	6.9%	7.5%	100.0%
		列百分比	14.9%	24.2%	30.6%	18.9%	17.7%	22.9%
	有时谈论	计数	232	713	414	169	207	1735
		行百分比	13.4%	41.1%	23.9%	9.7%	11.9%	100.0%
		列百分比	35.0%	49.0%	50.8%	57.1%	60.2%	48.6%
	说不清	计数	26	20	11	8	3	68
		行百分比	38.2%	29.4%	16.2%	11.8%	4.4%	100.0%
		列百分比	3.9%	1.4%	1.3%	2.7%	0.9%	1.9%
	很少谈论	计数	178	277	110	46	54	665
		行百分比	26.8%	41.7%	16.5%	6.9%	8.1%	100.0%
		列百分比	26.8%	19.1%	13.5%	15.5%	15.7%	18.6%
	从不谈论	计数	128	92	31	17	19	287
		行百分比	44.6%	32.1%	10.8%	5.9%	6.6%	100.0%
		列百分比	19.3%	6.3%	3.8%	5.7%	5.5%	8.0%
总计		计数	663	1454	815	296	344	3572
		行百分比	18.6%	40.7%	22.8%	8.3%	9.6%	100.0%
		列百分比	100.0%	100.0%	100.0%	100.0%	100.0%	100.0%

四、不同政治面貌间政治话题一般心理卷入的差异

在3558个有效样本中，中共党员选择“经常谈论”的样本234个，占本组总人数的44.2%；普通群众选择“经常谈论”的样本501个，占本组总人数的19.9%；共青团员选择“经常谈论”的样本78个，占本组总人数的15.4%。总的来看，中共党员谈论政治话题的频率远远高于普通群众和共青团员，中共党员对政治话题的一般心理卷入程度高，党员先进性得到了一定的体现（见表1－1－5）。

表 1－1－5　不同政治面貌间政治话题一般心理卷入的差异

			政治面貌			总计
			中共党员	普通群众	共青团员	
谈论国家大事	经常谈论	计数	234	501	78	813
		行百分比	28.8%	61.6%	9.6%	100.0%
		列百分比	44.2%	19.9%	15.4%	22.8%
	有时谈论	计数	243	1213	270	1726
		行百分比	14.1%	70.3%	15.6%	100.0%
		列百分比	45.8%	48.1%	53.4%	48.5%
	说不清	计数	1	58	9	68
		行百分比	1.5%	85.3%	13.2%	100.0%
		列百分比	0.2%	2.3%	1.8%	1.9%
	很少谈论	计数	39	512	114	665
		行百分比	5.9%	77.0%	17.1%	100.0%
		列百分比	7.4%	20.3%	22.5%	18.7%
	从不谈论	计数	13	238	35	286
		行百分比	4.5%	83.2%	12.2%	100.0%
		列百分比	2.5%	9.4%	6.9%	8.0%
总计		计数	530	2522	506	3558
		行百分比	14.9%	70.9%	14.2%	100.0%
		列百分比	100.0%	100.0%	100.0%	100.0%

五、不同职业间政治话题一般心理卷入的差异

在3540个有效样本中，村组干部选择“经常谈论”的比例最高为50.9%，其次为农村中小学教师占43.0%，比例最低的为在校学生占10.0%。总的来看，村组干部和农村中小学教师谈论政治话题的频率远远高于其他职业，对政治话题的一般心理卷入程度高；而在校学生谈论政治话题的频率最低，某种程度上体现出在校学生的政治冷漠（见表1－1－6）。

表1－1－6 不同职业间政治话题一般心理卷入的差异

		职业							总计
		1	2	3	4	5	6	7	
经常谈论	计数	364	135	49	106	61	32	62	809
	行百分比	45.0%	16.7%	6.1%	13.1%	7.5%	4.0%	7.7%	100.0%
	列百分比	21.2%	50.9%	43.0%	19.4%	23.6%	10.0%	19.3%	22.9%
有时谈论	计数	775	112	56	319	116	182	159	1719
	行百分比	45.1%	6.5%	3.3%	18.6%	6.7%	10.6%	9.2%	100.0%
	列百分比	45.2%	42.3%	49.1%	58.4%	45.0%	56.9%	49.4%	48.6%
说不清	计数	40	0	0	10	6	6	5	67
	行百分比	59.7%	0.0%	0.0%	14.9%	9.0%	9.0%	7.5%	100.0%
	列百分比	2.3%	0.0%	0.0%	1.8%	2.3%	1.9%	1.6%	1.9%
很少谈论	计数	354	16	6	83	62	74	66	661
	行百分比	53.6%	2.4%	0.9%	12.6%	9.4%	11.2%	10.0%	100.0%
	列百分比	20.6%	6.0%	5.3%	15.2%	24.0%	23.1%	20.5%	18.7%
从不谈论	计数	182	2	3	28	13	26	30	284
	行百分比	64.1%	0.7%	1.1%	9.9%	4.6%	9.2%	10.6%	100.0%
	列百分比	10.6%	0.8%	2.6%	5.1%	5.0%	8.1%	9.3%	8.0%
总计	计数	1715	265	114	546	258	320	322	3540
	行百分比	48.4%	7.5%	3.2%	15.4%	7.3%	9.0%	9.1%	100.0%
	列百分比	100.0%	100.0%	100.0%	100.0%	100.0%	100.0%	100.0%	100.0%

注：1＝在家务农，2＝村组干部，3＝农村中小学教师，4＝企业工人，5＝工商户，6＝在校学生（户口未迁出。下同），7＝其他

六、不同选举参与间政治话题一般心理卷入的差异

在3572个有效样本中，参加了最近一次村委会选举投票的村民选择“经常谈论”的样本609个，占本组总人数的27.1%；没有参加最近一次村委会选举投票的村民选择“经常谈论”的样本208个，占本组总人数的15.7%。参加了最近一次村委会选举投票的村民谈论政治话题的频率显著高于没有参加最近一次村委会选举投票的村民，有选举参与的村民对政治话题的一般心理卷入程度高（见表1－1－7）。

表 1－1－7　不同选举参与间政治话题一般心理卷入的差异

			最近一次村委会选举，您参加投票了吗		总计
			参加了	没有参加	
谈论国家大事	经常谈论	计数	609	208	817
		行百分比	74.5%	25.5%	100.0%
		列百分比	27.1%	15.7%	22.9%
	有时谈论	计数	1084	650	1734
		行百分比	62.5%	37.5%	100.0%
		列百分比	48.3%	49.0%	48.5%
	说不清	计数	35	32	67
		行百分比	52.2%	47.8%	100.0%
		列百分比	1.6%	2.4%	1.9%
	很少谈论	计数	375	292	667
		行百分比	56.2%	43.8%	100.0%
		列百分比	16.7%	22.0%	18.7%
	从不谈论	计数	142	145	287
		行百分比	49.5%	50.5%	100.0%
		列百分比	6.3%	10.9%	8.0%
总计		计数	2245	1327	3572
		行百分比	62.8%	37.2%	100.0%
		列百分比	100.0%	100.0%	100.0%

第二节　获取政治信息的主要媒介

本研究通过考察农村居民了解国家大事和国家政策的渠道来分析村民获取政治信息的主要媒介，即询问村民："您主要从什么渠道了解国家大事、国家政策？"具体媒介渠道包括电视、广播、报纸、网络、村里的宣传栏、村干部及朋友和家人。

在3555个有效样本中，选择了"电视"的样本数为3128个，占7种渠道总和的43.2%，占有效样本数的88.0%；选择了"广播"的样本数为438个，占7种渠道总和的6.0%，占有效样本数的12.3%；选择了"报纸"的样本数为772，占7种渠道总和的10.7%，占有效样本数的21.7%；选择了"网络"的样本数为1541，占7种渠道总和的21.3%，占有效样本数的43.3%；选择了“村里的宣传栏”的样本数为346，占7种渠道总和的4.8%，占有效样本数的9.7%；选择了“干部”的样本数为238，占7种渠道总和的3.3%，占有效样本数的6.7%；选择了“朋友和家人”的样本数为780，占7种渠道总和的10.8%，占有效样本数的21.9%。由此可见，山东省农村居民了解国家大事和国家政策的最主要媒介仍然是电视，网络紧随其后成为排名第二的主要媒介（见表1－2－1）。

表1－2－1 获取政治信息的主要媒介

	响应		个案百分比
	N	百分比	
电视	3128	43.2%	88.0%
广播	438	6.0%	12.3%
报纸	772	10.7%	21.7%
网络	1541	21.3%	43.3%
村里的宣传栏	346	4.8%	9.7%
干部	238	3.3%	6.7%
朋友和家人	780	10.8%	21.9%
总计	7243	100.0%	203.7%

一、不同性别间获取政治信息主要媒介的差异

在3546个有效样本中，男性1900人，占53.4%；女性1646名，占46.6%，男性比例略高于女性。男性选择“电视”的样本数为1666个，占男性总数的87.7%；女性选择“电视”的样本数为1453个，占女性总数的88.3%，不同性别选择“电视”的比例不存在显著差别。男性选择“广播”“网络”“村里的宣传栏”“干部”的比例均高于女性，但均仅存在不显著的细微差别。男性选择“报纸”的样本数为488个，占男性总数的25.7%；女性选择“报纸”的样本数为282，占女性总数的17.1%；男性选择“报纸”的比例高于女性8.6%，表明相比女性村民，男性更倾向于从报纸中了解国家大事和国家政策。男性选择“朋友和家人”的样本数为373，占男性总数的19.6%；女性选择“朋友和家人”的样本数为407，占女性总数的24.7%；女性选择“朋友和家人”的比例高于男性5.1%，表明相比男性村民，女性更倾向于从朋友与家人那里了解国家大事和国家政策（见表1－2－2）。

表 1－2－2　不同性别间获取政治信息主要媒介的差异

			性别		总计
			男	女	
了解国家大事和国家政策的媒介	电视	计数	1666	1453	3119
		行百分比	53.4%	46.6%	
		列百分比	87.7%	88.3%	
	广播	计数	274	164	438
		行百分比	62.6%	37.4%	
		列百分比	14.4%	10.0%	
	报纸	计数	488	282	770
		行百分比	63.4%	36.6%	
		列百分比	25.7%	17.1%	
	网络	计数	864	674	1538
		行百分比	56.2%	43.8%	
		列百分比	45.5%	40.9%	
	村里的宣传栏	计数	200	145	345
		行百分比	58.0%	42.0%	
		列百分比	10.5%	8.8%	
	干部	计数	138	100	238
		行百分比	58.0%	42.0%	
		列百分比	7.3%	6.1%	
	朋友和家人	计数	373	407	780
		行百分比	47.8%	52.2%	
		列百分比	19.6%	24.7%	
总计		计数	1900	1646	3546
		占总数百分比	53.4%	46.6%	100.0%

二、不同年龄间获取政治信息主要媒介的差异

在 3539 个有效样本中，29 岁及以下样本 808 个，占 22.8%；30～49 岁样本 1434 个，占 40.5%；50 岁及以上样本 1297 个，占 36.6%。 29 岁以下选择“电视”的比例占 75.6%，30～49岁的占 88.8%，50 岁以上的94.8%。 总的来看，年龄越大通过电视了解国家大事和国家政策的比例越高。 通过广播和报纸了解国家大事和国家政策的比例同样随着年龄的增加而增加，但是差异不显著。 29 岁以下组选择“村里的宣传栏”的比例占该组总人数的 6.3%，低于相比其年龄较大的两组，即年轻人更少通过村里的宣传栏了解国家大事和国家政策。 50 岁以上组选择“干部”的比例占该组总人数的 10.6%，显著高于相比其年龄较小的两组，即年纪较大的人更倾向于通过干部了解国家大事和国家政策。 30～49 岁组选择“朋友和家人”的比例占该组总人数的 18.4%，低于年龄更大和更小的两组，即中青年村民更少通过朋友和家人了解国家大事和国家政策。 29 岁以下选择“网络”的比例占该组总人

数的 74.5%，30～39 岁占该组总人数的 47.1%，50 岁以上占该组总人数的 16.1%，随着年龄段的增长呈现断崖式的下跌，表明年轻人和年纪更大一些的人在使用网络获取信息方面存在极大的差异（见表 1－2－3）。

表 1－2－3　不同年龄间获取政治信息主要媒介的差异

			年龄分段			总计
			29 岁及以下	30～49 岁	50 岁及以上	
了解国家大事和国家政策的媒介	电视	计数	611	1274	1229	3114
		行百分比	19.6%	40.9%	39.5%	
		列百分比	75.6%	88.8%	94.8%	
	广播	计数	74	172	191	437
		行百分比	16.9%	39.4%	43.7%	
		列百分比	9.2%	12.0%	14.7%	
	报纸	计数	149	325	296	770
		行百分比	19.4%	42.2%	38.4%	
		列百分比	18.4%	22.7%	22.8%	
	网络	计数	610	675	247	1532
		行百分比	39.8%	44.1%	16.1%	
		列百分比	75.5%	47.1%	19.0%	
	村里的宣传栏	计数	51	146	149	346
		行百分比	14.7%	42.2%	43.1%	
		列百分比	6.3%	10.2%	11.5%	
	干部	计数	26	73	138	237
		行百分比	11.0%	30.8%	58.2%	
		列百分比	3.2%	5.1%	10.6%	
	朋友和家人	计数	188	264	324	776
		行百分比	24.2%	34.0%	41.8%	
		列百分比	23.3%	18.4%	25.0%	
总计		计数	808	1434	1297	3539
		占总数百分比	22.8%	40.5%	36.6%	100.0%

三、不同文化程度间获取政治信息主要媒介的差异

在 3542 个有效样本中，小学及以下样本 650 个，占 18.4%；初中样本 1441 个，占 40.7%；高中或中专样本 809 个，占 22.8%；大专样本 297 个，占 8.4%；本科及以上样本 345 个，占9.7%。不同文化程度的村民选择“广播”“村里的宣传栏”“干部”及“朋友和家人”的比例不存在显著性的差异。小学及以下选择“电视”的比例占该组总人数的 91.2%，大专及本科以上均小于 80%，总体呈现随着文化程度的升高选择通过电视了解国家大事和政策的比例下降的趋势。小学及以下文化程度选择“报纸”的比例占该组总人数的 9.2%，其余文化程度选择“报纸”的比例均大于等于 20%，表明小学文化的程度的村民更少通过报纸了解国家大事和政策。小学及以下选择

"网络"的比例占该组总人数的11.8%，本科及以上选择"网络"的比例占该组总人数的82.3%，即文化程度越高的村民越倾向于通过网络了解国家大事和政策（见表1-2-4）。

表1-2-4　不同文化程度间获取政治信息主要媒介的差异

			文化程度					总计
			小学及以下	初中	高中或中专	大专	本科及以上	
了解国家大事和国家政策的媒介	电视	计数	593	1302	713	233	274	3115
		行百分比	19.0%	41.8%	22.9%	7.5%	8.8%	
		列百分比	91.2%	90.4%	88.1%	78.5%	79.4%	
	广播	计数	88	161	108	38	42	437
		行百分比	20.1%	36.8%	24.7%	8.7%	9.6%	
		列百分比	13.5%	11.2%	13.3%	12.8%	12.2%	
	报纸	计数	60	288	246	87	88	769
		行百分比	7.8%	37.5%	32.0%	11.3%	11.4%	
		列百分比	9.2%	20.0%	30.4%	29.3%	25.5%	
	网络	计数	77	528	420	228	284	1537
		行百分比	5.0%	34.4%	27.3%	14.8%	18.5%	
		列百分比	11.8%	36.6%	51.9%	76.8%	82.3%	
	村里的宣传栏	计数	55	138	95	35	23	346
		行百分比	15.9%	39.9%	27.5%	10.1%	6.6%	
		列百分比	8.5%	9.6%	11.7%	11.8%	6.7%	
	干部	计数	66	73	70	17	11	237
		行百分比	27.8%	30.8%	29.5%	7.2%	4.6%	
		列百分比	10.2%	5.1%	8.7%	5.7%	3.2%	
	朋友和家人	计数	187	282	152	66	89	776
		行百分比	24.1%	36.3%	19.6%	8.5%	11.5%	
		列百分比	28.8%	19.6%	18.8%	22.2%	25.8%	
总计		计数	650	1441	809	297	345	3542
		占总数百分比	18.4%	40.7%	22.8%	8.4%	9.7%	

四、不同政治面貌间获取政治信息主要媒介的差异

在3528个有效样本中，中共党员样本525个，占14.9%；普通群众（民主党派人士因样本数太少归入普通群众）样本2496个，占70.7%；共青团员样本507个，占14.4%。共青

团员选择“电视”的比例占该组总人数的78.1%，显著低于普通群众和中共党员的比例89.3%和91.6%，表明共青团员更少通过电视了解国家大事和政策，可能的原因是共青团员均为年轻人。中共党员选择“广播”的比例占该组总人数的18.5%，高于普通群众的12.1%和共青团员的7.3%，表明中共党员更倾向于通过广播了解国家大事和政策，而年轻人为主的共青团员更少通过广播了解国家大事和政策。中共党员选择“报纸”的比例占该组总人数的43.0%，显著高于普通群众的17.4%和共青团员的20.5%，表明中共党员村民更倾向于通过报纸了解国家大事和政策。共青团员选择“网络”的比例占该组总人数的73.0%，远远高于中共党员的46.3%和普通群众的36.5%，表明以年轻人为主的共青团员更倾向于通过网络了解国家大事和政策。中共党员选择“干部”和“村里的宣传栏”的比例分别占该组总人数的15.0%和19.8%，均显著高于普通群众和共青团员的对应比例；中共党员选择“朋友和家人”的比例占该组总人数的16.6%，显著低于普通群众的22.6%和共青团员的24.5%（见表1-2-5）。

表1-2-5　不同政治面貌间获取政治信息主要媒介的差异

			政治面貌			总计
			中共党员	普通群众	共青团员	
了解国家大事和国家政策的媒介	电视	计数	481	2229	396	3106
		行百分比	15.5%	71.8%	12.7%	
		列百分比	91.6%	89.3%	78.1%	
	广播	计数	97	301	37	435
		行百分比	22.3%	69.2%	8.5%	
		列百分比	18.5%	12.1%	7.3%	
	报纸	计数	226	435	104	765
		行百分比	29.5%	56.9%	13.6%	
		列百分比	43.0%	17.4%	20.5%	
	网络	计数	243	912	370	1525
		行百分比	15.9%	59.8%	24.3%	
		列百分比	46.3%	36.5%	73.0%	
	村里的宣传栏	计数	104	208	31	343
		行百分比	30.3%	60.6%	9.0%	
		列百分比	19.8%	8.3%	6.1%	
	干部	计数	79	139	18	236
		行百分比	33.5%	58.9%	7.6%	
		列百分比	15.0%	5.6%	3.6%	
	朋友和家人	计数	87	563	124	774
		行百分比	11.2%	72.7%	16.0%	
		列百分比	16.6%	22.6%	24.5%	
总计		计数	525	2496	507	3528
		占总数百分比	14.9%	70.7%	14.4%	100.0%

五、不同职业间获取政治信息主要媒介的差异

在3511个有效样本中，在家务农的样本1693个，占48.2%；村组干部样本263个，占7.5%；农村中小学教师样本113个，占3.2%；企业工人样本546个，占15.6%；工商户样本257个，占7.3%；在校学生样本321个，占9.1%；其他样本318个，占9.1%。村组干部选择“电视”的比例最高，占该组总人数的95.4%；在校学生选择“电视”的比例最低，占该组总人数的76.6%；各种职业选择“电视”的人数比例都比较高。村组干部选择“广播”的比例最高，占该组总人数的18.6%；在校学生选择“广播”的比例最低，占该组总人数的7.2%。村组干部和农村中小学教师选择“报纸”的比例分别占该组总人数的50.6%和48.7%，远高于其他职业选择“报纸”的比例，表明村组干部和农村中小学教师更倾向于通过传统的纸媒了解国家大事和政策。在家务农的村民选择“网络”的比例最低，占该组总人数的24.2%，远低于其他职业的比例；在校学生选择“网络”的比例最高，占该组总人数的80.7%，远高于其他职业的比例。村组干部选择“村里的宣传栏”和“干部”的比例分别占该组总人数的26.2%和19.4%，均远高于其他职业的相应比例。村组干部选择“朋友和家人”的比例最低，占该组总人数的13.3%，在校学生选择“朋友和家人”的比例最高，占该组总人数的27.4%（见表1-2-6）。

表1-2-6　不同职业间获取政治信息主要媒介的差异

		职业							总计
		1	2	3	4	5	6	7	
电视	计数	1555	251	100	447	218	246	273	3090
	行百分比	50.3%	8.1%	3.2%	14.5%	7.1%	8.0%	8.8%	
	列百分比	91.8%	95.4%	88.5%	81.9%	84.8%	76.6%	85.8%	
广播	计数	225	49	15	55	29	23	36	432
	行百分比	52.1%	11.3%	3.5%	12.7%	6.7%	5.3%	8.3%	
	列百分比	13.3%	18.6%	13.3%	10.1%	11.3%	7.2%	11.3%	
报纸	计数	260	133	55	105	61	70	76	760
	行百分比	34.2%	17.5%	7.2%	13.8%	8.0%	9.2%	10.0%	
	列百分比	15.4%	50.6%	48.7%	19.2%	23.7%	21.8%	23.9%	

网络	计数	410	118	62	349	148	259	167	1513
	行百分比	27.1%	7.8%	4.1%	23.1%	9.8%	17.1%	11.0%	
	列百分比	24.2%	44.9%	54.9%	63.9%	57.6%	80.7%	52.5%	
村里的宣传栏	计数	165	69	10	34	16	20	27	341
	行百分比	48.4%	20.2%	2.9%	10.0%	4.7%	5.9%	7.9%	
	列百分比	9.7%	26.2%	8.8%	6.2%	6.2%	6.2%	8.5%	
干部	计数	121	51	8	16	9	13	16	234
	行百分比	51.7%	21.8%	3.4%	6.8%	3.8%	5.6%	6.8%	
	列百分比	7.1%	19.4%	7.1%	2.9%	3.5%	4.0%	5.0%	
朋友和家人	计数	386	35	26	109	45	88	80	769
	行百分比	50.2%	4.6%	3.4%	14.2%	5.9%	11.4%	10.4%	
	列百分比	22.8%	13.3%	23.0%	20.0%	17.5%	27.4%	25.2%	
总计	计数	1693	263	113	546	257	321	318	3511
	百分比	48.2%	7.5%	3.2%	15.6%	7.3%	9.1%	9.1%	100.0%

注：1 = 在家务农，2 = 村组干部，3 = 农村中小学教师，4 = 企业工人，5 = 工商户，6 = 在校学生，7 = 其他

六、不同打工频率间获取政治信息主要媒介的差异

在1400个有效样本中，基本没外出打工样本585个，占41.8%；三分之一时间的样本156个，占11.1%；三分之二时间的样本237个，占16.9%；基本上全年的样本422个，占30.1%。基本没外出打工的村民选择“电视”的比例占该组总人数的89.4%，基本上全年在外打工的村民选择电视的比例占该组总人数的79.1%，总的来看在外打工频率越高越少通过电视了解国家大事和政策。三分之二时间在外打工的村民选择“报纸”的比例最低，占该组总人数的13.9%，显著低于其他频率的村民。基本上全年在外打工的村民选择“网络”的比例最高，占该组总人数的61.8%，远高于更低频率的村民。在外打工频率高的村民选择“干部”和“村里的宣传栏”的比例高于频率低的村民，但是差别不显著（见表1-2-7）。

表 1－2－7　不同打工频率间获取政治信息主要媒介的差异

			去年您有多少时间在城市打工				总计
			基本没外出打工	三分之一的时间	三分之二的时间	基本上全年	
了解国家大事和国家政策的媒介	电视	计数	523	136	199	334	1192
		行百分比	43.9%	11.4%	16.7%	28.0%	
		列百分比	89.4%	87.2%	84.0%	79.1%	
	广播	计数	79	24	27	55	185
		行百分比	42.7%	13.0%	14.6%	29.7%	
		列百分比	13.5%	15.4%	11.4%	13.0%	
	报纸	计数	118	29	33	92	272
		行百分比	43.4%	10.7%	12.1%	33.8%	
		列百分比	20.2%	18.6%	13.9%	21.8%	
	网络	计数	240	52	114	261	667
		行百分比	36.0%	7.8%	17.1%	39.1%	
		列百分比	41.0%	33.3%	48.1%	61.8%	
	村里的宣传栏	计数	59	19	23	28	129
		行百分比	45.7%	14.7%	17.8%	21.7%	
		列百分比	10.1%	12.2%	9.7%	6.6%	
	干部	计数	49	14	10	16	89
		行百分比	55.1%	15.7%	11.2%	18.0%	
		列百分比	8.4%	9.0%	4.2%	3.8%	
	朋友和家人	计数	133	36	40	94	303
		行百分比	43.9%	11.9%	13.2%	31.0%	
		列百分比	22.7%	23.1%	16.9%	22.3%	
总计		计数	585	156	237	422	1400
		占总数百分比	41.8%	11.1%	16.9%	30.1%	100.0%

七、不同收入水平间获取政治信息主要媒介的差异

在2720个有效样本中，低收入样本1743个，占64.1%；中收入样本812个，占29.9%；高收入样本135个，占6.1%。高收入组村民选择“电视”的比例占该组总人数的81.8%，显著低于中和低收入组的村民选择“电视”的比例。低收入组的村民选择“网络”

的比例占该组总人数的37.1%，远低于中和高收入组选择“网络”的比例，总的来看，收入越高越倾向于通过网络了解国家大事和国家政策。收入越低的村民越倾向于通过村里的宣传栏了解国家大事和国家政策，但是差异不显著（见表1－2－8）。

表1－2－8　不同收入水平获取政治信息主要媒介的差异

			人均收入			总计
			低	中	高	
了解国家大事和国家政策的媒介	电视	计数	1565	720	135	2420
		行百分比	64.7%	29.8%	5.6%	
		列百分比	89.8%	88.7%	81.8%	
	广播	计数	234	100	19	353
		行百分比	66.3%	28.3%	5.4%	
		列百分比	13.4%	12.3%	11.5%	
	报纸	计数	375	196	43	614
		行百分比	61.1%	31.9%	7.0%	
		列百分比	21.5%	24.1%	26.1%	
	网络	计数	646	415	99	1160
		行百分比	55.7%	35.8%	8.5%	
		列百分比	37.1%	51.1%	60.0%	
	村里的宣传栏	计数	199	71	9	279
		行百分比	71.3%	25.4%	3.2%	
		列百分比	11.4%	8.7%	5.5%	
	干部	计数	126	49	17	192
		行百分比	65.6%	25.5%	8.9%	
		列百分比	7.2%	6.0%	10.3%	
	朋友和家人	计数	397	187	34	618
		行百分比	64.2%	30.3%	5.5%	
		列百分比	22.8%	23.0%	20.6%	
总计		计数	1743	812	165	2720
		占总数百分比	64.1%	29.9%	6.1%	100.0%

八、不同选举参与间获取政治信息主要媒介的差异

在3542个有效样本中，参加选举投票的样本229个，占62.9%；未参加选举投票的样本1313个，占37.1%。参加选举投票的村民选择“电视”的比例占该组总人数的90.9%，显著高于未参加选举投票村民的比例82.9%。参加选举投票的村民选择“村里的宣传栏”的

比例占该组总人数的12.0%，显著高于未参加选举投票村民的比例5.7%；选择“干部”的比例占该组总人数的8.6%，显著高于未参加选举投票村民的比例3.4%。这一结果的可能原因是未参加选举投票的村民在外时间比参加选举投票的村民时间长。参加选举投票的村民选择“网络”的比例占该组总人数的36.8%，远低于未参加选举投票村民的比例54.6%（见表1－2－9）。

表1－2－9　不同选举参与间获取政治信息主要媒介的差异

			是否参加选举投票		总计
			参加了	没有参加	
了解国家大事和国家政策的媒介	电视	计数	2027	1089	3116
		行百分比	65.1%	34.9%	
		列百分比	90.9%	82.9%	
	广播	计数	305	131	436
		行百分比	70.0%	30.0%	
		列百分比	13.7%	10.0%	
	报纸	计数	525	244	769
		行百分比	68.3%	31.7%	
		列百分比	23.6%	18.6%	
	网络	计数	820	717	1537
		行百分比	53.4%	46.6%	
		列百分比	36.8%	54.6%	
	村里的宣传栏	计数	268	75	343
		行百分比	78.1%	21.9%	
		列百分比	12.0%	5.7%	
	干部	计数	191	45	236
		行百分比	80.9%	19.1%	
		列百分比	8.6%	3.4%	
	朋友和家人	计数	473	306	779
		行百分比	60.7%	39.3%	
		列百分比	21.2%	23.3%	
总计		计数	2229	1313	3542
		占总数百分比	62.9%	37.1%	100.0%

第三节　电视媒介影响的差异性

此前的研究表明，电视是农村居民获取政治信息的最主要媒介。本研究也发现电视是山东省农村居民了解国家大事和国家政策的最主要媒介。为了对这一最主要媒介进行更深入的分析，本研究询问了被访者收看各级电视台新闻节目的频率，具体包括中央电视台、山东卫视、本市电视台和本县（市、区）电视台新闻节目。采用了五点式计分，五个选项分别为“从不”“很少”“有时”“经常”和“总是”。结果显示，在有效样本中，被访者“总是”和“经常”收看中央电视台新闻节目的比例为13.9%和43.8%，均远高于山东卫视和本市县电视台的比例；“总是”和“经常”收看山东卫视新闻节目的比例为6.6%和33.6%，显著高于本市电视台和本县电视台的比例。“总是”和“经常”收看本市电视台和本县电视台新闻节目的比例比较接近，不存在显著差异。总体来看，收看新闻节目的频率呈现中央台频率高，地方台频率低的状况，电视媒介影响存在差异性（见表1－3－1 ~表1－3－4）。

表1－3－1　收看中央电视台新闻节目的频率

		频率	百分比	有效百分比	累积百分比
有效	从不	128	3.6	3.6	3.6
	很少	508	14.1	14.2	17.8
	有时	875	24.4	24.5	42.3
	经常	1564	43.5	43.8	86.1
	总是	497	13.8	13.9	100.0
	总计	3572	99.4	100.0	
缺失	系统	21	.6		
总计		3593	100.0		

表1－3－2　收看山东卫视新闻节目的频率

		频率	百分比	有效百分比	累积百分比
有效	从不	287	8.0	8.1	8.1
	很少	767	21.3	21.8	29.9
	有时	1055	29.4	29.9	59.9
	经常	1183	32.9	33.6	93.4
	总是	231	6.4	6.6	100.0
	总计	3523	98.1	100.0	
缺失	系统	70	1.9		
总计		3593	100.0		

表1－3－3　收看本市电视台新闻节目频率

		频率	百分比	有效百分比	累积百分比
有效	从不	765	21.3	21.9	21.9
	很少	1133	31.5	32.4	54.4
	有时	808	22.5	23.1	77.5
	经常	664	18.5	19.0	96.5
	总是	122	3.4	3.5	100.0
	总计	3492	97.2	100.0	
缺失	系统	101	2.8		
总计		3593	100.0		

表 1－3－4　收看本县（市、区）电视台新闻节目频率

		频率	百分比	有效百分比	累积百分比
有效	从不	995	27.7	28.7	28.7
	很少	1062	29.6	30.6	59.3
	有时	666	18.5	19.2	78.5
	经常	612	17.0	17.6	96.1
	总是	136	3.8	3.9	100.0
	总计	3471	96.6	100.0	
缺失	系统	122	3.4		
总计		3593	100.0		

一、不同性别间收看各级电视台新闻节目的差异

性别对收看中央电视台新闻节目存在显著影响，卡方检验显著性水平为 0.001，列联系数为 0.214 且在 0.001 水平上显著。男性选择很少和有时观看中央电视台新闻节目的比例分

表 1－3－5　不同性别收看中央电视台新闻节目的频率差异

			性别		总计
			男	女	
收看中央台新闻节目频率	从不	计数	47	81	128
		行百分比	36.7%	63.3%	100.0%
		列百分比	2.5%	4.9%	3.6%
	很少	计数	187	321	508
		行百分比	36.8%	63.2%	100.0%
		列百分比	9.8%	19.3%	14.3%
	有时	计数	389	482	871
		行百分比	44.7%	55.3%	100.0%
		列百分比	20.4%	29.1%	24.4%
	经常	计数	943	617	1560
		行百分比	60.4%	39.6%	100.0%
		列百分比	49.5%	37.2%	43.8%
	总是	计数	338	158	496
		行百分比	68.1%	31.9%	100.0%
		列百分比	17.8%	9.5%	13.9%
总计		计数	1904	1659	3563
		行百分比	53.4%	46.6%	100.0%
		列百分比	100.0%	100.0%	100.0%

别占男性总人数的19.3%和29.1%，显著高于女性的比例9.8%和20.4%，表明男性更少观看中央电视台新闻节目。性别对收看山东卫视新闻节目存在显著影响但影响较弱，卡方检验显著性水平为0.001，列联系数为0.114且在0.001水平上显著。男性选择“经常”观看山东卫视新闻节目的比例占男性总人数的37.5%，显著高于女性的比例29.1%，总体来看男性观看山东卫视新闻节目的频率高于女性。不同性别观看本市电视台和本县电视台新闻节目的频率虽有差异但不显著（见表1-3-5~表1-3-8）。

表1-3-6 不同性别收看山东卫视新闻节目的频率差异

			性别		总计
			男	女	
收看山东卫视新闻节目频率	从不	计数	122	165	287
		行百分比	42.5%	57.5%	100.0%
		列百分比	6.5%	10.0%	8.2%
	很少	计数	367	397	764
		行百分比	48.0%	52.0%	100.0%
		列百分比	19.7%	24.1%	21.7%
	有时	计数	538	514	1052
		行百分比	51.1%	48.9%	100.0%
		列百分比	28.8%	31.2%	29.9%
	经常	计数	701	480	1181
		行百分比	59.4%	40.6%	100.0%
		列百分比	37.5%	29.1%	33.6%
	总是	计数	139	91	230
		行百分比	60.4%	39.6%	100.0%
		列百分比	7.4%	5.5%	6.5%
总计		计数	1867	1647	3514
		行百分比	53.1%	46.9%	100.0%
		列百分比	100.0%	100.0%	100.0%

表 1－3－7　不同性别收看本市台新闻节目的频率差异

			性别		总计
			男	女	
收看本市台新闻节目频率	从不	计数	369	390	759
		行百分比	48.6%	51.4%	100.0%
		列百分比	19.9%	23.9%	21.8%
	很少	计数	582	549	1131
		行百分比	51.5%	48.5%	100.0%
		列百分比	31.4%	33.7%	32.5%
	有时	计数	434	373	807
		行百分比	53.8%	46.2%	100.0%
		列百分比	23.4%	22.9%	23.2%
	经常	计数	375	289	664
		行百分比	56.5%	43.5%	100.0%
		列百分比	20.2%	17.7%	19.1%
	总是	计数	92	30	122
		行百分比	75.4%	24.6%	100.0%
		列百分比	5.0%	1.8%	3.5%
总计		计数	1852	1631	3483
		行百分比	53.2%	46.8%	100.0%
		列百分比	100.0%	100.0%	100.0%

表1-3-8　不同性别收看本县台新闻节目的频率差异

			性别		总计
			男	女	
收看本县台新闻节目频率	从不	计数	489	499	988
		行百分比	49.5%	50.5%	100.0%
		列百分比	26.6%	30.7%	28.5%
	很少	计数	553	507	1060
		行百分比	52.2%	47.8%	100.0%
		列百分比	30.1%	31.2%	30.6%
	有时	计数	358	308	666
		行百分比	53.8%	46.2%	100.0%
		列百分比	19.5%	19.0%	19.2%
	经常	计数	344	268	612
		行百分比	56.2%	43.8%	100.0%
		列百分比	18.7%	16.5%	17.7%
	总是	计数	93	43	136
		行百分比	68.4%	31.6%	100.0%
		列百分比	5.1%	2.6%	3.9%
总计		计数	1837	1625	3462
		行百分比	53.1%	46.9%	100.0%
		列百分比	100.0%	100.0%	100.0%

二、不同年龄间收看各级电视台新闻节目的差异

年龄对收看中央电视台新闻节目存在显著影响，卡方检验显著性水平为0.001，斯皮尔曼相关系数为0.264且在0.001水平上显著。50岁及以上选择“总是”观看中央电视台新闻节目的比例占该组总人数的20.2%，显著高于30~49岁的比例12.3%和30岁及以下的比例6.7%。50岁及以上和30~49岁选择“经常”观看中央电视台新闻节目的比例分别占该组

总人数的50.2%和47.3%，均远远高于30岁及以下的比例27%。总体来看，年龄越高观看中央电视台新闻节目的频率越高。

年龄对收看山东卫视新闻节目存在显著影响，卡方检验显著性水平为0.001，斯皮尔曼相关系数为0.275且在0.001水平上显著。50岁以上选择“总是”观看山东卫视新闻节目的比例占该组总人数的9.8%，高于30～49岁的比例5.9%和30岁以下的比例2.5%。50岁以上选择“经常”观看山东卫视新闻节目的比例占该组总人数的43.7%，显著高于30～49岁的比例33.5%和30岁以下的比例16.9%。总体来看，年龄越高观看山东卫视新闻节目的频率越高。观看本市电视台和本县电视台新闻节目的频率也呈现随着年龄的增加而增加的趋势，但是三个年龄组的差别不太显著（见表1－3－9～表1－3－12）。

表1－3－9　不同年龄收看中央电视台新闻节目的频率差异

			年龄分段			总计
			29岁及以下	30～49岁	50岁及以上	
收看中央台新闻节目频率	从不	计数	39	49	40	128
		行百分比	30.5%	38.3%	31.3%	100.0%
		列百分比	4.8%	3.4%	3.1%	3.6%
	很少	计数	196	193	117	506
		行百分比	38.7%	38.1%	23.1%	100.0%
		列百分比	24.3%	13.4%	8.9%	14.2%
	有时	计数	301	340	230	871
		行百分比	34.6%	39.0%	26.4%	100.0%
		列百分比	37.3%	23.6%	17.6%	24.5%
	经常	计数	218	680	657	1555
		行百分比	14.0%	43.7%	42.3%	100.0%
		列百分比	27.0%	47.3%	50.2%	43.7%
	总是	计数	54	177	264	495
		行百分比	10.9%	35.8%	53.3%	100.0%
		列百分比	6.7%	12.3%	20.2%	13.9%
总计		计数	808	1439	1308	3555
		行百分比	22.7%	40.5%	36.8%	100.0%
		列百分比	100.0%	100.0%	100.0%	100.0%

表 1-3-10　不同年龄收看山东卫视新闻节目的频率差异

			年龄分段			总计
			29 岁及以下	30～49 岁	50 岁及以上	
收看山东卫视新闻节目频率	从不	计数	112	104	71	287
		行百分比	39.0%	36.2%	24.7%	100.0%
		列百分比	14.1%	7.4%	5.5%	8.2%
	很少	计数	273	303	189	765
		行百分比	35.7%	39.6%	24.7%	100.0%
		列百分比	34.3%	21.4%	14.6%	21.8%
	有时	计数	257	451	342	1050
		行百分比	24.5%	43.0%	32.6%	100.0%
		列百分比	32.2%	31.9%	26.4%	29.9%
	经常	计数	135	473	566	1174
		行百分比	11.5%	40.3%	48.2%	100.0%
		列百分比	16.9%	33.5%	43.7%	33.5%
	总是	计数	20	83	127	230
		行百分比	8.7%	36.1%	55.2%	100.0%
		列百分比	2.5%	5.9%	9.8%	6.6%
总计		计数	797	1414	1295	3506
		行百分比	22.7%	40.3%	36.9%	100.0%
		列百分比	100.0%	100.0%	100.0%	100.0%

表 1－3－11　不同年龄收看本市台新闻节目的频率差异

			年龄分段			总计
			29 岁及以下	30～49 岁	50 岁及以上	
收看本市台新闻节目频率	从不	计数	207	297	258	762
		行百分比	27.2%	39.0%	33.9%	100.0%
		列百分比	26.0%	21.3%	20.1%	21.9%
	很少	计数	346	442	340	1128
		行百分比	30.7%	39.2%	30.1%	100.0%
		列百分比	43.4%	31.6%	26.5%	32.5%
	有时	计数	162	343	299	804
		行百分比	20.1%	42.7%	37.2%	100.0%
		列百分比	20.3%	24.6%	23.3%	23.1%
	经常	计数	66	267	327	660
		行百分比	10.0%	40.5%	49.5%	100.0%
		列百分比	8.3%	19.1%	25.5%	19.0%
	总是	计数	16	48	57	121
		行百分比	13.2%	39.7%	47.1%	100.0%
		列百分比	2.0%	3.4%	4.4%	3.5%
总计		计数	797	1397	1281	3475
		行百分比	22.9%	40.2%	36.9%	100.0%
		列百分比	100.0%	100.0%	100.0%	100.0%

表 1－3－12 不同年龄收看本县台新闻节目的频率差异

			年龄分段			总计
			29 岁及以下	30～49 岁	50 岁及以上	
收看本县台新闻节目频率	从不	计数	279	381	330	990
		行百分比	28.2%	38.5%	33.3%	100.0%
		列百分比	35.0%	27.5%	25.9%	28.7%
	很少	计数	328	412	315	1055
		行百分比	31.1%	39.1%	29.9%	100.0%
		列百分比	41.2%	29.7%	24.8%	30.5%
	有时	计数	118	282	265	665
		行百分比	17.7%	42.4%	39.8%	100.0%
		列百分比	14.8%	20.4%	20.8%	19.3%
	经常	计数	52	261	296	609
		行百分比	8.5%	42.9%	48.6%	100.0%
		列百分比	6.5%	18.8%	23.3%	17.6%
	总是	计数	20	49	66	135
		行百分比	14.8%	36.3%	48.9%	100.0%
		列百分比	2.5%	3.5%	5.2%	3.9%
总计		计数	797	1385	1272	3454
		行百分比	23.1%	40.1%	36.8%	100.0%
		列百分比	100.0%	100.0%	100.0%	100.0%

三、不同文化程度间收看各级电视台新闻节目的差异

不同文化程度间收看中央电视台新闻节目的比例存在显著差异。总体来看，大专、本科及以上选择选择“从不”和“很少”观看中央电视台新闻节目的比例高于高中、中专及以下的比例；大专、本科及以上选择“总是”和“经常”观看中央电视台新闻节目的比例低于高中、中专及以下的比例。即以高中毕业为界，上过大学和正在上大学的被访者观看中央电视台新闻节目的频率低于未上过大学的被访者。而在高中、中专及以下的村民中，小学以下文化程度的村民收看中央电视台新闻节目的频率低于初中和高中、中专文化程度的村民。收看山东卫视新闻节目的频率同样以高中毕业为界，大专以上学历村民观看山东卫视新闻节目的频率低于高中以下学历的村民。不同文化程度观看本市电视台和本县电视台新闻节目的频率不存在明确的具有某种趋势的差异（见表 1－3－13 ～表 1－3－16）。

表 1－3－13　不同文化程度收看中央电视台新闻节目的频率差异

			文化程度					总计
			小学及以下	初中	高中或中专	大专	本科及以上	
观看中央台新闻节目频率	从不	计数	46	41	18	13	9	127
		行百分比	36.2%	32.3%	14.2%	10.2%	7.1%	100.0%
		列百分比	6.9%	2.8%	2.2%	4.4%	2.6%	3.6%
	很少	计数	118	167	98	53	70	506
		行百分比	23.3%	33.0%	19.4%	10.5%	13.8%	100.0%
		列百分比	17.8%	11.6%	12.1%	17.9%	20.4%	14.2%
	有时	计数	160	326	174	89	124	873
		行百分比	18.3%	37.3%	19.9%	10.2%	14.2%	100.0%
		列百分比	24.1%	22.6%	21.5%	30.1%	36.2%	24.5%
	经常	计数	251	702	383	108	115	1559
		行百分比	16.1%	45.0%	24.6%	6.9%	7.4%	100.0%
		列百分比	37.8%	48.6%	47.2%	36.5%	33.5%	43.8%
	总是	计数	89	209	138	33	25	494
		行百分比	18.0%	42.3%	27.9%	6.7%	5.1%	100.0%
		列百分比	13.4%	14.5%	17.0%	11.1%	7.3%	13.9%
总计		计数	664	1445	811	296	343	3559
		行百分比	18.7%	40.6%	22.8%	8.3%	9.6%	100.0%
		列百分比	100.0%	100.0%	100.0%	100.0%	100.0%	100.0%

表 1－3－14 不同文化程度收看山东卫视新闻节目的频率差异

			文化程度					总计
			小学及以下	初中	高中或中专	大专	本科及以上	
收看山东卫视新闻节目频率	从不	计数	75	84	48	33	46	286
		行百分比	26.2%	29.4%	16.8%	11.5%	16.1%	100.0%
		列百分比	11.3%	5.9%	6.0%	11.4%	13.6%	8.1%
	很少	计数	145	259	169	78	115	766
		行百分比	18.9%	33.8%	22.1%	10.2%	15.0%	100.0%
		列百分比	21.9%	18.2%	21.2%	26.9%	34.0%	21.8%
	有时	计数	179	430	229	104	110	1052
		行百分比	17.0%	40.9%	21.8%	9.9%	10.5%	100.0%
		列百分比	27.1%	30.2%	28.7%	35.9%	32.5%	30.0%
	经常	计数	206	551	301	60	58	1176
		行百分比	17.5%	46.9%	25.6%	5.1%	4.9%	100.0%
		列百分比	31.2%	38.7%	37.7%	20.7%	17.2%	33.5%
	总是	计数	56	98	52	15	9	230
		行百分比	24.3%	42.6%	22.6%	6.5%	3.9%	100.0%
		列百分比	8.5%	6.9%	6.5%	5.2%	2.7%	6.6%
总计		计数	661	1422	799	290	338	3510
		行百分比	18.8%	40.5%	22.8%	8.3%	9.6%	100.0%
		列百分比	100.0%	100.0%	100.0%	100.0%	100.0%	100.0%

表1－3－15　不同文化程度收看本市台新闻节目的频率差异

			文化程度					总计
			小学及以下	初中	高中或中专	大专	本科及以上	
收看本市台新闻节目频率	从不	计数	202	284	129	65	83	763
		行百分比	26.5%	37.2%	16.9%	8.5%	10.9%	100.0%
		列百分比	30.7%	20.3%	16.2%	22.4%	24.5%	21.9%
	很少	计数	200	426	253	94	154	1127
		行百分比	17.7%	37.8%	22.4%	8.3%	13.7%	100.0%
		列百分比	30.4%	30.5%	31.8%	32.4%	45.4%	32.4%
	有时	计数	138	329	195	77	67	806
		行百分比	17.1%	40.8%	24.2%	9.6%	8.3%	100.0%
		列百分比	21.0%	23.6%	24.5%	26.6%	19.8%	23.2%
	经常	计数	97	308	182	44	30	661
		行百分比	14.7%	46.6%	27.5%	6.7%	4.5%	100.0%
		列百分比	14.7%	22.0%	22.9%	15.2%	8.8%	19.0%
	总是	计数	21	50	36	10	5	122
		行百分比	17.2%	41.0%	29.5%	8.2%	4.1%	100.0%
		列百分比	3.2%	3.6%	4.5%	3.4%	1.5%	3.5%
总计		计数	658	1397	795	290	339	3479
		行百分比	18.9%	40.2%	22.9%	8.3%	9.7%	100.0%
		列百分比	100.0%	100.0%	100.0%	100.0%	100.0%	100.0%

表 1－3－16 不同文化程度收看本县台新闻节目的频率差异

			文化程度					总计
			小学及以下	初中	高中或中专	大专	本科及以上	
收看本县台新闻节目频率	从不	计数	241	376	170	92	111	990
		行百分比	24.3%	38.0%	17.2%	9.3%	11.2%	100.0%
		列百分比	36.9%	27.0%	21.6%	32.3%	32.7%	28.6%
	很少	计数	184	385	241	96	150	1056
		行百分比	17.4%	36.5%	22.8%	9.1%	14.2%	100.0%
		列百分比	28.1%	27.6%	30.6%	33.7%	44.2%	30.5%
	有时	计数	116	276	177	50	47	666
		行百分比	17.4%	41.4%	26.6%	7.5%	7.1%	100.0%
		列百分比	17.7%	19.8%	22.5%	17.5%	13.9%	19.3%
	经常	计数	91	292	165	37	26	611
		行百分比	14.9%	47.8%	27.0%	6.1%	4.3%	100.0%
		列百分比	13.9%	21.0%	20.9%	13.0%	7.7%	17.7%
	总是	计数	22	64	35	10	5	136
		行百分比	16.2%	47.1%	25.7%	7.4%	3.7%	100.0%
		列百分比	3.4%	4.6%	4.4%	3.5%	1.5%	3.9%
总计		计数	654	1393	788	285	339	3459
		行百分比	18.9%	40.3%	22.8%	8.2%	9.8%	100.0%
		列百分比	100.0%	100.0%	100.0%	100.0%	100.0%	100.0%

四、不同政治面貌间收看各级电视台新闻节目的差异

不同政治面貌间收看中央电视台新闻节目存在显著差异，卡方检验显著性水平为0.001，列联系数为0.237且在0.001水平上显著。中共党员选择“总是”和“经常”观看中央电视台新闻节目的比例分别占该组总人数的25.3%和56.3%，均显著高于普通群众的对应的比例12.5%和43.3%；普通群众“总是”和“经常”的比例均高于共青团员的对应比例8.5%和32.2%。中共党员观看中央电视台新闻节目的频率高于普通群众，普通群众显著高于共青团员（见表1－3－17）。

表 1-3-17 不同政治面貌收看中央电视台新闻节目的频率差异

			政治面貌			总计
			中共党员	普通群众	共青团员	
收看中央台新闻节目频率	从不	计数	6	103	19	128
		行百分比	4.7%	80.5%	14.8%	100.0%
		列百分比	1.1%	4.1%	3.8%	3.6%
	很少	计数	31	364	110	505
		行百分比	6.1%	72.1%	21.8%	100.0%
		列百分比	5.9%	14.5%	21.7%	14.2%
	有时	计数	60	639	171	870
		行百分比	6.9%	73.4%	19.7%	100.0%
		列百分比	11.3%	25.5%	33.8%	24.5%
	经常	计数	298	1089	163	1550
		行百分比	19.2%	70.3%	10.5%	100.0%
		列百分比	56.3%	43.4%	32.2%	43.7%
	总是	计数	134	315	43	492
		行百分比	27.2%	64.0%	8.7%	100.0%
		列百分比	25.3%	12.5%	8.5%	13.9%
总计		计数	529	2510	506	3545
		行百分比	14.9%	70.8%	14.3%	100.0%
		列百分比	100.0%	100.0%	100.0%	100.0%

不同政治面貌间收看山东卫视新闻节目存在显著差异，卡方检验显著性水平为0.001，列联系数为0.190且在0.001水平上显著。中共党员选择“总是”和“经常”观看山东卫视新闻节目的比例分别占该组总人数的10.4%和45.4%，均显著高于普通群众的对应的比例6.5%和33.6%；普通群众“总是”和“经常”的比例均高于共青团员的对应比例3.0%和20.3%。中共党员观看山东卫视新闻节目的频率高于普通群众，普通群众的频率高于共青团员（见表1-3-18）。

表 1-3-18 不同政治面貌收看山东卫视新闻节目的频率差异

			政治面貌			总计
			中共党员	普通群众	共青团员	
观看山东卫视新闻节目频率	从不	计数	22	202	63	287
		行百分比	7.7%	70.4%	22.0%	100.0%
		列百分比	4.2%	8.1%	12.7%	8.2%
	很少	计数	82	520	159	761
		行百分比	10.8%	68.3%	20.9%	100.0%
		列百分比	15.8%	21.0%	31.9%	21.8%
	有时	计数	125	764	160	1049
		行百分比	11.9%	72.8%	15.3%	100.0%
		列百分比	24.1%	30.8%	32.1%	30.0%
	经常	计数	235	834	101	1170
		行百分比	20.1%	71.3%	8.6%	100.0%
		列百分比	45.4%	33.6%	20.3%	33.5%
	总是	计数	54	160	15	229
		行百分比	23.6%	69.9%	6.6%	100.0%
		列百分比	10.4%	6.5%	3.0%	6.6%
总计		计数	518	2480	498	3496
		行百分比	14.8%	70.9%	14.2%	100.0%
		列百分比	100.0%	100.0%	100.0%	100.0%

不同政治面貌间收看本市电视台新闻节目存在显著差异，卡方检验显著性水平为0.001，列联系数为0.183且在0.001水平上显著。中共党员选择“总是”和“经常”观看本市电视台新闻节目的比例分别占该组总人数的6.0%和32.7%，显著高于普通群众和共青团员的对应比例，即中共党员观看本市电视台新闻节目的频率更高（见表1-3-19）。

表 1 - 3 - 19　不同政治面貌收看本市台新闻节目的频率差异

			政治面貌			总计
			中共党员	普通群众	共青团员	
观看本市台新闻节目频率	从不	计数	64	576	121	761
		行百分比	8.4%	75.7%	15.9%	100.0%
		列百分比	12.5%	23.5%	24.2%	22.0%
	很少	计数	132	800	193	1125
		行百分比	11.7%	71.1%	17.2%	100.0%
		列百分比	25.7%	32.6%	38.6%	32.5%
	有时	计数	118	563	120	801
		行百分比	14.7%	70.3%	15.0%	100.0%
		列百分比	23.0%	23.0%	24.0%	23.1%
	经常	计数	168	433	57	658
		行百分比	25.5%	65.8%	8.7%	100.0%
		列百分比	32.7%	17.7%	11.4%	19.0%
	总是	计数	31	80	9	120
		行百分比	25.8%	66.7%	7.5%	100.0%
		列百分比	6.0%	3.3%	1.8%	3.5%
总计		计数	513	2452	500	3465
		行百分比	14.8%	70.8%	14.4%	100.0%
		列百分比	100.0%	100.0%	100.0%	100.0%

不同政治面貌间收看本县电视台新闻节目存在显著差异，卡方检验显著性水平为0.001，列联系数为0.187且在0.001水平上显著。中共党员选择“总是”和“经常”观看本县电视台新闻节目的比例分别占该组总人数的6.9%和29.3%，显著高于普通群众和共青团员的对应比例，即中共党员观看本县电视台新闻节目的频率更高（见表1-3-20）。

表 1-3-20 不同政治面貌收看本县台新闻节目的频率差异

			政治面貌			总计
			中共党员	普通群众	共青团员	
收看本县台新闻节目频率	从不	计数	82	745	164	991
		行百分比	8.3%	75.2%	16.5%	100.0%
		列百分比	16.1%	30.5%	33.1%	28.8%
	很少	计数	131	734	189	1054
		行百分比	12.4%	69.6%	17.9%	100.0%
		列百分比	25.8%	30.1%	38.1%	30.6%
	有时	计数	111	461	84	656
		行百分比	16.9%	70.3%	12.8%	100.0%
		列百分比	21.9%	18.9%	16.9%	19.0%
	经常	计数	149	407	52	608
		行百分比	24.5%	66.9%	8.6%	100.0%
		列百分比	29.3%	16.7%	10.5%	17.6%
	总是	计数	35	94	7	136
		行百分比	25.7%	69.1%	5.1%	100.0%
		列百分比	6.9%	3.9%	1.4%	3.9%
总计		计数	508	2441	496	3445
		行百分比	14.7%	70.9%	14.4%	100.0%
		列百分比	100.0%	100.0%	100.0%	100.0%

五、不同职业间收看各级电视台新闻节目的差异

村组干部及在校学生与其他职业的村民在收看中央电视台新闻节目的频率上存在显著差异。村组干部选择“总是”和“经常”观看中央电视台新闻节目的比例分别占该组总人数的29.9%和58.0%，均高于其他职业的村民；在校学生选择“总是”和“经常”观看中央电视台新闻节目的比例占该组总人数的6.9%和28.1%，均低于其他职业的村民（见表1-3-21）。

村组干部及在校学生与其他职业的村民在收看山东卫视新闻节目的频率上存在显著差异。村组干部选择“总是”和“经常”观看山东卫视新闻节目的比例分别占该组总人数的14.7%和54.3%，均高于其他职业的村民；在校学生选择“总是”和“经常”观看山东卫视新闻节目的比例占该组总人数的2.5%和15.1%，均低于其他职业的村民（见表1-3-22）。

村组干部及在校学生与其他职业的村民在收看本市电视台新闻节目的频率上存在显著差

异。村组干部选择"总是"和"经常"观看本市电视台新闻节目的比例分别占该组总人数的8.7%和40.3%，均高于其他职业的村民；在校学生选择"总是"和"经常"观看本市电视台新闻节目的比例占该组总人数的0.9%和6.6%，均低于其他职业的村民（见表1-3-23）。

村组干部及在校学生与其他职业的村民在收看本县电视台新闻节目的频率上存在显著差异。村组干部选择"总是"和"经常"观看本县电视台新闻节目的比例分别占该组总人数的10.0%和39.0%，均高于其他职业的村民；在校学生选择"总是"和"经常"观看本县电视台新闻节目的比例占该组总人数的0.6%和5.6%，均低于其他职业的村民（见表1-3-24）。

总的来看，随着电视台级别的下降，村组干部相比其他职业的高频率会越发凸显。即从中央电视台到山东卫视再到本市县电视台，其他职业的村民的观看频率会出现断崖式的下跌，而村组干部的频率下跌虽然也很大，但是到了本市县电视台还依然保持了比较高的观看频率。

表1-3-21　不同职业收看中央电视台新闻节目的频率差异

		职业							总计
		1	2	3	4	5	6	7	
从不	计数	69	3	2	21	9	12	11	127
	行百分比	54.3%	2.4%	1.6%	16.5%	7.1%	9.4%	8.7%	100.0%
	列百分比	4.0%	1.1%	1.8%	3.9%	3.5%	3.8%	3.4%	3.6%
很少	计数	225	4	6	90	43	78	56	502
	行百分比	44.8%	0.8%	1.2%	17.9%	8.6%	15.5%	11.2%	100.0%
	列百分比	13.2%	1.5%	5.3%	16.6%	16.8%	24.4%	17.4%	14.2%
有时	计数	380	25	19	170	67	118	82	861
	行百分比	44.1%	2.9%	2.2%	19.7%	7.8%	13.7%	9.5%	100.0%
	列百分比	22.2%	9.5%	16.7%	31.3%	26.2%	36.9%	25.5%	24.4%
经常	计数	796	153	55	211	103	90	136	1544
	行百分比	51.6%	9.9%	3.6%	13.7%	6.7%	5.8%	8.8%	100.0%
	列百分比	46.6%	58.0%	48.2%	38.9%	40.2%	28.1%	42.4%	43.8%
总是	计数	239	79	32	51	34	22	36	493
	行百分比	48.5%	16.0%	6.5%	10.3%	6.9%	4.5%	7.3%	100.0%
	列百分比	14.0%	29.9%	28.1%	9.4%	13.3%	6.9%	11.2%	14.0%
总计	计数	1709	264	114	543	256	320	321	3527
	行百分比	48.5%	7.5%	3.2%	15.4%	7.3%	9.1%	9.1%	100.0%
	列百分比	100.0%	100.0%	100.0%	100.0%	100.0%	100.0%	100.0%	100.0%

表 1－3－22 不同职业收看山东卫视新闻节目的频率差异

		职业							总计
		1	2	3	4	5	6	7	
从不	计数	123	6	2	53	24	49	29	286
	行百分比	43.0%	2.1%	0.7%	18.5%	8.4%	17.1%	10.1%	100.0%
	列百分比	7.3%	2.3%	1.8%	9.9%	9.7%	15.5%	9.1%	8.2%
很少	计数	323	21	13	138	52	112	96	755
	行百分比	42.8%	2.8%	1.7%	18.3%	6.9%	14.8%	12.7%	100.0%
	列百分比	19.1%	8.1%	11.6%	25.8%	21.0%	35.3%	30.0%	21.7%
有时	计数	491	53	36	188	66	100	106	1040
	行百分比	47.2%	5.1%	3.5%	18.1%	6.3%	9.6%	10.2%	100.0%
	列百分比	29.0%	20.5%	32.1%	35.1%	26.6%	31.5%	33.1%	29.9%
经常	计数	631	140	48	138	91	48	74	1170
	行百分比	53.9%	12.0%	4.1%	11.8%	7.8%	4.1%	6.3%	100.0%
	列百分比	37.3%	54.3%	42.9%	25.8%	36.7%	15.1%	23.1%	33.6%
总是	计数	123	38	13	18	15	8	15	230
	行百分比	53.5%	16.5%	5.7%	7.8%	6.5%	3.5%	6.5%	100.0%
	列百分比	7.3%	14.7%	11.6%	3.4%	6.0%	2.5%	4.7%	6.6%
总计	计数	1691	258	112	535	248	317	320	3481
	行百分比	48.6%	7.4%	3.2%	15.4%	7.1%	9.1%	9.2%	100.0%
	列百分比	100.0%	100.0%	100.0%	100.0%	100.0%	100.0%	100.0%	100.0%

表 1－3－23 不同职业收看本市台新闻节目的频率差异

		职业							总计
		1	2	3	4	5	6	7	
从不	计数	387	14	16	112	57	85	88	759
	行百分比	51.0%	1.8%	2.1%	14.8%	7.5%	11.2%	11.6%	100.0%
	列百分比	23.2%	5.5%	14.5%	21.0%	23.1%	26.7%	27.6%	22.0%
很少	计数	503	59	29	183	97	144	106	1121
	行百分比	44.9%	5.3%	2.6%	16.3%	8.7%	12.8%	9.5%	100.0%
	列百分比	30.2%	23.3%	26.4%	34.3%	39.3%	45.3%	33.2%	32.5%
有时	计数	386	56	30	140	46	65	74	797
	行百分比	48.4%	7.0%	3.8%	17.6%	5.8%	8.2%	9.3%	100.0%
	列百分比	23.1%	22.1%	27.3%	26.3%	18.6%	20.4%	23.2%	23.1%

经常	计数	329	102	30	88	39	21	42	651
	行百分比	50.5%	15.7%	4.6%	13.5%	6.0%	3.2%	6.5%	100.0%
	列百分比	19.7%	40.3%	27.3%	16.5%	15.8%	6.6%	13.2%	18.9%
总是	计数	63	22	5	10	8	3	9	120
	行百分比	52.5%	18.3%	4.2%	8.3%	6.7%	2.5%	7.5%	100.0%
	列百分比	3.8%	8.7%	4.5%	1.9%	3.2%	0.9%	2.8%	3.5%
总计	计数	1668	253	110	533	247	318	319	3448
	行百分比	48.4%	7.3%	3.2%	15.5%	7.2%	9.2%	9.3%	100.0%
	列百分比	100.0%	100.0%	100.0%	100.0%	100.0%	100.0%	100.0%	100.0%

表 1－3－24　不同职业收看本县台新闻节目的频率差异

		职业							总计
		1	2	3	4	5	6	7	
从不	计数	481	28	24	158	72	114	109	986
	行百分比	48.8%	2.8%	2.4%	16.0%	7.3%	11.6%	11.1%	100.0%
	列百分比	29.0%	11.2%	21.6%	29.8%	29.6%	35.7%	34.3%	28.8%
很少	计数	464	45	25	175	94	140	108	1051
	行百分比	44.1%	4.3%	2.4%	16.7%	8.9%	13.3%	10.3%	100.0%
	列百分比	28.0%	18.1%	22.5%	33.0%	38.7%	43.9%	34.0%	30.7%
有时	计数	333	54	25	115	34	45	48	654
	行百分比	50.9%	8.3%	3.8%	17.6%	5.2%	6.9%	7.3%	100.0%
	列百分比	20.1%	21.7%	22.5%	21.7%	14.0%	14.1%	15.1%	19.1%
经常	计数	311	97	30	70	34	18	41	601
	行百分比	51.7%	16.1%	5.0%	11.6%	5.7%	3.0%	6.8%	100.0%
	列百分比	18.8%	39.0%	27.0%	13.2%	14.0%	5.6%	12.9%	17.5%
总是	计数	69	25	7	12	9	2	12	136
	行百分比	50.7%	18.4%	5.1%	8.8%	6.6%	1.5%	8.8%	100.0%
	列百分比	4.2%	10.0%	6.3%	2.3%	3.7%	0.6%	3.8%	4.0%
总计	计数	1658	249	111	530	243	319	318	3428
	行百分比	48.4%	7.3%	3.2%	15.5%	7.1%	9.3%	9.3%	100.0%
	列百分比	100.0%	100.0%	100.0%	100.0%	100.0%	100.0%	100.0%	100.0%

注：1＝在家务农，2＝村组干部，3＝农村中小学教师，4＝企业工人，5＝工商户，6＝在校学生，7＝其他

六、不同选举参与间收看各级电视台新闻节目的差异

不同选举参与的村民在收看各级电视台新闻节目的频率上存在显著差异。是否参加村委会选举投票的村民在收看中央电视台新闻节目的频率上存在显著差异，卡方检验显著性水平为0.001，列联系数为0.220且在0.001水平上显著。参加了村委会选举投票的村民选择“总是”和“经常”观看中央电视台新闻节目的比例分别占该组总人数的17.1%和48.9%，显著高于没有参加村委会选举投票村民的比例8.7%和35.0%，表明参加了村委会选举投票的村民观看中央电视台新闻节目的频率更高（见表1－3－25）。

表1－3－25　不同选举参与收看中央电视台新闻节目的频率差异

			是否参加选举投票		总计
			参加了	没有参加	
收看中央台新闻节目频率	从不	计数	60	68	128
		行百分比	46.9%	53.1%	100.0%
		列百分比	2.7%	5.1%	3.6%
	很少	计数	240	264	504
		行百分比	47.6%	52.4%	100.0%
		列百分比	10.7%	19.9%	14.2%
	有时	计数	460	414	874
		行百分比	52.6%	47.4%	100.0%
		列百分比	20.6%	31.2%	24.6%
	经常	计数	1093	464	1557
		行百分比	70.2%	29.8%	100.0%
		列百分比	48.9%	35.0%	43.7%
	总是	计数	381	115	496
		行百分比	76.8%	23.2%	100.0%
		列百分比	17.1%	8.7%	13.9%
总计		计数	2234	1325	3559
		行百分比	62.8%	37.2%	100.0%
		列百分比	100.0%	100.0%	100.0%

不同选举参与的村民在收看山东卫视新闻节目的频率上存在显著差异，卡方检验显著性水平为0.001，列联系数为0.235且在0.001水平上显著。参加了村委会选举投票的村民选择“总是”和“经常”观看山东卫视新闻节目的比例分别占该组总人数的8.0%和40.4%，

显著高于没有参加村委会选举投票村民的比例4.1%和22.3%，表明参加了村委会选举投票的村民观看山东卫视新闻节目的频率更高（见表1－3－26）。

表1－3－26　不同选举参与收看山东卫视新闻节目的频率差异

			是否参加选举投票		总计
			参加了	没有参加	
收看山东卫视新闻节目频率	从不	计数	118	166	284
		行百分比	41.5%	58.5%	100.0%
		列百分比	5.4%	12.7%	8.1%
	很少	计数	387	376	763
		行百分比	50.7%	49.3%	100.0%
		列百分比	17.6%	28.8%	21.7%
	有时	计数	632	421	1053
		行百分比	60.0%	40.0%	100.0%
		列百分比	28.7%	32.2%	30.0%
	经常	计数	889	291	1180
		行百分比	75.3%	24.7%	100.0%
		列百分比	40.4%	22.3%	33.6%
	总是	计数	177	53	230
		行百分比	77.0%	23.0%	100.0%
		列百分比	8.0%	4.1%	6.6%
总计		计数	2203	1307	3510
		行百分比	62.8%	37.2%	100.0%
		列百分比	100.0%	100.0%	100.0%

不同选举参与的村民在收看本市电视台新闻节目的频率上存在显著差异，卡方检验显著性水平为0.001，列联系数为0.202且在0.001水平上显著。参加了村委会选举投票的村民选择“总是”和“经常”观看本市电视台新闻节目的比例分别占该组总人数的4.5%和24.2%，显著高于没有参加村委会选举投票村民的比例1.7%和10.5%，表明参加了村委会选举投票的村民观看本市电视台新闻节目的频率更高（见表1－3－27）。

表 1-3-27 不同选举参与收看本市台新闻节目的频率差异

			是否参加选举投票		总计
			参加了	没有参加	
收看本市台新闻节目频率	从不	计数	417	344	761
		行百分比	54.8%	45.2%	100.0%
		列百分比	19.1%	26.4%	21.9%
	很少	计数	620	511	1131
		行百分比	54.8%	45.2%	100.0%
		列百分比	28.5%	39.3%	32.5%
	有时	计数	516	287	803
		行百分比	64.3%	35.7%	100.0%
		列百分比	23.7%	22.1%	23.1%
	经常	计数	526	137	663
		行百分比	79.3%	20.7%	100.0%
		列百分比	24.2%	10.5%	19.1%
	总是	计数	99	22	121
		行百分比	81.8%	18.2%	100.0%
		列百分比	4.5%	1.7%	3.5%
总计		计数	2178	1301	3479
		行百分比	62.6%	37.4%	100.0%
		列百分比	100.0%	100.0%	100.0%

不同选举参与的村民在收看本县电视台新闻节目的频率上存在显著差异，卡方检验显著性水平为0.001，列联系数为0.187且在0.001水平上显著。参加了村委会选举投票的村民选择“总是”和“经常”观看本县电视台新闻节目的比例分别占该组总人数的5.1%和22.0%，显著高于没有参加村委会选举投票村民的比例2.0%和10.4%，表明参加了村委会选举投票的村民观看本县电视台新闻节目的频率更高（见表1-3-28）。

表 1－3－28　不同选举参与收看本县台新闻节目的频率差异

			是否参加选举投票		总计
			参加了	没有参加	
收看本县台新闻节目频率	从不	计数	559	433	992
		行百分比	56.4%	43.6%	100.0%
		列百分比	25.8%	33.5%	28.7%
	很少	计数	584	473	1057
		行百分比	55.3%	44.7%	100.0%
		列百分比	27.0%	36.6%	30.6%
	有时	计数	435	228	663
		行百分比	65.6%	34.4%	100.0%
		列百分比	20.1%	17.6%	19.2%
	经常	计数	477	134	611
		行百分比	78.1%	21.9%	100.0%
		列百分比	22.0%	10.4%	17.7%
	总是	计数	110	26	136
		行百分比	80.9%	19.1%	100.0%
		列百分比	5.1%	2.0%	3.9%
总计		计数	2165	1294	3459
		行百分比	62.6%	37.4%	100.0%
		列百分比	100.0%	100.0%	100.0%

第四节　政治参与实践及其自主性

本研究对政治参与实践行为及其自主性进行了考察，为考察前者所设计的问题是：“最近一次村委会选举，您参加投票了吗？”提供的选项为“参加了”和“没有参加”。在3580个有效样本中，选择“参加了”的样本2249个，占62.8%，选择“没有参加”的样本1331个，占37.2%。可以看出，大部分村民都有选举参与这一政治参与实践行为（见表1－4－1）。

同时，我们也对参加了最近一次村委会选举投票村民的政治参与实践自主性进行了考察。对此所设计的问题是：“您在投票前是否与别人交流了想法？”提供的选项为“没与任何人商量”“与家里人商量”“与朋友商量”和与“本族人商量”，其中除“没与任何人商量”这一选项外，其他选项可多选，故对其进行了多重响应分析。回答本题的村民共有2226人，由于此题为多选题，故产生了2572个回答。在2226个回答本题的村民中，选择“没与任何人商量”的村民有909人，占40.8%；选择“与家里人商量”的村民1165人，占52.3%；选择“与朋友商量”的村民315人，占14.2%；选择“与本族人商量”的村民183人，占8.2%。可以看出，在投票前没与任何人商量的比例低于其他选择，表明村民政治参与实践自主性程度整体不高；在投票前与他人交流想法的选择上，与家里人商量所占比例较高（见表1－4－2）。

表1－4－1 政治参与实践的描述统计

		频率	百分比	有效百分比	累积百分比
有效	参加了	2249	62.6	62.8	62.8
	没有参加	1331	37.0	37.2	100.0
	总计	3580	99.6	100.0	
缺失	系统	13	.4		
总计		3593	100.0		

表1－4－2 政治参与实践自主性的描述统计

		响应		个案数的百分比
		N	百分比	
投票前是否与别人交流了想法[a]	没与任何人商量	909	35.3%	40.8%
	与家里人商量	1165	45.3%	52.3%
	与朋友商量	315	12.2%	14.2%
	与本族人商量	183	7.1%	8.2%
总计		2572	100.0%	115.5%

a. 二分法组值为1时进行制表。

一、不同年龄间政治参与实践的差异

在3563个有效样本中，29岁及以下参加了最近一次村委会选举投票的样本有251个，占本组总人数的30.9%；30～49岁参加了最近一次村委会选举投票的样本有983个，占本组总人数的68.2%；50岁及以上有选举参与行为的样本为1004个，占本组总人数的76.6%。29岁及以下选择“没有参加”的样本560个，占本组总人数的69.1%；30～49岁选择“没有参加”的样本459个，占本组总人数的31.8%；50岁及以上选择“没有参加”的样本306

个，占本组总人数的23.4%。总的来看，不同年龄间政治参与实践存在显著差异，50岁及以上的村民在最近一次村委会选举中参加投票的比例显著高于29岁及以下和30~49岁的村民，29岁及以下的村民政治参与程度最低（见表1-4-3）。

表1-4-3　不同年龄间政治参与实践的差异

			年龄分段			总计
			29岁及以下	30~49岁	50岁及以上	
最近一次村委会选举，您参加投票了吗	参加了	计数	251	983	1004	2238
		行百分比	11.2%	43.9%	44.9%	100.0%
		列百分比	30.9%	68.2%	76.6%	62.8%
	没有参加	计数	560	459	306	1325
		行百分比	42.3%	34.6%	23.1%	100.0%
		列百分比	69.1%	31.8%	23.4%	37.2%
总计		计数	811	1442	1310	3563
		行百分比	22.8%	40.5%	36.8%	100.0%
		列百分比	100.0%	100.0%	100.0%	100.0%

二、不同文化程度间政治参与实践的差异

在3567个有效样本中，初中文化程度的村民选择“参加了”最近一次村委会选举投票的样本1052个，占本组总人数的72.6%；小学及以下文化程度的村民选择“参加了”的样本为454个，占本组总人数的68.3%；高中或中专文化程度的村民选择“参加了”的样本为515个，占本组总人数的63.3%；大专文化程度的村民选择“参加了”的样本为128个，占本组总人数的43.4%；本科及以上文化程度的村民选择“参加了”的样本为91个，占本组总人数的26.5%。初中文化程度的村民选择“没有参加”的样本为398个，占本组总人数的27.4%，显著低于大专文化程度的比例56.6%和本科及以上文化程度的比例73.5%，而小学及以下文化程度的村民选择“没有参加”的样本为211个，占本组总人数的31.7%，高中或中专文化程度的村民选择“没有参加”的样本为298个，占本组总人数的36.7%。总的来说，初中文化程度的村民政治参与实践程度最高，小学及以下和高中或中专文化程度的村民次之，都显著高于大专和本科及以上文化程度的村民，可以看出文化程度越高，政治参与实践程度越低（见表1-4-4）。

表 1-4-4 不同文化程度间政治参与实践的差异

			文化程度					总计
			小学及以下	初中	高中或中专	大专	本科及以上	
最近一次村委会选举，您参加投票了吗	参加了	计数	454	1052	515	128	91	2240
		行百分比	20.3%	47.0%	23.0%	5.7%	4.1%	100.0%
		列百分比	68.3%	72.6%	63.3%	43.4%	26.5%	62.8%
	没有参加	计数	211	398	298	167	253	1327
		行百分比	15.9%	30.0%	22.5%	12.6%	19.1%	100.0%
		列百分比	31.7%	27.4%	36.7%	56.6%	73.5%	37.2%
总计		计数	665	1450	813	295	344	3567
		行百分比	18.6%	40.7%	22.8%	8.3%	9.6%	100.0%
		列百分比	100.0%	100.0%	100.0%	100.0%	100.0%	100.0%

三、不同政治面貌间政治参与实践的差异

在3553个有效样本中，中共党员参加了最近一次村委会选举投票的样本为431个，占本组总人数的81.5%；普通群众参加了最近一次村委会选举投票的样本为1637个，占本组总人数的65.0%；共青团员参加了最近一次村委会选举投票的样本为166个，占本组总人数的32.7%。中共党员选择“没有参加”的样本为98个，占本组总人数的18.5%；普通群众选择“没有参加”的样本为880个，占本组总人数的35.0%；共青团员选择“没有参加”的样本为341个，占本组总人数的67.3%。总的来看，不同政治面貌村民的政治参与实践存在显著差异，中共党员的政治参与实践程度最高，且显著高于普通群众和共青团员，共青团员的政治参与实践程度最低（见表1-4-5）。

表 1-4-5 不同政治面貌间政治参与实践的差异

			政治面貌			总计
			中共党员	普通群众	共青团员	
最近一次村委会选举，您参加投票了吗	参加了	计数	431	1637	166	2234
		行百分比	19.3%	73.3%	7.4%	100.0%
		列百分比	81.5%	65.0%	32.7%	62.9%
	没有参加	计数	98	880	341	1319
		行百分比	7.4%	66.7%	25.9%	100.0%
		列百分比	18.5%	35.0%	67.3%	37.1%
总计		计数	529	2517	507	3553
		行百分比	14.9%	70.8%	14.3%	100.0%
		列百分比	100.0%	100.0%	100.0%	100.0%

四、不同职业间政治参与实践的差异

在3535个有效样本中，村组干部参加了最近一次村委会选举投票的样本占本组总人数的95.5%，显著高于其他职业的政治参与实践程度；在家务农的村民和工商户选择“参加了”的比例也较高，分别占本组总人数的72.5%和63.3%；其他职业的村民选择“参加了”的样本占本组总人数的55.1%；农村中小学教师和企业工人参加了最近一次村委会选举投票的样本都占本组总人数的48.7%；在校学生选择“参加了”最近一次村委会选举投票的比例最低且显著低于其他职业，占本组人数的20.3%。村组干部选择“没有参加”最近一次村委会选举投票的样本仅占本组总人数的4.5%，而在校学生选择“没有参加”最近一次村委会选举投票的样本占本组总人数的79.7%。由此看出，村组干部的政治参与实践程度最高，在家务农的村民和工商户次之，在校学生的政治参与实践程度最低（见表1-4-6）。

表1-4-6　不同职业间政治参与实践的差异

		职业							总计
		1	2	3	4	5	6	7	
参加	计数	1241	253	55	266	164	65	177	2221
	行百分比	55.9%	11.4%	2.5%	12.0%	7.4%	2.9%	8.0%	100.0%
	列百分比	72.5%	95.5%	48.7%	48.7%	63.3%	20.3%	55.1%	62.8%
没有参加	计数	470	12	58	280	95	255	144	1314
	行百分比	35.8%	0.9%	4.4%	21.3%	7.2%	19.4%	11.0%	100.0%
	列百分比	27.5%	4.5%	51.3%	51.3%	36.7%	79.7%	44.9%	37.2%
总计	计数	1711	265	113	546	259	320	321	3535
	行百分比	48.4%	7.5%	3.2%	15.4%	7.3%	9.1%	9.1%	100.0%
	列百分比	100.0%	100.0%	100.0%	100.0%	100.0%	100.0%	100.0%	100.0%

注：1=在家务农，2=村组干部，3=农村中小学教师，4=企业工人，5=工商户，6=在校学生，7=其他

五、不同打工频率间政治参与实践的差异

在1409个有效样本中，基本上全年在城市打工的村民参加了最近一次村委会选举投票的样本有204个，占本组总人数的47.9%；有2/3的时间在城市打工的村民选择“参加了”的样本有126个，占本组总人数的53.2%；基本没外出打工的村民和有1/3时间在城市打工

的村民参加了最近一次村委会选举投票的样本占本组总人数的比例分别为66.6%和66.0%。可以看出，基本没外出打工和有1/3时间在城市打工村民的政治参与实践程度显著高于基本上全年和2/3时间在城市打工的村民（见表1-4-7）。

表1-4-7　不同打工频率间政治参与实践的差异

			去年您有多少时间在城市打工				总计
			基本没外出打工	1/3的时间	2/3的时间	基本上全年	
最近一次村委会选举，您参加投票了吗	参加了	计数	393	103	126	204	826
		行百分比	47.6%	12.5%	15.3%	24.7%	100.0%
		列百分比	66.6%	66.0%	53.2%	47.9%	58.6%
	没有参加	计数	197	53	111	222	583
		行百分比	33.8%	9.1%	19.0%	38.1%	100.0%
		列百分比	33.4%	34.0%	46.8%	52.1%	41.4%
总计		计数	590	156	237	426	1409
		行百分比	41.9%	11.1%	16.8%	30.2%	100.0%
		列百分比	100.0%	100.0%	100.0%	100.0%	100.0%

六、不同性别间政治参与实践自主性的差异

不同性别村民的政治参与实践自主性存在差异，在2219个有效样本中，选择投票前“没与任何人商量”的男性样本524个，占本组总人数的43.2%，选择投票前“没与任何人商量”的女性样本383个，占本组总人数的38.0%，男性的政治参与实践自主性较强。男性选择在投票前“与家里人商量”的样本591个，占本组总人数的48.8%，显著低于女性的比例56.7%，可见女性更倾向于在投票前与家里人商量。男性选择“与朋友商量”的样本204个，占本组总人数的16.8%，女性选择“与朋友商量”的样本109个，占本组总人数的10.8%，可见男性更倾向于在投票前与朋友商量。不同性别在选择投票前“与本族人商量”的比例差异不显著（见表1-4-8）。

表 1－4－8　不同性别间政治参与实践自主性的差异

			性别		总计
			男	女	
投票前是否与别人交流了想法[a]	没与任何人商量	计数	524	383	907
		行百分比	57.8%	42.2%	
		列百分比	43.2%	38.0%	
	与家里人商量	计数	591	571	1162
		行百分比	50.9%	49.1%	
		列百分比	48.8%	56.7%	
	与朋友商量	计数	204	109	313
		行百分比	65.2%	34.8%	
		列百分比	16.8%	10.8%	
	与本族人商量	计数	116	67	183
		行百分比	63.4%	36.6%	
		列百分比	9.6%	6.7%	
总计		计数	1212	1007	2219

a. 二分法组值为 1 时进行制表。

七、不同年龄间政治参与实践自主性的差异

不同年龄段的村民在政治参与实践自主性上存在显著差异。在 2215 个有效样本中，29 岁及以下选择投票前没与任何人商量的人数为 63 人，占该组总人数的 25.4%；30～49 岁选择投票前没与任何人商量的人数为 378 人，占该组总人数的 39.0%；50 岁及以上选择投票前没与任何人商量的人数为 462 人，占该组总人数的 46.3%。可以看出，50 岁及以上的村民政治参与实践自主性显著强于其他年龄段的村民，29 岁及以下的村民政治参与实践自主性程度最低。29 岁及以下选择在投票前“与家里人商量”的样本为 171 个，占该组总人数的 69.0%；30～49 岁选择在投票前“与家里人商量“的样本为 516 个，占该组总人数的 53.2%；50 岁及以上的村民选择“与家里人商量”的样本为 473 个，占该组总人数的 47.4%。可以看出，年龄越小越倾向于在投票前“与家里人商量”。29 岁及以下选择在投票前“与本族人商量”的样本占该组总人数的比例为 12.5%，高于 50 岁及以上村民的所占比例 6.6% 和 30～49 岁村民的所占比例 8.9%。可以看出，相较 30～49 岁和 50 岁及以上的村民，29 岁及以下的村民更倾向于在投票前“与本族人商量”。总的来看，政治参与实践自主性程度随着年龄增长而递增，年龄越小越倾向于在投票前与家里人和本族人商量（见表 1－4－9）。

表1－4－9 不同年龄间政治参与实践自主性的差异

			年龄分段			总计
			29岁及以下	30～49岁	50岁及以上	
投票前是否与别人交流了想法[a]	没与任何人商量	计数	63	378	462	903
		行百分比	7.0%	41.9%	51.2%	
		列百分比	25.4%	39.0%	46.3%	
	与家里人商量	计数	171	516	473	1160
		行百分比	14.7%	44.5%	40.8%	
		列百分比	69.0%	53.2%	47.4%	
	与朋友商量	计数	34	158	123	315
		行百分比	10.8%	50.2%	39.0%	
		列百分比	13.7%	16.3%	12.3%	
	与本族人商量	计数	31	86	66	183
		行百分比	16.9%	47.0%	36.1%	
		列百分比	12.5%	8.9%	6.6%	
总计		计数	248	970	997	2215

a. 二分法组值为1时进行制表。

八、不同文化程度间政治参与实践自主性的差异

不同文化程度间政治参与实践自主性存在显著差异。在2217个有效样本中，小学及以下文化程度的村民选择“没与任何人商量”的人数为221人，占该组总人数的48.9%，高中或中专文化程度和初中文化程度的村民选择“没与任何人商量”的人数分别为206人和420人，分别占该组总人数的40.5%和40.4%，三者都显著高于大专和本科及以上文化程度的比例，大专文化程度的村民选择“没与任何人商量”的样本占该组人数的27.6%，本科及以上文化程度的村民选择“没与任何人商量”的样本占该组人数的22.5%。可以看出，大专和本科及以上文化程度村民的政治参与实践自主性程度显著低于其他文化程度的村民。本科及以上和大专文化程度选择在投票前“与家里人商量”的样本所占本组的比例分别为75.3%和66.9%，显著高于其他组的比例。大专和本科及以上文化程度选择在投票前“与本族人商量”的样本所占本组的比例分别为18.9%和14.6%，显著高于其他组的比例。总的来看，文化程度高的村民，其政治参与实践自主性程度低于文化程度相对较低的村民，且更倾向于在投票前与家里人、朋友和本族人商量（见表1－4－10）。

表1-4-10　不同文化程度间政治参与实践自主性的差异

			文化程度					总计
			小学及以下	初中	高中或中专	大专	本科及以上	
投票前是否与别人交流了想法[a]	没与任何人商量	计数	221	420	206	35	20	902
		行百分比	24.5%	46.6%	22.8%	3.9%	2.2%	
		列百分比	48.9%	40.4%	40.5%	27.6%	22.5%	
	与家里人商量	计数	206	533	272	85	67	1163
		行百分比	17.7%	45.8%	23.4%	7.3%	5.8%	
		列百分比	45.6%	51.3%	53.4%	66.9%	75.3%	
	与朋友商量	计数	47	155	75	23	15	315
		行百分比	14.9%	49.2%	23.8%	7.3%	4.8%	
		列百分比	10.4%	14.9%	14.7%	18.1%	16.9%	
	与本族人商量	计数	33	68	44	24	13	182
		行百分比	18.1%	37.4%	24.2%	13.2%	7.1%	
		列百分比	7.3%	6.5%	8.6%	18.9%	14.6%	
总计		计数	452	1040	509	127	89	2217

a. 二分法组值为1时进行制表。

九、不同政治面貌间政治参与实践自主性的差异

不同政治面貌间在政治参与实践自主性上存在显著差异。在2212个有效样本中，中共党员选择在投票前“没与任何人商量”的样本为224个，占该组总人数的52.6%，显著高于普通群众的比例38.7%和共青团员的比例31.1%。共青团员选择在投票前“与家里人商量”的样本为101个，占该组总人数的61.6%，显著高于中共党员的比例42.5%和普通群众的比例54.1%。不同政治面貌的村民在选择投票前“与朋友商量”和“与本族人商量”的比例并无显著差异。总的来看，共青团员更倾向于在投票前“与家里人商量”，普通群众次之，中共党员的程度最低（见表1-4-11）。

表 1－4－11 不同政治面貌间政治参与实践自主性的差异

			政治面貌			总计
			中共党员	普通群众	共青团员	
投票前是否与别人交流了想法[a]	没与任何人商量	计数	224	627	51	902
		行百分比	24.8%	69.5%	5.7%	
		列百分比	52.6%	38.7%	31.1%	
	与家里人商量	计数	181	878	101	1160
		行百分比	15.6%	75.7%	8.7%	
		列百分比	42.5%	54.1%	61.6%	
	与朋友商量	计数	64	222	26	312
		行百分比	20.5%	71.2%	8.3%	
		列百分比	15.0%	13.7%	15.9%	
	与本族人商量	计数	44	125	11	180
		行百分比	24.4%	69.4%	6.1%	
		列百分比	10.3%	7.7%	6.7%	
总计		计数	426	1622	164	2212

a. 二分法组值为 1 时进行制表。

十、不同职业间政治参与实践自主性的差异

不同职业间政治参与实践自主性存在显著差异。在 2199 个有效样本中，村组干部选择在投票前“没与任何人商量”的样本为 141 个，占该组总人数的 56.4%，显著高于其他职业的对应百分比；在家务农的村民和工商户选择“没与任何人商量”的样本占该组总人数的比例分别为 42.5% 和 41.4%；而在校学生选择“没与任何人商量”的样本为 14 个，占该组总人数的 21.9%，显著低于其他职业的对应百分比。村组干部选择投票前“与家里人商量”的样本为 97 个，占该组总人数的 38.8%，显著低于其他职业的对应百分比，而在校学生选择该选项的样本为 46 个，占该组总人数的 71.9%，显著高于其他职业的对应百分比。不同职业选择投票前与朋友商量和与本族人商量的比例并无明显差异。总的来看，村组干部的政治参与实践自主性程度最高且显著高于其他职业，在校学生的政治参与实践自主性程度最低；在校学生更倾向于在投票前与家里人商量（见表 1－4－12）。

表 1－4－12　不同职业间政治参与实践自主性的差异

			政治面貌							总计
			1	2	3	4	5	6	7	
投票前是否与别人交流了想法[a]	没与任何人商量	计数	524	141	18	80	67	14	56	900
		行百分比	58.2%	15.7%	2.0%	8.9%	7.4%	1.6%	6.2%	
		列百分比	42.5%	56.4%	32.7%	30.8%	41.4%	21.9%	31.8%	
	与家里人商量	计数	624	97	34	168	81	46	100	1150
		行百分比	54.3%	8.4%	3.0%	14.6%	7.0%	4.0%	8.7%	
		列百分比	50.6%	38.8%	61.8%	64.6%	50.0%	71.9%	56.8%	
	与朋友商量	计数	156	35	11	47	26	9	25	309
		行百分比	50.5%	11.3%	3.6%	15.2%	8.4%	2.9%	8.1%	
		列百分比	12.7%	14.0%	20.0%	18.1%	16.0%	14.1%	14.2%	
	与本族人商量	计数	81	26	6	34	12	5	18	182
		行百分比	44.5%	14.3%	3.3%	18.7%	6.6%	2.7%	9.9%	
		列百分比	6.6%	10.4%	10.9%	13.1%	7.4%	7.8%	10.2%	
总计		计数	1232	250	55	260	162	64	176	2199

a. 二分法组值为 1 时进行制表。

注：1＝在家务农，2＝村组干部，3＝农村中小学教师，4＝企业工人，5＝工商户，6＝在校学生，7＝其他

第五节　小结

1. 农村居民对政治话题的一般心理卷入程度整体较高

大部分村民对政治话题保持了一定的兴趣，其对政治话题的一般心理卷入程度较高。从政治话题谈论的频率看，农村居民对政治的兴趣并不低，同时存在一定的差异。男性对政治话题的一般心理卷入程度较高。年龄越大对政治话题的一般心理卷入程度越高。中共党员对政治话题的一般心理卷入程度较高，其谈论政治话题的频率远远高于普通群众和共青团员。

2. 农村居民获取政治信息的主要媒介为电视且存在差异

山东省村民了解国家大事和国家政策的最主要媒介是电视，其次是互联网，其他媒介按照选择人数的比例排序依次为：朋友和家人、报纸、广播、村里的宣传栏和干部。村里的宣传栏和干部居于最末两位，且选择的人数均低于10%，表明基层党组织和村委会的宣传功能还有提升的空间。同时，性别、年龄、文化程度、政治面貌、职业、进城打工频率、人均收入和选举参与均在媒介选择上存在组间差异。男性选择报纸的比例更高，女性选择朋友和家人的比例更高。年龄越大选择电视的比例越高，选择网络的比例越低。文化程度越高，选择电视的比例越高，选择网络的比例越低。共青团员选择电视的比例低于中共党员和普通群众，选择网络的比例高于中共党员和普通群众；中共党员选择报纸和村里的宣传栏的比例高于共青团员和普通群众。村组干部和中小学教师选择报纸的比例远高于其他职业；在家务农的村民选择网络的比例远低于其他职业，在校学生选择网络的比例远高于其他职业。基本上全年在外打工的村民选择网络的比例远高于其他打工频率的村民。收入越高的村民选择网络的比例越高。参加选举投票的村民选择网络的比例远低于未参加选举投票的村民。

3. 中央高地方低的“差序收视”格局

山东省农村居民观看中央台新闻节目的频率高于山东卫视，观看山东卫视新闻节目的频率高于本市电视台和本县电视台新闻节目，呈现出中央高地方低的“差序收视”格局。不同性别、年龄、文化程度收看中央电视台和山东卫视新闻节目的频率存在显著的差异，收看本市电视台和本县电视台的频率不存在具有明显趋势的显著差异。不同政治面貌、职业和选举参与收看四个层级电视台新闻节目的频率都存在显著的组间差异。

4. 大多数村民进行了选举参与但参与实践自主性程度整体不高

大部分村民进行了选举参与，但村民政治参与实践自主性程度整体不高，在投票前与他人交流想法的选择上，与家里人商量所占比例较高。

政治参与实践及其自主性都存在一定程度的组间差异。在政治参与实践方面，不同年龄间政治参与实践存在差异，50岁及以上的村民在最近一次村委会选举中参加投票的比例显著高于其他年龄段的村民，29岁及以下的村民政治参与程度最低。初中文化程度的村民政治参与实践程度最高，小学及以下和高中或中专文化程度的村民次之，都显著高于大专和本科及以上文化程度的村民。中共党员的政治参与实践程度最高，且显著高于普通群众和共青团员，共青团员的政治参与实践程度最低。村组干部的政治参与实践程度最高，在家务农的村民和工商户次之。基本没外出打工和有1/3时间在城市打工村民的政治参与实践程度显著高于基本上全年和2/3时间在城市打工的村民。

在政治参与实践自主性方面，男性更倾向于在投票前与朋友商量。相较30～49岁和50岁及以上的村民，29岁及以下的村民更倾向于在投票前与本族人商量。政治参与实践自主性程度随着年龄增长而递增，年龄越小越倾向于在投票前与家里人和本族人商量。文化程度高的村民，其政治参与实践自主性程度低于文化程度相对较低的村民，且更倾向于在投票前与家里人、朋友和本族人商量。中共党员的政治参与实践自主性程度显著强于普通群众和共青团员，共青团员更倾向于在投票前与家里人商量。村组干部的政治参与实践自主性程度最高且显著高于其他职业。

第二章　对国家民主问题的认识

毋庸置疑，民主是当今世界使用频率最高的政治术语之一，无论是在学术研究、新闻报道还是政治实践中，“民主”二字都是耳熟能详的。① 尽管民主已经成为当代世界的基本潮流并且被大多数国家遵奉为核心价值，但是，由于民主的模式有差别，不同时代和地域的人们对民主的理解不可能完全一致。② 我国处于社会转型期，在乡村振兴战略实施的大背景下，农村居民对国家民主问题的认识值得我们思考和研究。

农村居民对国家民主问题的认识，主要包括对什么是民主的认识、对我国民主程度的判断、对民主的偏好程度以及对民主重要性的认识几个方面。 本章将从这四个方面呈现山东省农村居民对国家民主问题的认识及其分化，以呈现国家民主在主观认识层面的现状。

第一节　对什么是民主的认识

农村居民对“什么是民主”的认识，即农村居民的民主观。 民主观的测评是学界争论的焦点，大型的跨国调查和国内外的学者采用了大量不同的题目和量表来测量公民的民主观。本研究对民主观的测量使用了如下问题：“下面几种说法哪一种更接近您对民主的理解？”选项包括：民主就是“当官的为老百姓做主”、民主就是“老百姓决定谁来当官”、民主就是“大家的事大家商量着办”。 这三种民主观分别为民本民主观、选举民主观和协商民主观。 虽然按照西方代议制民主理论，“当官的为老百姓做主”算不上真正的民主，但是国内大量研究指出，基于中国的国情，有相当部分的民众持有该民主观。 同时，考虑到民主观的

① 王衡:《公众如何定义民主:理论分歧与实证测量》,载于《国外理论动态》2015 年第 8 期。

② 何俊志:《中国地方官员的复合民主价值观》,载于《政治学研究》2017 年第 2 期。

多样性和复杂性，选项中设计了“都不是”选项以代替其他民主观或者模糊的民主观。

在3511个有效样本中，持有民本民主观的样本739个，占21.0%；持有选举民主观的样本712个，占20.3%；持有协商民主观的样本1906个，占54.3%；选择都不是的样本153个，占4.4%。超过一半的村民持有协商民主观，表明协商民主在农村地区的推行具有足够的群众基础（见表2-1-1）。

表2-1-1　对民主观的描述统计

		频率	百分比	有效百分比	累积百分比
有效	民主就是“当官的为老百姓做主”	739	20.6	21.0	21.0
	民主就是“老百姓决定谁来当官”	712	19.8	20.3	41.3
	民主就是“大家的事大家商量着办”	1906	53.0	54.3	95.6
	都不是	154	4.3	4.4	100.0
	总计	3511	97.7	100.0	
缺失	系统	82	2.3		
总计		3593	100.0		

一、不同文化程度间民主观的差异

在3498个有效样本中，小学及以下文化程度持有民本民主观的样本180个，占本组总人数的28.0%；初中文化程度的村民持有民本民主观的样本333个，占本组总人数的23.3%；高中或中专文化程度的村民持有民本民主观的样本138个，占本组总人数的17.2%；大专文化程度的村民持有民本民主观的样本45个，占本组总人数的15.5%；本科及以上文化程度的村民持有民本民主观的样本41个，占本组总人数的12.3%。

小学及以下文化程度持有协商民主观的样本315个，占本组总人数的48.9%；初中文化程度的村民持有协商民主观的样本731个，占本组总人数的51.2%；高中或中专文化程度的村民持有协商民主观的样本478个，占本组总人数的59.6%；大专文化程度的村民持有协商民主观的样本174个，占本组总人数的59.8%；本科及以上文化程度的村民持有协商民主观的样本202个，占本组总人数的60.5%。

总的来看，有过大学学习经历的村民持有民本民主观的比例高于高中及以下学历的村民，高中以下文化程度的村民选择协商民主观的比例高于大专及以上文化程度的村民（见表2-1-2）。

表 2 -1 -2 不同文化程度间民主观的差异

			文化程度					总计
			小学及以下	初中	高中或中专	大专	本科及以上	
民主观	民本民主观	计数	180	333	138	45	41	737
		行百分比	24.4%	45.2%	18.7%	6.1%	5.6%	100.0%
		列百分比	28.0%	23.3%	17.2%	15.5%	12.3%	21.1%
	选举民主观	计数	130	312	146	49	71	708
		行百分比	18.4%	44.1%	20.6%	6.9%	10.0%	100.0%
		列百分比	20.2%	21.9%	18.2%	16.8%	21.3%	20.2%
	协商民主观	计数	315	731	478	174	202	1900
		行百分比	16.6%	38.5%	25.2%	9.2%	10.6%	100.0%
		列百分比	48.9%	51.2%	59.6%	59.8%	60.5%	54.3%
	都不是	计数	19	51	40	23	20	153
		行百分比	12.4%	33.3%	26.1%	15.0%	13.1%	100.0%
		列百分比	3.0%	3.6%	5.0%	7.9%	6.0%	4.4%
总计		计数	644	1427	802	291	334	3498
		行百分比	18.4%	40.8%	22.9%	8.3%	9.5%	100.0%
		列百分比	100.0%	100.0%	100.0%	100.0%	100.0%	100.0%

二、不同政治面貌间民主观的差异

在3484个有效样本中，中共党员持有民本民主观的样本88个，占本组总人数的17.0%；普通群众持有民本民主观的样本554个，占本组总人数的22.4%；共青团员持有民本民主观的样本91个，占本组总人数的18.5%。

中共党员持有选举民主观的样本74个，占本组总人数的14.3%；普通群众持有选举民主观的样本524个，占本组总人数的21.2%；共青团员持有选举民主观的样本105个，占本组总人数的21.3%。

中共党员持有协商民主观的样本334个，占本组总人数的64.6%；普通群众持有协商民主观的样本1295个，占本组总人数的52.3%；共青团员持有协商民主观的样本265个，占本组总人数的53.8%。

总的来看，普通群众比中共党员和共青团员更倾向于持有民本民主观，但是差异不显著；普通群众和共青团员相比中共党员更倾向于持有选举民主观；中共党员相比普通群众和共青团员更倾向于持有协商民主观（见表2－1－3）。

表 2－1－3　不同政治面貌间民主观的差异

			政治面貌			总计
			中共党员	普通群众	共青团员	
民主观	民本民主观	计数	88	554	91	733
		行百分比	12.0%	75.6%	12.4%	100.0%
		列百分比	17.0%	22.4%	18.5%	21.0%
	选举民主观	计数	74	524	105	703
		行百分比	10.5%	74.5%	14.9%	100.0%
		列百分比	14.3%	21.2%	21.3%	20.2%
	协商民主观	计数	334	1295	265	1894
		行百分比	17.6%	68.4%	14.0%	100.0%
		列百分比	64.6%	52.3%	53.8%	54.4%
	都不是	计数	21	101	32	154
		行百分比	13.6%	65.6%	20.8%	100.0%
		列百分比	4.1%	4.1%	6.5%	4.4%
总计		计数	517	2474	493	3484
		行百分比	14.8%	71.0%	14.2%	100.0%
		列百分比	100.0%	100.0%	100.0%	100.0%

三、不同职业间民主观的差异

在3468个有效样本中，工商户持有民本民主观的比例最高，占工商户总人数的26.7%；在家务农的村民持有民本民主观的比例次之，占本组总人数的23.9%；农村中学教师和在校学生持有民本民主观的比例最低，分别占本组总人数的12.3%和14.7%。企业工人持有选举民主观的比例最高，占企业工人总数的25.3%；在家务农的村民持有选举民主观的比例其次，占本组总人数的21.4%；农村中小学教师持有选举民主观的比例最低，占本组总人数的13.2%。农村中学生教师持有协商民主观的比例最高，占本组总人数的69.3%；村组干部选择协商民主观的比例其次，为64.9%；企业工人持有协商民主观的比例最低为49.5%（见表2－1－4）。

表 2-1-4　不同职业间民主观的差异

		职业							总计
		1	2	3	4	5	6	7	
民本民主观	计数	401	44	14	101	68	46	56	730
	行百分比	54.9%	6.0%	1.9%	13.8%	9.3%	6.3%	7.7%	100.0%
	列百分比	23.9%	17.0%	12.3%	18.8%	26.7%	14.7%	17.9%	21.0%
选举民主观	计数	359	40	15	136	38	56	59	703
	行百分比	51.1%	5.7%	2.1%	19.3%	5.4%	8.0%	8.4%	100.0%
	列百分比	21.4%	15.4%	13.2%	25.3%	14.9%	17.9%	18.9%	20.3%
协商民主观	计数	867	168	79	266	137	193	173	1883
	行百分比	46.0%	8.9%	4.2%	14.1%	7.3%	10.2%	9.2%	100.0%
	列百分比	51.7%	64.9%	69.3%	49.5%	53.7%	61.7%	55.4%	54.3%
都不是	计数	51	7	6	34	12	18	24	152
	行百分比	33.6%	4.6%	3.9%	22.4%	7.9%	11.8%	15.8%	100.0%
	列百分比	3.0%	2.7%	5.3%	6.3%	4.7%	5.8%	7.7%	4.4%
总计	计数	1678	259	114	537	255	313	312	3468
	行百分比	48.4%	7.5%	3.3%	15.5%	7.4%	9.0%	9.0%	100.0%
	列百分比	100.0%	100.0%	100.0%	100.0%	100.0%	100.0%	100.0%	100.0%

注：1 = 在家务农，2 = 村组干部，3 = 农村中小学教师，4 = 企业工人，5 = 工商户，6 = 在校学生，7 = 其他

第二节　对我国民主程度的判断

我们设计了如下题目来了解农村居民对我国民主程度的判断："您觉着我们国家现在民不民主？"在3580个有效样本中，选择"很民主"的样本528个，占14.7%；选择"比较民主"的样本1747个，占48.8%；选择"说不清"的样本861个，占24.1%；选择"不民主"的样本372个，占10.4%；选择"很不民主"的样本72个，占2.0%。共有63.5%的村民明确认为我国当前是民主的，表明总体来看农村居民对我国的民主程度比较满意，但仍有超过三分之一的农村居民选择了模糊选项或认为我国当前不民主（见表2-2-1）。

表 2－2－1　对我国民主程度判断的描述统计

		频率	百分比	有效百分比	累积百分比
有效	很民主	528	14.7	14.7	14.7
	比较民主	1747	48.6	48.8	63.5
	说不准	861	24.0	24.1	87.6
	不民主	372	10.4	10.4	98.0
	很不民主	72	2.0	2.0	100.0
	总计	3580	99.6	100.0	
缺失	系统	13	.4		
总计		3593	100.0		

一、不同年龄间对我国民主程度判断的差异

在 3563 个有效样本中，29 岁及以下选择“很民主”的样本 62 个，占本组总人数的 7.6%；30～49 岁选择“很民主”的样本 202 个，占本组总人数的 14.0%；50 岁及以上选择“很民主”的样本 260 个，占本组总人数的 19.8%。总的来看，29 岁及以下对我国当前民主程度的评价显著低于年龄更大的两组（见表 2－2－2）。

表 2－2－2　不同年龄间对我国民主程度判断的差异

			年龄分段			总计
			29 岁及以下	30～49 岁	50 岁及以上	
您觉着我们国家现在民不民主	很民主	计数	62	202	260	524
		行百分比	11.8%	38.5%	49.6%	100.0%
		列百分比	7.6%	14.0%	19.8%	14.7%
	比较民主	计数	403	684	650	1737
		行百分比	23.2%	39.4%	37.4%	100.0%
		列百分比	49.7%	47.4%	49.6%	48.8%
	说不准	计数	202	365	291	858
		行百分比	23.5%	42.5%	33.9%	100.0%
		列百分比	24.9%	25.3%	22.2%	24.1%
	不民主	计数	121	161	90	372
		行百分比	32.5%	43.3%	24.2%	100.0%
		列百分比	14.9%	11.2%	6.9%	10.4%
	很不民主	计数	23	30	19	72
		行百分比	31.9%	41.7%	26.4%	100.0%
		列百分比	2.8%	2.1%	1.5%	2.0%
总计		计数	811	1442	1310	3563
		行百分比	22.8%	40.5%	36.8%	100.0%
		列百分比	100.0%	100.0%	100.0%	100.0%

二、不同政治面貌间对我国民主程度判断的差异

在3554个有效样本中，中共党员选择“很民主”的样本150个，占本组总人数的28.5%；普通群众选择“很民主”的样本324个，占本组总人数的12.9%；共青团员选择“很民主”的样本48个，占本组总人数的9.5%。总的来看，中共党员对我国当前民主程度的评价远远高于普通群众和共青团员，表明对党员的思想政治教育产生了一定的作用（见表2-2-3）。

表2-2-3 不同政治面貌间对我国民主程度判断的差异

			政治面貌			总计
			中共党员	普通群众	共青团员	
您觉着我们国家现在民不民主	很民主	计数	150	324	48	522
		行百分比	28.7%	62.1%	9.2%	100.0%
		列百分比	28.5%	12.9%	9.5%	14.7%
	比较民主	计数	289	1184	261	1734
		行百分比	16.7%	68.3%	15.1%	100.0%
		列百分比	54.9%	47.0%	51.5%	48.8%
	说不准	计数	45	701	110	856
		行百分比	5.3%	81.9%	12.9%	100.0%
		列百分比	8.6%	27.8%	21.7%	24.1%
	不民主	计数	38	263	69	370
		行百分比	10.3%	71.1%	18.6%	100.0%
		列百分比	7.2%	10.4%	13.6%	10.4%
	很不民主	计数	4	49	19	72
		行百分比	5.6%	68.1%	26.4%	100.0%
		列百分比	0.8%	1.9%	3.7%	2.0%
总计		计数	526	2521	507	3554
		行百分比	14.8%	70.9%	14.3%	100.0%
		列百分比	100.0%	100.0%	100.0%	100.0%

三、不同职业间对我国民主程度判断的差异

在3536个有效样本中，村民干部选择“很民主”的比例最高为39.9%，农村中小学教师选择“很民主”的比例其次为21.9%。总的来看，村组干部对我国民主程度的评价显著高于其他职业，农村中小学教师对我国民主程度的评价也显著高于除村组干部外的其他职业

（见表2－2－4）。

表2－2－4　不同职业间对我国民主程度判断的差异

		职业							总计
		1	2	3	4	5	6	7	
很民主	计数	256	105	25	47	27	30	32	522
	行百分比	49.0%	20.1%	4.8%	9.0%	5.2%	5.7%	6.1%	100.0%
	列百分比	14.9%	39.9%	21.9%	8.6%	10.5%	9.3%	10.0%	14.8%
比较民主	计数	801	130	65	263	132	184	148	1723
	行百分比	46.5%	7.5%	3.8%	15.3%	7.7%	10.7%	8.6%	100.0%
	列百分比	46.8%	49.4%	57.0%	48.1%	51.4%	57.3%	46.1%	48.7%
说不准	计数	478	11	11	141	58	68	85	852
	行百分比	56.1%	1.3%	1.3%	16.5%	6.8%	8.0%	10.0%	100.0%
	列百分比	27.9%	4.2%	9.6%	25.8%	22.6%	21.2%	26.5%	24.1%
不民主	计数	146	16	11	77	35	34	48	367
	行百分比	39.8%	4.4%	3.0%	21.0%	9.5%	9.3%	13.1%	100.0%
	列百分比	8.5%	6.1%	9.6%	14.1%	13.6%	10.6%	15.0%	10.4%
很不民主	计数	32	1	2	19	5	5	8	72
	行百分比	44.4%	1.4%	2.8%	26.4%	6.9%	6.9%	11.1%	100.0%
	列百分比	1.9%	0.4%	1.8%	3.5%	1.9%	1.6%	2.5%	2.0%
总计	计数	1713	263	114	547	257	321	321	3536
	行百分比	48.4%	7.4%	3.2%	15.5%	7.3%	9.1%	9.1%	100.0%
	列百分比	100.0%	100.0%	100.0%	100.0%	100.0%	100.0%	100.0%	100.0%

注：1＝在家务农，2＝村组干部，3＝农村中小学教师，4＝企业工人，5＝工商户，6＝在校学生，7＝其他

四、不同选举参与间对我国民主程度判断的差异

在3567个有效样本中，参加了最近一次村委会选举投票的农村居民选择“很民主”的样本418个，占本组总人数的18.6%；没有参加最近一次村委会选举投票的农村居民选择“很民主”的样本106个，占本组总人数的8.0%。参加了最近一次村委会选举投票的农村居民选择“比较民主”的样本1139个，占本组总人数的50.7%；没有参加最近一次村委会选举投票的农村居民选择“比较民主”的样本603个，占本组总人数的45.6%。参加了最近一次村委会选举投票的农村居民对我国当前民主程度的评价显著高于没有参加最近一次村委会选举投票的农村居民（见表2－2－5）。

表 2－2－5　不同选举参与间对我国民主程度判断的差异

			最近一次村委会选举，您参加投票了吗		总计
			参加了	没有参加	
您觉着我们国家现在民不民主	很民主	计数	418	106	524
		行百分比	79.8%	20.2%	100.0%
		列百分比	18.6%	8.0%	14.7%
	比较民主	计数	1139	603	1742
		行百分比	65.4%	34.6%	100.0%
		列百分比	50.7%	45.6%	48.8%
	说不准	计数	501	358	859
		行百分比	58.3%	41.7%	100.0%
		列百分比	22.3%	27.1%	24.1%
	不民主	计数	160	210	370
		行百分比	43.2%	56.8%	100.0%
		列百分比	7.1%	15.9%	10.4%
	很不民主	计数	27	45	72
		行百分比	37.5%	62.5%	100.0%
		列百分比	1.2%	3.4%	2.0%
总计		计数	2245	1322	3567
		行百分比	62.9%	37.1%	100.0%
		列百分比	100.0%	100.0%	100.0%

第三节　对民主的偏好程度

我们为考察被访者的民主偏好程度所设计的问题是："只要让我的日子越过越好我不在乎是否民主"，提供的五个选项为"完全同意""比较同意""不确定""不太同意"和"很不同意"。在3529个有效样本中，选择"完全同意"的样本510个，占14.5%；选择"比较同意"的样本589个，占16.7%；两者相加，选择"同意"的比例为31.2%。选择"不太同意"的样本1054个，占29.9%；选择"很不同意"的样本1034个，占29.3%；二者相加，选择"不同意"的比例为59.2%。值得注意的是，共有342个样本选择了"不确定"，占9.7%（见表2－3－1）。

表 2－3－1　民主偏好程度的描述统计

		频率	百分比	有效百分比	累积百分比
有效	完全同意	510	14.2	14.5	14.5
	比较同意	589	16.4	16.7	31.1
	不确定	342	9.5	9.7	40.8
	不太同意	1054	29.3	29.9	70.7
	很不同意	1034	28.8	29.3	100.0
	总计	3529	98.2	100.0	
缺失	系统	64	1.8		
总计		3593	100.0		

一、不同性别间民主偏好程度的差异

在考察不同性别间民主偏好程度的差异时，我们将“完全同意”和“比较同意”合并为同意，将“不太同意”和“很不同意”合并为不同意，并保留“不确定”选项。对于“只要让我的日子越过越好我不在乎是否民主”这一问题，在3520个有效样本中，男性选择同意的样本528个，占男性人数的28.2%，而女性选择同意的样本567个，占女性人数的34.4%，女性高于男性。选择“不确定”这一选项中，男性样本为182个，占男性人数的9.7%，而女性样本为160个，占女性人数的9.7%，男女所占比例并无差异。此外，男性选择不同意的样本1164个，占男性人数的62.1%，而女性选择不同意的样本919个，占女性人数的55.8%，男性高于女性。这一结果表明，男性相比女性而言，更在乎民主，对民主的偏好程度更强（见表2－3－2）。

表 2－3－2　不同性别间民主偏好程度的差异

			性别		总计
			男	女	
只要让我的日子越过越好我不在乎是否民主	同意	计数	528	567	1095
		行百分比	48.2%	51.8%	100.0%
		列百分比	28.2%	34.4%	31.1%
	不确定	计数	182	160	342
		行百分比	53.2%	46.8%	100.0%
		列百分比	9.7%	9.7%	9.7%
	不同意	计数	1164	919	2083
		行百分比	55.9%	44.1%	100.0%
		列百分比	62.1%	55.8%	59.2%
总计		计数	1874	1646	3520
		行百分比	53.2%	46.8%	100.0%
		列百分比	100.0%	100.0%	100.0%

二、不同文化程度间民主偏好程度的差异

对于不同文化程度间民主偏好程度的差异，我们同样采取上文提及的方法，将完全同意和比较同意合并为同意，将不太同意和很不同意合并为不同意，并保留不确定选项。对于“只要让我的日子越过越好我不在乎是否民主”这一问题，在3517个有效样本中，文化程度为小学及以下选择同意的村民样本334个，占本组总人数的50.7%；文化程度为初中选择同意的村民样本450个，占本组总人数的31.6%；高中或中专选择同意的村民样本207个，占本组总人数的25.9%；大专选择同意的村民样本51个，占本组总人数的17.6%；本科及以上选择同意的村民样本51个，占本组总人数的14.9%。文化程度为小学及以下选择不同意的村民样本253个，占本组总人数的38.4%；文化程度为初中选择不同意的村民样本838个，占本组总人数的58.8%；高中或中专选择不同意的村民样本521个，占本组总人数的65.1%；大专选择不同意的村民样本211个，占本组总人数的72.8%；本科及以上选择不同意的村民样本259个，占本组总人数的75.5%。这一结果表明，文化程度越低，同意“只要让我的日子越过越好我不在乎是否民主”说法的比例越高，反之，文化程度越高，不同意该说法的比例越高，即文化程度越高，对民主越重视，民主偏好程度越强（见表2-3-3）。

表2-3-3　不同文化程度间民主偏好程度的差异

			您的文化程度					总计
			小学及以下	初中	高中或中专	大专	本科及以上	
只要让我的日子越过越好我不在乎是否民主	同意	计数	334	450	207	51	51	1093
		行百分比	30.6%	41.2%	18.9%	4.7%	4.7%	100.0%
		列百分比	50.7%	31.6%	25.9%	17.6%	14.9%	31.1%
	不确定	计数	72	137	72	28	33	342
		行百分比	21.1%	40.1%	21.1%	8.2%	9.6%	100.0%
		列百分比	10.9%	9.6%	9.0%	9.7%	9.6%	9.7%
	不同意	计数	253	838	521	211	259	2082
		行百分比	12.2%	40.2%	25.0%	10.1%	12.4%	100.0%
		列百分比	38.4%	58.8%	65.1%	72.8%	75.5%	59.2%
总计		计数	659	1425	800	290	343	3517
		行百分比	18.7%	40.5%	22.7%	8.2%	9.8%	100.0%
		列百分比	100.0%	100.0%	100.0%	100.0%	100.0%	100.0%

三、不同职业间民主偏好程度的差异

对不同职业间民主偏好程度差异的分析，也对选项进行了合并，分别为“同意”“不确定”和“不同意”。对于“只要让我的日子越过越好我不在乎是否民主”这一问题，在3486个有效样本中，在家务农的农村居民选择“不同意”的样本858个，占本组总人数的51%；职业为村组干部的农村居民选择“不同意”的样本207个，占本组总人数的79.3%；职业为农村中小学教师的农村居民选择“不同意”的样本82个，占本组总人数的74.5%；企业工人选择“不同意”的样本338个，占本组总人数的62.8%；职业为工商户的农村居民选择“不同意”的样本144个，占本组总人数的56.9%；在校学生选择“不同意”的样本240个，占本组总人数的75.2%；其他职业选择“不同意”的样本197个，占本组总人数的61.2%。相对应地，不同职业选择“同意”这一选项中，村组干部、农村中小学教师、在校学生分别占对应组总人数的14.9%、19.1%、16.6%，显著低于职业为在家务农、企业工人、工商户和其他职业所占比例，具体为38.4%、28.1%、31.6%和29.2%。可以看出，村组干部、农村中小学教师和在校学生的民主偏好程度更强，更加肯定民主的重要性，务农、企业工人、工商户对民主的偏好程度则较弱（见表2-3-4）。

表2-3-4 不同职业间民主偏好程度的差异

			您的职业							总计
			1	2	3	4	5	6	7	
只要让我的日子越过越好我不在乎是否民主	同意	计数	646	39	21	151	80	53	94	1084
		行百分比	59.6%	3.6%	1.9%	13.9%	7.4%	4.9%	8.7%	100.0%
		列百分比	38.4%	14.9%	19.1%	28.1%	31.6%	16.6%	29.2%	31.1%
	不确定	计数	179	15	7	49	29	26	31	336
		行百分比	53.3%	4.5%	2.1%	14.6%	8.6%	7.7%	9.2%	100.0%
		列百分比	10.6%	5.7%	6.4%	9.1%	11.5%	8.2%	9.6%	9.6%
	不同意	计数	858	207	82	338	144	240	197	2066
		行百分比	41.5%	10.0%	4.0%	16.4%	7.0%	11.6%	9.5%	100.0%
		列百分比	51.0%	79.3%	74.5%	62.8%	56.9%	75.2%	61.2%	59.3%
总计		计数	1683	261	110	538	253	319	322	3486
		行百分比	48.3%	7.5%	3.2%	15.4%	7.3%	9.2%	9.2%	100.0%
		列百分比	100.0%	100.0%	100.0%	100.0%	100.0%	100.0%	100.0%	100.0%

注：1=在家务农，2=村组干部，3=农村中小学教师，4=企业工人，5=工商户，6=在校学生，7=其他

四、不同收入水平间民主偏好程度的差异

对不同收入水平间民主偏好程度差异的分析，同样对选项进行了合并。在“只要让我的日子越过越好我不在乎是否民主”这一说法的选择上，共有2698个有效样本。其中，低收入组选择“同意”的人数为585人，占该组总人数的33.7%，高于中收入组的27.4%和高收入组的23%。低收入组选择“不同意”的人数为990人，占该组总人数的57.1%，低于中收入组的63.6%和高收入组的69.6%。由此可见，不同收入水平间的民主偏好程度存在显著差异，收入水平越高，对民主越在乎，其民主偏好程度越强（见表2－3－5）。

表2－3－5　不同收入水平间民主偏好程度的差异

			人均收入			总计
			低	中	高	
只要让我的日子越过越好我不在乎是否民主	同意	计数	585	220	37	842
		行百分比	69.5%	26.1%	4.4%	100.0%
		列百分比	33.7%	27.4%	23.0%	31.2%
	不确定	计数	160	72	12	244
		行百分比	65.6%	29.5%	4.9%	100.0%
		列百分比	9.2%	9.0%	7.5%	9.0%
	不同意	计数	990	510	112	1612
		行百分比	61.4%	31.6%	6.9%	100.0%
		列百分比	57.1%	63.6%	69.6%	59.7%
总计		计数	1735	802	161	2698
		行百分比	64.3%	29.7%	6.0%	100.0%
		列百分比	100.0%	100.0%	100.0%	100.0%

五、不同政治面貌间民主偏好程度的差异

通过对选项的合并，我们将“只要让我的日子越过越好我不在乎是否民主”这一问题的态度划分为“同意”“不确定”和“不同意”。在3503个有效样本中，普通群众选择“同意”的人数为889人，占该组总人数的35.9%，显著高于中共党员的比例18.4%和共青团员的比例21.1%。普通群众选择“不同意”的人数为1322人，占该组总人数的53.3%，显著低于中共党员的比例75.8%和共青团员的比例70.6%。这一结果表明，普通群众对民主的重视程度不及中共党员和共青团员，对民主偏好程度较低，中共党员和共青团员对民主的偏好程度显著高于普通群众（见表2－3－6）。

表2-3-6　不同政治面貌间民主偏好程度的差异

			政治面貌			总计
			中共党员	普通群众	共青团员	
只要让我的日子越过越好我不在乎是否民主	同意	计数	96	889	106	1091
		行百分比	8.8%	81.5%	9.7%	100.0%
		列百分比	18.4%	35.9%	21.1%	31.1%
	不确定	计数	30	268	42	340
		行百分比	8.8%	78.8%	12.4%	100.0%
		列百分比	5.8%	10.8%	8.3%	9.7%
	不同意	计数	395	1322	355	2072
		行百分比	19.1%	63.8%	17.1%	100.0%
		列百分比	75.8%	53.3%	70.6%	59.1%
总计		计数	521	2479	503	3503
		行百分比	14.9%	70.8%	14.4%	100.0%
		列百分比	100.0%	100.0%	100.0%	100.0%

六、不同年龄间民主偏好程度的差异

不同年龄段的农村居民在民主偏好程度上存在显著差异，在3513个有效样本中，29岁及以下选择“同意”的人数为160人，占该组总人数的19.9%，显著低于30~49岁的比例30.4%和50岁及以上的比例39.1%。29岁及以下选择“不同意”的人数为561人，占该组总人数的69.6%，显著高于30~49岁的比例59.5%和50岁及以上的比例52.2%。各年龄段选择不确定的比例并无显著差别。这一结果表明，50岁及以上的农村居民对民主的重视程度最低，其民主偏好程度较低，29岁及以下的农村居民对民主最为重视，有较强的民主偏好，且民主偏好程度随着年龄段的增加而递减（见表2-3-7）。

表 2－3－7　不同年龄间民主偏好程度的差异

			年龄分段			总计
			29 岁及以下	30～49 岁	50 岁及以上	
只要让我的日子越过越好我不在乎是否民主	同意	计数	160	428	507	1095
		行百分比	14.6%	39.1%	46.3%	100.0%
		列百分比	19.9%	30.4%	39.1%	31.2%
	不确定	计数	85	142	114	341
		行百分比	24.9%	41.6%	33.4%	100.0%
		列百分比	10.5%	10.1%	8.8%	9.7%
	不同意	计数	561	839	677	2077
		行百分比	27.0%	40.4%	32.6%	100.0%
		列百分比	69.6%	59.5%	52.2%	59.1%
总计		计数	806	1409	1298	3513
		行百分比	22.9%	40.1%	36.9%	100.0%
		列百分比	100.0%	100.0%	100.0%	100.0%

七、不同民主价值观间民主偏好程度的差异

为分析不同民主价值观间民主偏好程度的差异，我们将民主理解为“当官的为老百姓做主”视为民本民主观，将民主理解为“老百姓决定谁来当官”作为选举民主观，将民主理解为“大家的事大家商量着办”概括为协商民主观，同时对选项进行合并。在 3454 个有效样本中，持有协商民主观的农村居民选择“同意”的人数为 490 人，占该组总人数的 26.1%，低于持有民本民主观的比例 39% 和持有选举民主观的比例 36.6%。持有协商民主观的农村居民选择“不同意”的人数为 1194 人，占该组总人数的 63.6%，高于持有民本民主观的比例 51.9% 和持有选举民主观的比例 54.2%。持有不同民主观的农村居民选择“不确定”的比例并无显著差别。由此可见，持有不同民主观的农村居民对民主的偏好程度不同，持有协商民主观的农村居民对民主的重视程度高于持有民本民主观和选举民主观的农村居民，持有协商民主观的农村居民民主偏好程度最强（见表 2－3－8）。

表 2－3－8　不同民主价值观间民主偏好程度的差异

			下面两种说法哪一种更接近您对民主的理解				总计
			民本民主观	选举民主观	协商民主观	都不是	
只要让我的日子越过越好我不在乎是否民主	同意	计数	284	255	490	41	1070
		行百分比	26.5%	23.8%	45.8%	3.8%	100.0%
		列百分比	39.0%	36.6%	26.1%	26.8%	31.0%
	不确定	计数	67	64	192	9	332
		行百分比	20.2%	19.3%	57.8%	2.7%	100.0%
		列百分比	9.2%	9.2%	10.2%	5.9%	9.6%
	不同意	计数	378	377	1194	103	2052
		行百分比	18.4%	18.4%	58.2%	5.0%	100.0%
		列百分比	51.9%	54.2%	63.6%	67.3%	59.4%
总计		计数	729	696	1876	153	3454
		行百分比	21.1%	20.2%	54.3%	4.4%	100.0%
		列百分比	100.0%	100.0%	100.0%	100.0%	100.0%

第四节　对民主重要性的认识

我们询问了农村居民如下问题："您认为发展民主对于我们国家很重要吗？"在 3582 个有效样本中，选择"很重要"的样本 2321 个，占 64.8%；选择"比较重要"的样本 913 个，占 25.5%；选择"说不准"的样本 312 个，占 8.7%；选择"不重要"的样本 30 个，占 0.8%；选择"很不重要"的样本 6 个，占 0.2%。共有 90.3% 的农村居民选择了"重要"，表明在绝大部分农村居民心中，发展民主对于我们国家是重要的（见表 2－4－1）。

表 2－4－1　对民主重要性认识的描述统计

		频率	百分比	有效百分比	累积百分比
有效	很重要	2321	64.6	64.8	64.8
	比较重要	913	25.4	25.5	90.3
	说不准	312	8.7	8.7	99.0
	不重要	30	.8	.8	99.8
	很不重要	6	.2	.2	100.0
	总计	3582	99.7	100.0	
缺失	系统	11	.3		
总计		3593	100.0		

一、不同文化程度间对民主重要性认识的差异

在3569个有效样本中，小学及以下文化程度的农村居民选择“很重要”的样本382个，占本组总人数的57.7%；初中文化程度的农村居民选择“很重要”的样本929个，占本组总人数的64.0%；高中或中专文化程度的农村居民选择“很重要”的样本562个，占本组总人数的69.0%；大专程度的农村居民选择“很重要”的样本195个，占本组总人数的65.9%；本科及以上文化程度的农村居民选择“很重要”的样本244个，占本组总人数的70.7%。总的来看，不同文化程度的农村居民对民主重要性的判断不存在趋势性的显著差异，但是小学及以下文化程度的农村居民对民主重要性的认识显著弱于文化程度更高的农村居民（见表2－4－2）。

表2－4－2　不同文化程度间对民主重要性认识的差异

			文化程度					总计
			小学及以下	初中	高中或中专	大专	本科及以上	
民主重要性	很重要	计数	382	929	562	195	244	2312
		行百分比	16.5%	40.2%	24.3%	8.4%	10.6%	100.0%
		列百分比	57.7%	64.0%	69.0%	65.9%	70.7%	64.8%
	比较重要	计数	172	378	202	83	75	910
		行百分比	18.9%	41.5%	22.2%	9.1%	8.2%	100.0%
		列百分比	26.0%	26.1%	24.8%	28.0%	21.7%	25.5%
	说不准	计数	98	129	43	17	24	311
		行百分比	31.5%	41.5%	13.8%	5.5%	7.7%	100.0%
		列百分比	14.8%	8.9%	5.3%	5.7%	7.0%	8.7%
	不重要	计数	10	12	6	1	1	30
		行百分比	33.3%	40.0%	20.0%	3.3%	3.3%	100.0%
		列百分比	1.5%	0.8%	0.7%	0.3%	0.3%	0.8%
	很不重要	计数	0	3	2	0	1	6
		行百分比	0.0%	50.0%	33.3%	0.0%	16.7%	100.0%
		列百分比	0.0%	0.2%	0.2%	0.0%	0.3%	0.2%
总计		计数	662	1451	815	296	345	3569
		行百分比	18.5%	40.7%	22.8%	8.3%	9.7%	100.0%
		列百分比	100.0%	100.0%	100.0%	100.0%	100.0%	100.0%

二、不同政治面貌间对民主重要性认识的差异

在3555个有效样本中，中共党员选择“很重要”的样本417个，占本组总人数的79.0%；普通群众选择“很重要”的样本1538个，占本组总人数的61.0%；共青团员选择“很重要”的样本349个，占本组总人数的68.8%。中共党员选择“比较重要”的样本93个，占本组总人数的17.6%；普通群众选择“比较重要”的样本686个，占本组总人数的27.2%；共青团员选择“比较重要”的样本125个，占本组总人数的24.7%。总的来看，不同政治面貌认为民主重要的比例不存在显著差别，但是中共党员对民主重要性的认识显著强于普通群众和共青团员，共青团员对民主重要性的认识强于普通群众（见表2-4-3）。

表2-4-3 不同政治面貌间对民主重要性认识的差异

			政治面貌			总计
			中共党员	普通群众	共青团员	
民主重要性	很重要	计数	417	1538	349	2304
		行百分比	18.1%	66.8%	15.1%	100.0%
		列百分比	79.0%	61.0%	68.8%	64.8%
	比较重要	计数	93	686	125	904
		行百分比	10.3%	75.9%	13.8%	100.0%
		列百分比	17.6%	27.2%	24.7%	25.4%
	说不准	计数	17	264	30	311
		行百分比	5.5%	84.9%	9.6%	100.0%
		列百分比	3.2%	10.5%	5.9%	8.7%
	不重要	计数	1	26	3	30
		行百分比	3.3%	86.7%	10.0%	100.0%
		列百分比	0.2%	1.0%	0.6%	0.8%
	很不重要	计数	0	6	0	6
		行百分比	0.0%	100.0%	0.0%	100.0%
		列百分比	0.0%	0.2%	0.0%	0.2%
总计		计数	528	2520	507	3555
		行百分比	14.9%	70.9%	14.3%	100.0%
		列百分比	100.0%	100.0%	100.0%	100.0%

三、不同职业间对民主重要性认识的差异

在3537个有效样本中，农村中小学教师和村组干部选择“很重要”的比例最高，分别占本组总人数的80.7%和79.6%；工商户和企业工人选择“很重要”的比例最低，分别占本组总人数的58.9%和59.5%。工商户和企业工人选择“比较重要”的比例最高，分别占本组总人数的33.3%和31.7%；农村中小学教师和村组干部选择“比较重要”的比例最低，分别占本组总人数的17.5%和18.9%。总的来看，对民主重要性的认识按照职业排序的前三名为农村中小学教师、村组干部、在校学生（见表2－4－4）。

表2－4－4　不同职业间对民主重要性认识的差异

		职业							总计
		1	2	3	4	5	6	7	
很重要	计数	1067	211	92	325	152	226	215	2288
	行百分比	46.6%	9.2%	4.0%	14.2%	6.6%	9.9%	9.4%	100.0%
	列百分比	62.4%	79.6%	80.7%	59.5%	58.9%	70.4%	66.6%	64.7%
比较重要	计数	427	50	20	173	86	76	75	907
	行百分比	47.1%	5.5%	2.2%	19.1%	9.5%	8.4%	8.3%	100.0%
	列百分比	25.0%	18.9%	17.5%	31.7%	33.3%	23.7%	23.2%	25.6%
说不准	计数	192	4	2	41	19	18	30	306
	行百分比	62.7%	1.3%	0.7%	13.4%	6.2%	5.9%	9.8%	100.0%
	列百分比	11.2%	1.5%	1.8%	7.5%	7.4%	5.6%	9.3%	8.7%
不重要	计数	20	0	0	5	1	1	3	30
	行百分比	66.7%	0.0%	0.0%	16.7%	3.3%	3.3%	10.0%	100.0%
	列百分比	1.2%	0.0%	0.0%	0.9%	0.4%	0.3%	0.9%	0.8%
很不重要	计数	4	0	0	2	0	0	0	6
	行百分比	66.7%	0.0%	0.0%	33.3%	0.0%	0.0%	0.0%	100.0%
	列百分比	0.2%	0.0%	0.0%	0.4%	0.0%	0.0%	0.0%	0.2%
总计	计数	1710	265	114	546	258	321	323	3537
	行百分比	48.3%	7.5%	3.2%	15.4%	7.3%	9.1%	9.1%	100.0%
	列百分比	100.0%	100.0%	100.0%	100.0%	100.0%	100.0%	100.0%	100.0%

注：1＝在家务农，2＝村组干部，3＝农村中小学教师，4＝企业工人，5＝工商户，6＝在校学生，7＝其他

第五节 小结

1. 相当一部分农村居民持有民本民主观

“民为贵，社稷次之，君为轻”“天视自我民视，天听自我民听”的传统民本思想在中国老百姓的思想中占据重要的一席之地，在农村居民中则更为凸显。本次调查的结果显示，对什么是民主的认识，大部分农村居民持有的是协商民主观，即认为民主是“大家的事大家商量着办”；但同时有21%的农村居民持有民本民主观，即认为民主是“当官的为老百姓做主”。

2. 多数农村居民认为我国是民主的且不同群体间存在差异

总的来看，农村居民对我国的民主程度比较满意，但仍有超过三分之一的农村居民选择了模糊选项或认为我国当前不民主。农村居民对我国民主程度的判断存在差异。29岁及以下的农村居民对我国当前民主程度的评价显著低于年龄更大的两组。中共党员对我国当前民主程度的评价远高于普通群众和共青团员。村组干部认为我国是民主的比例最高，农村中小学教师次之，都显著高于其他职业。选举参与对判断我国的民主程度有影响，参加了最近一次村委会选举投票的农村居民对我国当前民主程度的评价显著高于没有参加最近一次村委会选举投票的农村居民。

3. 民主偏好程度出现分化

在对“只要让我的日子越过越好我不在乎是否民主”这一说法的选择中，选择“不同意”的比例为59.2%，选择“同意”的比例为31.2%，还有9.7%的样本选择了“不确定”。这表明山东省农村居民对民主还是存在一定偏好的，且民主偏好程度出现一定分化。男性相比女性而言，对民主的偏好更强。文化程度越高，对民主越重视。职业为村组干部、农村中小学教师和在校学生的民主偏好程度强于务农、企业工人、工商户和其他职业的农村居民。收入水平越高，对民主越在乎，其民主偏好程度越强。中共党员和共青团员对民主的偏好程度显著高于普通群众。29岁及以下的农村居民对民主最为重视，50岁及以上农村居民的民主偏好程度最低，且民主偏好程度随年龄段的增加而递减。持有不同民主观的农村居民，其民主偏好程度也出现了分化，持有协商民主观的农村居民民主偏好程度最高，高于持有民本民主观和选举民主观的农村居民。

4. 绝大多数农村居民认可发展民主的重要性并存在分化

总体上，在绝大部分农村居民心中，发展民主对于我们国家是重要的，但也存在一些分化。不同文化程度的农村居民对民主重要性的判断不存在趋势性的显著差异，但是小学及以下文化程度的农村居民对民主重要性的判断显著弱于文化程度更高的农村居民。不同政治面貌的农村居民认为民主重要的比例不存在显著差别，但是中共党员对民主重要性的判断显著强于普通群众和共青团员，共青团员对民主重要性的判断强于普通群众。从职业来看，对民主重要性判断的前三名为农村中小学教师、村组干部和在校学生。

第三章　对基层民主问题的认识

农村基层民主作为乡村治理的重要环节，日益受到学者的关注。习近平总书记指出，我们坚持把国家层面的民主制度同基层民主制度有机结合起来，符合我国国情，集中体现了中国特色社会主义的特点和优势，是中国发展进步的根本保障。[①] 党的十九大报告强调，要坚持和完善基层群众自治制度，健全民主制度，丰富民主形式，拓宽民主渠道，保证人民当家作主落实到国家政治生活和社会生活之中。[②] 基层民主是人民群众在基层政治、经济、文化和社会生活领域直接行使民主权利，参与管理公共事务和公益事业的制度和实践。[③] 研究农村居民对基层民主问题的认识，对于了解农村社会的民主需求与思考国家层面的民主建构有着重要的意义。

村民自治是党和国家推行的基层民主在乡村地区的具体实践，旨在实现村民的自我管理、自我教育、自我服务、自我监督。以村民自治为主要载体的农村基层民主，是中国特色社会主义民主政治的重要组成部分。本章以农村居民对村民自治重要性的认知为伊始，随后分别阐述对基层选举作用的判断、对村委会选举公正性的判断、对村级选举中贿选现象正当性的认识以及对乡镇直接民主的预期几个方面，以呈现出农村居民对基层民主问题的认识现状。

---

① 习近平:《紧紧围绕坚持和发展中国特色社会主义　学习宣传贯彻党的十八大精神》，载《人民日报》2012 年 11 月 19 日第 2 版。

② 习近平:《决胜全面建成小康社会　夺取新时代中国特色社会主义伟大胜利——在中国共产党第十九次全国代表大会上的报告》，载《人民日报》2017 年 10 月 28 日第 2 版。

③ 徐勇:《基层民主:社会主义民主的基础性工程——改革开放 30 年来中国基层民主的发展》，载《学习与探索》2008 年第 4 期。

第一节 对村民自治重要性的认知

对村民自治“四个民主”重要性的认知进行探索性因子分析，测得 KMO 值为 0.820，Bartlett's 球形检验的 χ^2 值为6986.241（自由度为6），显著性为0.001 <0.05，表明非常适合进行因素分析。主成分分析仅提取出 1 个因子，各因素项目分布均匀，累计解释变异量达到 72.313%，民主选举、民主决策、民主管理、民主监督的因素载荷分别为 0.656、0.764、0.746和0.726。将村民自治“四个民主”重要性认知得分加总，形成一个新的变量，命名为“村民自治重要性”，该变量的平均值为5.94，得分越低对村民自治“四个民主”重要性的评价越高。

一、不同性别间村民自治重要性认知的差异

以性别为分组变量，对村民自治重要性进行 t 检验，其列文方差齐性检验的 F 值为 8.970，F 值的显著性为 0.003 < 0.05，未通过方差齐性检验。t 检验结果显示，t 值为 −3.608，显著性水平为0.001 <0.05，表明不同性别对村民自治“四个民主”重要性的认知存在显著差异。从平均值看，男性农村居民自治重要性得分的均值为5.80，小于女性的得分6.10，表明男性对村民自治“四个民主”重要性的评价强于女性（见表3－1－1）。

表3－1－1 性别间村民自治重要性的差异（独立样本 t 检验）

	性别	数字	平均值	标准差	t	自由度	显著性
村民自治重要性	男	1869	5.80	2.432	−3.608	3410.022	.000
	女	1639	6.10	2.522			

二、不同年龄间村民自治重要性认知的差异

皮尔森相关分析结果显示，年龄与村民自治重要性之间的相关系数 r = 0.305，属于低度相关且在 0.05 水平上显著，表明年龄越高对村民自治“四个民主”重要性的评价越低。

以年龄为分组变量，对村民自治重要性进行单因素方差分析，结果显示方差分析的 F 值为4.362，对应的 p 值为0.013 <0.05，表明不同年龄的农村居民对村民自治“四个民主”重要性的认知存在显著差异（见表3－1－2）。

事后多重比较结果表明，仅 29 岁及以下组与 30 ~ 49 岁组间存在显著差异，29 岁以下组比 30 ~ 49 岁组的得分低 0.314，表明 29 岁及以下的村民相比 30 ~ 49 岁的村民对村民自治

"四个民主"重要性的评价更高（见表3-1-3）。

表3-1-2　年龄间村民自治重要性的差异（F检验）

	N	平均值	标准差	F	显著性
29岁及以下	806	5.76	2.283	4.362	.013
30~49岁	1409	6.07	2.580		
50岁及以上	1284	5.90	2.472		
总计	3499	5.94	2.477		

表3-1-3　年龄间村民自治重要性的差异（事后检验）

	(I) 年龄分段	(J) 年龄分段	平均差（I-J）	显著性
Tamhane	29岁及以下	30~49岁	-.314	.009
		50岁及以上	-.139	.465
	30~49岁	29岁及以下	.314	.009
		50岁及以上	.174	.205
	50岁及以上	29岁及以下	.139	.465
		30~49岁	-.174	.205

三、不同文化程度间村民自治重要性认知的差异

斯皮尔曼相关分析结果显示，文化程度与村民自治重要性之间的相关系数 $r=-0.138$，属于弱度相关且在0.001水平上显著，表明文化程度越高对村民自治"四个民主"重要性的评价越高。

以文化程度为分组变量，对村民自治重要性进行单因素方差分析，结果显示方差分析的F值为21.657，对应的p值为 $0.001<0.05$，表明不同文化程度的农村居民对村民自治"四个民主"重要性的认知存在显著差异（见表3-1-4）。

事后多重比较结果表明，小学及以下文化程度的村民与其他所有文化程度的村民在村民自治重要性的得分上均存在显著差异，小学及以下文化程度的村民在村民自治重要性上的得分高于初中文化程度的村民0.637，高于高中或中专文化程度的村民0.862，高于大专文化程度的村民1.089，高于本科及以上文化程度的村民1.315。

初中文化程度的村民与大专和本科及以上的村民在村民自治重要性的得分上存在显著差异，初中文化程度的村民在村民自治重要性的得分高于大专文化程度的村民0.453，高于本科及以上文化程度的村民0.679。

高中或中专文化程度的村民与本科及以上文化程度的村民在村民自治重要性的得分上存

在显著差异，高中文化程度的村民在村民自治重要性的得分上高于本科及以上文化程度的村民0.454（见表3-1-5）。

表3-1-4 文化程度间村民自治重要性的差异（F检验）

	N	平均值	标准差	F	显著性
小学及以下	654	6.61	2.821	21.657	.000
初中	1406	5.98	2.473		
高中或中专	802	5.75	2.398		
大专	297	5.53	2.010		
本科及以上	344	5.30	2.026		
总计	3503	5.94	2.479		

表3-1-5 文化程度间村民自治重要性的差异（事后检验）

	(I) 您的文化程度	(J) 您的文化程度	平均差（I-J）	显著性
Tamhane	小学及以下	初中	.637*	.000
		高中或中专	.862*	.000
		大专	1.089*	.000
		本科及以上	1.315*	.000
	初中	小学及以下	-.637*	.000
		高中或中专	.225	.309
		大专	.453*	.008
		本科及以上	.679*	.000
	高中或中专	小学及以下	-.862*	.000
		初中	-.225	.309
		大专	.228	.703
		本科及以上	.454*	.011
	大专	小学及以下	-1.089*	.000
		初中	-.453*	.008
		高中或中专	-.228	.703
		本科及以上	.226	.821
	本科及以上	小学及以下	-1.315*	.000
		初中	-.679*	.000
		高中或中专	-.454*	.011
		大专	-.226	.821

四、不同政治面貌间村民自治重要性认知的差异

以政治面貌为分组变量，对村民自治重要性进行单因素方差分析，结果显示方差分析的F值为49.126，对应的p值为0.001<0.05，表明不同政治面貌的农村居民对村民自治“四个民主”重要性的认知存在显著差异（见表3－1－6）。

事后多重检验结果表明，中共党员与普通群众和共青团员在村民自治重要性的评价上存在显著差异，中共党员在村民自治重要性的得分低于普通群众1.101，低于共青团员0.509。共青团员和普通群众在村民自治重要性的评价上存在显著差异，共青团员在村民自治重要性的得分低于普通群众0.592。这一结果表明，不同政治面貌对村民自治“四个民主”重要性的认知存在显著差异，中共党员对其重要性的评价强于共青团员，共青团员的评价强于普通群众（见表3－1－7）。

表3－1－6　政治面貌间村民自治重要性的差异（F检验）

	N	平均值	标准差	F	显著性
中共党员	519	5.09	1.909	49.126	.000
普通群众	2467	6.19	2.591		
共青团员	502	5.60	2.202		
总计	3488	5.94	2.481		

表3－1－7　政治面貌间村民自治重要性的差异（事后检验）

	(I) 政治面貌	(J) 政治面貌	平均差（I－J）	显著性
Tamhane	中共党员	普通群众	－1.101＊	.000
		共青团员	－.509＊	.000
	普通群众	中共党员	1.101＊	.000
		共青团员	.592＊	.000
	共青团员	中共党员	.509＊	.000
		普通群众	－.592＊	.000

五、不同打工经历间村民自治重要性认知的差异

以打工经历为分组变量，对村民自治重要性进行t检验，其列文方差齐性检验的F值为4.849，F值的显著性为0.028<0.05，未通过方差齐性检验。t检验结果显示，t值为－2.583，显著性水平为0.010<0.05，表明不同性别对村民自治“四个民主”重要性的认知

存在显著差异。从平均值看，从来没有外出打过工的农村居民在村民自治重要性上的得分为5.85，低于外出打过工的农村居民的得分6.09，表明从来没有外出打过工的村民对村民自治“四个民主”重要性的评价更高（见表3－1－8）。

表3－1－8　打工经历间村民自治重要性的差异（独立样本t检验）

	从来没有外出打过工	数字	平均值	标准差	t	自由度	显著性
村民自治重要性	是	1940	5.85	2.419	－2.583	2275.097	.010
	否	1140	6.09	2.566			

六、不同选举参与间村民自治重要性认知的差异

以选举参与为分组变量，对村民自治重要性进行t检验，其列文方差齐性检验的F值为18.575，F值的显著性为0.001＜0.05，未通过方差齐性检验。t检验结果显示，t值为－3.711，显著性水平为0.010＜0.05，表明不同选举参与的农村居民对村民自治“四个民主”重要性的认知存在显著差异。从平均值上看，参加了最近一次村委会选举投票的农村居民的村民自治重要性得分为5.81，低于没有参加最近一次村委会选举投票的农村居民的得分6.14。这表明参加了最近一次村委会选举投票的农村居民对村民“四个民主”重要性的评价更高（见表3－1－9）。

表3－1－9　选举参与间村民自治重要性的差异（独立样本t检验）

	选举参与	数字	平均值	标准差	t	自由度	显著性
村民自治重要性	参加了	2191	5.81	2.371	－3.711	2546.323	.000
	没有参加	1311	6.14	2.616			

七、不同收入水平间村民自治重要性认知的差异

以人均收入为分组变量，对村民自治重要性进行单因素方差分析，结果显示方差分析的F值为7.407，对应的p值为0.01＜0.05，表明不同收入水平的农村居民对村民自治“四个民主”重要性的认知存在显著差异（见表3－1－10）。

表3－1－10　收入间村民自治重要性的差异（F检验）

	N	平均值	标准 偏差	F	显著性
低	1732	6.06	2.591	7.407	.001
中	805	5.68	2.264		
高	160	5.67	2.154		
总计	2697	5.92	2.479		

事后多重检验结果表明，仅有低收入组和中收入组之间存在显著差异，低收入组的农村居民对村民自治重要性的评分高于中收入组0.381，表明低收入组对村民自治“四个民主”重要性的评价低于中收入组（见表3－1－11）。

表3－1－11　收入间村民自治重要性的差异（事后检验）

	(I) 人均收入	(J) 人均收入	平均差 (I－J)	显著性
Tamhane	低	中	.381 *	.001
		高	.391	.093
	中	低	－.381 *	.001
		高	.011	1.000
	高	低	－.391	.093
		中	－.011	1.000

第二节　对基层选举作用的判断

为测量山东省农村居民对基层选举作用的判断，我们询问了村民如下问题：“在您看来，民主选举对解决农村的社会问题有多大帮助？”选项包括：“有很大帮助”“有帮助”“说不清”“有一定的帮助”和“没有帮助”。在3559个有效样本中，选择“有很大帮助”的样本1040个，占29.2%；选择“有帮助”的样本1270个，占35.7%；选择“说不清”的样本403个，占11.3%；选择“有一定帮助”的样本721个，占20.3%；选择“没有帮助”的样本125个，占3.5%。总的来看，绝大多数农村居民都认为基层选举对解决农村的社会问题有帮助（见表3－2－1）。

表3－2－1　不同性别对基层选举作用判断的差异

		频率	百分比	有效百分比	累积百分比
有效	有很大帮助	1040	28.9	29.2	29.2
	有帮助	1270	35.3	35.7	64.9
	说不清	403	11.2	11.3	76.2
	有一定的帮助	721	20.1	20.3	96.5
	没有帮助	125	3.5	3.5	100.0
	总计	3559	99.1	100.0	
缺失	系统	34	.9		
总计		3593	100.0		

一、不同性别对基层选举作用判断的差异

在3550个有效样本中，男性选择“有很大帮助”的样本614个，占男性总人数的32.3%；女性选择“有很大帮助”的样本426个，占女性总人数的25.8%。可以看出，男性认为基层选举对解决农村的社会问题“有很大帮助”的比例显著高于女性（见表3-2-2）。

表3-2-2　不同性别对基层选举作用判断的差异

<table>
<tr><td colspan="3" rowspan="2"></td><td colspan="2">性别</td><td rowspan="2">总计</td></tr>
<tr><td>男</td><td>女</td></tr>
<tr><td rowspan="15">民主选举对解决农村的社会问题有多大帮助</td><td rowspan="3">有很大帮助</td><td>计数</td><td>614</td><td>426</td><td>1040</td></tr>
<tr><td>行百分比</td><td>59.0%</td><td>41.0%</td><td>100.0%</td></tr>
<tr><td>列百分比</td><td>32.3%</td><td>25.8%</td><td>29.3%</td></tr>
<tr><td rowspan="3">有帮助</td><td>计数</td><td>657</td><td>608</td><td>1265</td></tr>
<tr><td>行百分比</td><td>51.9%</td><td>48.1%</td><td>100.0%</td></tr>
<tr><td>列百分比</td><td>34.6%</td><td>36.9%</td><td>35.6%</td></tr>
<tr><td rowspan="3">说不清</td><td>计数</td><td>199</td><td>204</td><td>403</td></tr>
<tr><td>行百分比</td><td>49.4%</td><td>50.6%</td><td>100.0%</td></tr>
<tr><td>列百分比</td><td>10.5%</td><td>12.4%</td><td>11.4%</td></tr>
<tr><td rowspan="3">有一定的帮助</td><td>计数</td><td>372</td><td>346</td><td>718</td></tr>
<tr><td>行百分比</td><td>51.8%</td><td>48.2%</td><td>100.0%</td></tr>
<tr><td>列百分比</td><td>19.6%</td><td>21.0%</td><td>20.2%</td></tr>
<tr><td rowspan="3">没有帮助</td><td>计数</td><td>59</td><td>65</td><td>124</td></tr>
<tr><td>行百分比</td><td>47.6%</td><td>52.4%</td><td>100.0%</td></tr>
<tr><td>列百分比</td><td>3.1%</td><td>3.9%</td><td>3.5%</td></tr>
<tr><td colspan="2" rowspan="3">总计</td><td>计数</td><td>1901</td><td>1649</td><td>3550</td></tr>
<tr><td>行百分比</td><td>53.5%</td><td>46.5%</td><td>100.0%</td></tr>
<tr><td>列百分比</td><td>100.0%</td><td>100.0%</td><td>100.0%</td></tr>
</table>

二、不同政治面貌对基层选举作用判断的差异

在3532个有效样本中，中共党员选择“有很大帮助”的样本235个，占本组总人数的44.8%；普通群众选择“有很大帮助”的样本649个，占本组总人数的25.9%；共青团员选择“有很大帮助”的样本143个，占本组总人数的28.4%。总的来看，中共党员对基层选举

作用的评价显著高于普通群众和共青团员（见表 3－2－3）。

表 3－2－3　不同政治面貌对基层选举作用判断的差异

			政治面貌			总计
			中共党员	普通群众	共青团员	
民主选举对解决农村的社会问题有多大帮助	有很大帮助	计数	235	649	143	1027
		行百分比	22.9%	63.2%	13.9%	100.0%
		列百分比	44.8%	25.9%	28.4%	29.1%
	有帮助	计数	186	882	195	1263
		行百分比	14.7%	69.8%	15.4%	100.0%
		列百分比	35.5%	35.2%	38.7%	35.8%
	说不清	计数	25	334	43	402
		行百分比	6.2%	83.1%	10.7%	100.0%
		列百分比	4.8%	13.3%	8.5%	11.4%
	有一定的帮助	计数	63	541	112	716
		行百分比	8.8%	75.6%	15.6%	100.0%
		列百分比	12.0%	21.6%	22.2%	20.3%
	没有帮助	计数	15	98	11	124
		行百分比	12.1%	79.0%	8.9%	100.0%
		列百分比	2.9%	3.9%	2.2%	3.5%
总计		计数	524	2504	504	3532
		行百分比	14.8%	70.9%	14.3%	100.0%
		列百分比	100.0%	100.0%	100.0%	100.0%

三、不同职业对基层选举作用判断的差异

在 3514 个有效样本中，村组干部选择“有很大帮助”的比例最高，占本组总人数的 51.0%；农村中小学教师选择“有很大帮助”的比例其次，占本组总人数的 39.5%；在校学生选择“有很大帮助”的比例最低，占本组总人数的 23.5%。总的来看，对基层选举作用的评价按照职业排序前两位的是村组干部和农村中小学教师（见表 3－2－4）。

表3-2-4 不同职业对基层选举作用判断的差异

		职业							总计
		1	2	3	4	5	6	7	
有很大帮助	计数	454	134	45	146	76	75	98	1028
	行百分比	44.2%	13.0%	4.4%	14.2%	7.4%	7.3%	9.5%	100.0%
	列百分比	26.8%	51.0%	39.5%	26.7%	29.6%	23.5%	30.8%	29.3%
有帮助	计数	586	92	37	198	98	137	102	1250
	行百分比	46.9%	7.4%	3.0%	15.8%	7.8%	11.0%	8.2%	100.0%
	列百分比	34.5%	35.0%	32.5%	36.3%	38.1%	42.9%	32.1%	35.6%
说不清	计数	235	8	4	52	26	27	47	399
	行百分比	58.9%	2.0%	1.0%	13.0%	6.5%	6.8%	11.8%	100.0%
	列百分比	13.8%	3.0%	3.5%	9.5%	10.1%	8.5%	14.8%	11.4%
有一定的帮助	计数	349	25	22	136	52	75	55	714
	行百分比	48.9%	3.5%	3.1%	19.0%	7.3%	10.5%	7.7%	100.0%
	列百分比	20.6%	9.5%	19.3%	24.9%	20.2%	23.5%	17.3%	20.3%
没有帮助	计数	73	4	6	14	5	5	16	123
	行百分比	59.3%	3.3%	4.9%	11.4%	4.1%	4.1%	13.0%	100.0%
	列百分比	4.3%	1.5%	5.3%	2.6%	1.9%	1.6%	5.0%	3.5%
总计	计数	1697	263	114	546	257	319	318	3514
	行百分比	48.3%	7.5%	3.2%	15.5%	7.3%	9.1%	9.0%	100.0%
	列百分比	100.0%	100.0%	100.0%	100.0%	100.0%	100.0%	100.0%	100.0%

注：1 = 在家务农，2 = 村组干部，3 = 农村中小学教师，4 = 企业工人，5 = 工商户，6 = 在校学生，7 = 其他

四、不同收入水平对基层选举作用判断的差异

在2720个有效样本中，低收入组选择“有很大帮助”的样本516个，占本组总人数的29.6%；中收入组选择“有很大帮助”的样本235个，占本组总人数的28.9%；高收入组选择“有很大帮助”的样本64个，占本组总人数的39.3%。高收入组认为基层选举对解决农村的社会问题有很大帮助的比例显著高于低收入组和中收入组（见表3-2-5）。

表 3-2-5　不同收入水平对基层选举作用判断的差异

			人均收入			总计
			低	中	高	
民主选举对解决农村的社会问题有多大帮助	有很大帮助	计数	516	235	64	815
		行百分比	63.3%	28.8%	7.9%	100.0%
		列百分比	29.6%	28.9%	39.3%	30.0%
	有帮助	计数	622	297	56	975
		行百分比	63.8%	30.5%	5.7%	100.0%
		列百分比	35.7%	36.5%	34.4%	35.8%
	说不清	计数	187	83	13	283
		行百分比	66.1%	29.3%	4.6%	100.0%
		列百分比	10.7%	10.2%	8.0%	10.4%
	有一定的帮助	计数	360	168	24	552
		行百分比	65.2%	30.4%	4.3%	100.0%
		列百分比	20.6%	20.7%	14.7%	20.3%
	没有帮助	计数	59	30	6	95
		行百分比	62.1%	31.6%	6.3%	100.0%
		列百分比	3.4%	3.7%	3.7%	3.5%
总计		计数	1744	813	163	2720
		行百分比	64.1%	29.9%	6.0%	100.0%
		列百分比	100.0%	100.0%	100.0%	100.0%

五、不同选举参与对基层选举作用判断的差异

在3546个有效样本中，参加了最近一次村委会选举投票的农村居民选择“有很大帮助”的样本718个，占本组总人数的32.2%；没有参加最近一次村委会选举投票的村民选择“有很大帮助”的样本316个，占本组总人数的24.0%。参加了最近一次选举投票的村民认为基层选举对解决农村的社会问题“有很大帮助”的比例显著高于没有参加的村民。这一结果的原因既可能是参加了村委会选举的农村居民对基层选举产生了更大的信心，因而对基层选举的作用有了更积极的认知；也可能是因为对基层选举的作用有更高评价的农村居民，参加村委会选举投票的积极性会更强（见表3-2-6）。

表 3－2－6 不同选举参与对基层选举作用判断的差异

			最近一次村委会选举，您参加投票了吗		总计
			参加了	没有参加	
民主选举对解决农村的社会问题有多大帮助	有很大帮助	计数	718	316	1034
		行百分比	69.4%	30.6%	100.0%
		列百分比	32.2%	24.0%	29.2%
	有帮助	计数	809	457	1266
		行百分比	63.9%	36.1%	100.0%
		列百分比	36.3%	34.8%	35.7%
	说不清	计数	218	184	402
		行百分比	54.2%	45.8%	100.0%
		列百分比	9.8%	14.0%	11.3%
	有一定的帮助	计数	409	310	719
		行百分比	56.9%	43.1%	100.0%
		列百分比	18.3%	23.6%	20.3%
	没有帮助	计数	77	48	125
		行百分比	61.6%	38.4%	100.0%
		列百分比	3.5%	3.7%	3.5%
总计		计数	2231	1315	3546
		行百分比	62.9%	37.1%	100.0%
		列百分比	100.0%	100.0%	100.0%

第三节 对村委会选举公正性的判断

为了解农村居民对村委会选举公正性的判断，我们询问了农村居民如下题目：“您认为现在的村民委会员选举公平吗？”在 3576 个有效样本中，选择“很不公平”的样本 378 个，占 10.6%；选择“不太公平”的样本 782 个，占 21.9%；选择“说不清”的样本 734 个，占 20.5%；选择“比较公平”的样本 1226 个，占 34.3%；选择“很公平”的样本 456 个，占 12.8%。总的来看，山东省农村居民大部分认为目前村委会选举是公平的，但是仍有32.4%的农村居民明确认为当前的村委会选举不公正，表明当前基村委会选举中还存在着一些需要解决的问题（见表 3－3－1）。

表 3 - 3 - 1　对村委会选举公正性判断的描述统计

		频率	百分比	有效百分比	累积百分比
有效	很不公平	378	10.5	10.6	10.6
	不太公平	782	21.8	21.9	32.4
	说不清	734	20.4	20.5	53.0
	比较公平	1226	34.1	34.3	87.2
	很公平	456	12.7	12.8	100.0
	总计	3576	99.5	100.0	
缺失	系统	17	.5		
总计		3593	100.0		

一、不同年龄间对村委会选举公正性判断的差异

在 3559 个有效样本中，29 岁及以下的农村居民选择“比较公平”的样本 228 个，占本组总人数的 28.1%；20～49 岁的农村居民选择“比较公平”的样本 494 个，占本组总人数的 34.3%；50 岁及以上的农村居民选择“比较公平”的样本 495 个，占本组总人数的 37.8%。29 岁及以下的农村居民选择“很公平”的样本 43 个，占本组总人数的 5.3%；20～49 岁的农村居民选择“很公平”的样本 193 个，占本组总人数的 13.4%；50 岁及以上的农村居民选择“很公平”的样本 218 个，占本组总人数的 16.7%。 29 岁及以下相比年龄更高的农村居民更倾向于认为村委会选举是不公正的（见表 3 - 3 - 2）。

二、不同文化程度间对村委会选举公正性判断的差异

在 3563 个有效样本中，小学及以下文化程度的农村居民选择“很公平”的样本 96 个，占本组总人数的 14.5%；初中文化程度的农村居民选择“很公平”的样本 189 个，占本组总人数的 13.0%；高中或中专文化程度的农村居民选择“很公平”的样本 130 个，占本组总人数的 16.0%；大专文化程度的农村居民选择“很公平”的样本 24 个，占本组总人数的 8.1%；本科及以上文化程度的农村居民选择“很公平”的样本 15 个，占本组总人数的 4.3%。 总的来看，没有上过大学的农村居民相比上过大学的农村居民更倾向于认为村委会选举是公平的（见表 3 - 3 - 3）。

表3－3－2 不同年龄间对村委会选举公正性判断的差异

			年龄分段			总计
			29岁及以下	30～49岁	50岁及以上	
村委会选举公平程度	很不公平	计数	78	163	137	378
		行百分比	20.6%	43.1%	36.2%	100.0%
		列百分比	9.6%	11.3%	10.5%	10.6%
	不太公平	计数	227	319	235	781
		行百分比	29.1%	40.8%	30.1%	100.0%
		列百分比	28.0%	22.2%	18.0%	21.9%
	说不清	计数	235	271	223	729
		行百分比	32.2%	37.2%	30.6%	100.0%
		列百分比	29.0%	18.8%	17.0%	20.5%
	比较公平	计数	228	494	495	1217
		行百分比	18.7%	40.6%	40.7%	100.0%
		列百分比	28.1%	34.3%	37.8%	34.2%
	很公平	计数	43	193	218	454
		行百分比	9.5%	42.5%	48.0%	100.0%
		列百分比	5.3%	13.4%	16.7%	12.8%
总计		计数	811	1440	1308	3559
		行百分比	22.8%	40.5%	36.8%	100.0%
		列百分比	100.0%	100.0%	100.0%	100.0%

表3－3－3 不同文化程度间对村委会选举公正性判断的差异

		您的文化程度					总计
		小学及以下	初中	高中或中专	大专	本科及以上	
很不公平	计数	77	166	85	25	25	378
	行百分比	20.4%	43.9%	22.5%	6.6%	6.6%	100.0%
	列百分比	11.6%	11.5%	10.5%	8.4%	7.2%	10.6%
不太公平	计数	125	303	160	85	106	779
	行百分比	16.0%	38.9%	20.5%	10.9%	13.6%	100.0%
	列百分比	18.9%	20.9%	19.7%	28.7%	30.7%	21.9%
说不清	计数	140	272	143	74	103	732
	行百分比	19.1%	37.2%	19.5%	10.1%	14.1%	100.0%
	列百分比	21.2%	18.8%	17.6%	25.0%	29.9%	20.5%

比较公平	计数	223	519	294	88	96	1220
	行百分比	18.3%	42.5%	24.1%	7.2%	7.9%	100.0%
	列百分比	33.7%	35.8%	36.2%	29.7%	27.8%	34.2%
很公平	计数	96	189	130	24	15	454
	行百分比	21.1%	41.6%	28.6%	5.3%	3.3%	100.0%
	列百分比	14.5%	13.0%	16.0%	8.1%	4.3%	12.7%
总计	计数	661	1449	812	296	345	3563
	行百分比	18.6%	40.7%	22.8%	8.3%	9.7%	100.0%
	列百分比	100.0%	100.0%	100.0%	100.0%	100.0%	100.0%

三、不同政治面貌间对村委会选举公正性判断的差异

在3550个有效样本中，中共党员选择“很公平”的样本140个，占本组总人数的26.6%；普通群众选择“很公平”的样本279个，占本组总人数的11.1%；共青团员选择“很公平”的样本35个，占本组总人数的6.9%。中共党员比普通群众和共青团员更倾向于认为村委会选举是公平的（见表3－3－4）。

表3－3－4　不同政治面貌间对村委会选举公正性判断的差异

			政治面貌			总计
			中共党员	普通群众	共青团员	
村委会选举公平程度	很不公平	计数	42	283	50	375
		行百分比	11.2%	75.5%	13.3%	100.0%
		列百分比	8.0%	11.2%	9.8%	10.6%
	不太公平	计数	84	552	138	774
		行百分比	10.9%	71.3%	17.8%	100.0%
		列百分比	16.0%	21.9%	27.2%	21.8%
	说不清	计数	50	546	133	729
		行百分比	6.9%	74.9%	18.2%	100.0%
		列百分比	9.5%	21.7%	26.2%	20.5%
	比较公平	计数	210	856	152	1218
		行百分比	17.2%	70.3%	12.5%	100.0%
		列百分比	39.9%	34.0%	29.9%	34.3%
	很公平	计数	140	279	35	454
		行百分比	30.8%	61.5%	7.7%	100.0%
		列百分比	26.6%	11.1%	6.9%	12.8%
总计		计数	526	2516	508	3550
		行百分比	14.8%	70.9%	14.3%	100.0%
		列百分比	100.0%	100.0%	100.0%	100.0%

四、不同职业间对村委会选举公正性判断的差异

在3532个有效样本中，村组干部选择“很公平”的比例最高为42.8%，远远高于其他职业的比例。选择“很公平”的比例最低的为在校学生占4.0%。总的来看，村组干部对村委会选举公正性的评价远高于其他职业（见表3－3－5）。

表3－3－5 不同职业间对村委会选举公正性判断的差异

		您的职业							总计
		1	2	3	4	5	6	7	
很不公平	计数	190	24	14	53	29	29	37	376
	行百分比	50.5%	6.4%	3.7%	14.1%	7.7%	7.7%	9.8%	100.0%
	列百分比	11.1%	9.1%	12.3%	9.7%	11.3%	9.0%	11.5%	10.6%
不太公平	计数	354	19	28	137	56	87	89	770
	行百分比	46.0%	2.5%	3.6%	17.8%	7.3%	11.3%	11.6%	100.0%
	列百分比	20.8%	7.2%	24.6%	25.0%	21.8%	27.1%	27.6%	21.8%
说不清	计数	328	10	20	141	51	93	78	721
	行百分比	45.5%	1.4%	2.8%	19.6%	7.1%	12.9%	10.8%	100.0%
	列百分比	19.2%	3.8%	17.5%	25.7%	19.8%	29.0%	24.2%	20.4%
比较公平	计数	602	98	37	189	101	99	88	1214
	行百分比	49.6%	8.1%	3.0%	15.6%	8.3%	8.2%	7.2%	100.0%
	列百分比	35.3%	37.1%	32.5%	34.5%	39.3%	30.8%	27.3%	34.4%
很公平	计数	232	113	15	28	20	13	30	451
	行百分比	51.4%	25.1%	3.3%	6.2%	4.4%	2.9%	6.7%	100.0%
	列百分比	13.6%	42.8%	13.2%	5.1%	7.8%	4.0%	9.3%	12.8%
总计	计数	1706	264	114	548	257	321	322	3532
	行百分比	48.3%	7.5%	3.2%	15.5%	7.3%	9.1%	9.1%	100.0%
	列百分比	100.0%	100.0%	100.0%	100.0%	100.0%	100.0%	100.0%	100.0%

注：1＝在家务农，2＝村组干部，3＝农村中小学教师，4＝企业工人，5＝工商户，6＝在校学生，7＝其他

五、不同选举参与间对村委会选举公正性判断的差异

在3563个有效样本中，参加了最近一次村委会选举投票的农村居民选择“很公平”的样本400个，占本组总人数的17.9%；没有参加最近一次村委会选举投票的农村居民选择“很

公平”的样本53个，占本组总人数的4.0%。参加了最近一次村委会选举投票的农村居民选择“比较公平”的样本888个，占本组总人数的39.7%；没有参加最近一次村委会选举投票的农村居民选择“比较公平”的样本336个，占本组总人数的25.3%。参加了最近一次村委会选举投票的农村居民对我国村委会选举公平程度的评价显著高于没有参加最近一次村委会选举投票的农村居民（见表3-3-6）。

表3-3-6　不同选举参与间对村委会选举公正性判断的差异

			最近一次村委会选举，您参加投票了吗		总计
			参加了	没有参加	
村委会选举公平程度	很不公平	计数	188	189	377
		行百分比	49.9%	50.1%	100.0%
		列百分比	8.4%	14.2%	10.6%
	不太公平	计数	443	334	777
		行百分比	57.0%	43.0%	100.0%
		列百分比	19.8%	25.2%	21.8%
	说不清	计数	317	415	732
		行百分比	43.3%	56.7%	100.0%
		列百分比	14.2%	31.3%	20.5%
	比较公平	计数	888	336	1224
		行百分比	72.5%	27.5%	100.0%
		列百分比	39.7%	25.3%	34.4%
	很公平	计数	400	53	453
		行百分比	88.3%	11.7%	100.0%
		列百分比	17.9%	4.0%	12.7%
总计		计数	2236	1327	3563
		行百分比	62.8%	37.2%	100.0%
		列百分比	100.0%	100.0%	100.0%

第四节　对村级选举中贿选现象正当性的认识

为了解农村居民对村级选举中贿选现象正当性的认识，我们询问了如下题目：“有的地方进行村委会选举时有请客吃饭、送钱送物的情况，您觉着这种做法合理吗？”提供的五个选项分别为“很不合理”“不太合理”“说不清”“比较合理”和“很合理”。在3577个有效样本中，选择“很不合理”的样本2531个，占70.8%；选择“不太合理”的样本716个，占20.0%；选择“说不清”的样本241个，占6.7%；选择“比较合理”的样本64个，占1.8%；选择“很合理”的样本25个，占0.7%。总的来说，绝大部分农村居民认为贿选现象不合理，说明农村居民对村级选举中的贿选现象存有不满（见表3－4－1）。

表3－4－1　对村级选举中贿选现象正当性认识的描述统计

		频率	百分比	有效百分比	累积百分比
有效	很不合理	2531	70.4	70.8	70.8
	不太合理	716	19.9	20.0	90.8
	说不清	241	6.7	6.7	97.5
	比较合理	64	1.8	1.8	99.3
	很合理	25	.7	.7	100.0
	总计	3577	99.6	100.0	
缺失	系统	16	.4		
总计		3593	100.0		

一、不同职业间对村级选举中贿选现象正当性认识的差异

在3533个有效样本中，在贿选现象正当性这一问题的回答上，不同职业间对村级选举中贿选现象正当性的认识存在差异。其中，在家务农的农村居民选择“很不合理”的人数为1225人，占该组总人数的71.6%，职业为企业工人、工商户和在校学生的农村居民选择“很不合理”的人数分别为350人、175人和195人，占比分别为64.3%、67.8%和60.7%，其他职业的农村居民选择“很不合理”的人数为228人，占该组总人数的70.6%，而农村中小学教师选择“很不合理”的人数为91人，占比为80.5%，高于上述几个职业的农村居民，村组干部选择“很不合理”的人数为232人，占该组总人数的87.9%，显著高于其他职业的比例。而不同职业的农村居民选择“比较合理”和“很合理”的比例不存在显著差异。可见，村组干部认为贿选现象不正当的比例最高（见表3－4－2）。

表 3－4－2　不同职业间对村级选举中贿选现象正当性认识的差异

		职业							总计
		1	2	3	4	5	6	7	
很不合理	计数	1225	232	91	350	175	195	228	2496
	行百分比	49.1%	9.3%	3.6%	14.0%	7.0%	7.8%	9.1%	100.0%
	列百分比	71.6%	87.9%	80.5%	64.3%	67.8%	60.7%	70.6%	70.6%
不太合理	计数	333	20	15	134	63	83	64	712
	行百分比	46.8%	2.8%	2.1%	18.8%	8.8%	11.7%	9.0%	100.0%
	列百分比	19.5%	7.6%	13.3%	24.6%	24.4%	25.9%	19.8%	20.2%
说不清	计数	111	6	6	47	9	39	19	237
	行百分比	46.8%	2.5%	2.5%	19.8%	3.8%	16.5%	8.0%	100.0%
	列百分比	6.5%	2.3%	5.3%	8.6%	3.5%	12.1%	5.9%	6.7%
比较合理	计数	30	4	0	12	7	3	8	64
	行百分比	46.9%	6.3%	0.0%	18.8%	10.9%	4.7%	12.5%	100.0%
	列百分比	1.8%	1.5%	0.0%	2.2%	2.7%	0.9%	2.5%	1.8%
很合理	计数	11	2	1	1	4	1	4	24
	行百分比	45.8%	8.3%	4.2%	4.2%	16.7%	4.2%	16.7%	100.0%
	列百分比	0.6%	0.8%	0.9%	0.2%	1.6%	0.3%	1.2%	0.7%
总计	计数	1710	264	113	544	258	321	323	3533
	行百分比	48.4%	7.5%	3.2%	15.4%	7.3%	9.1%	9.1%	100.0%
	列百分比	100.0%	100.0%	100.0%	100.0%	100.0%	100.0%	100.0%	100.0%

注：1＝在家务农，2＝村组干部，3＝农村中小学教师，4＝企业工人，5＝工商户，6＝在校学生，7＝其他

二、不同政治面貌间对村级选举中贿选现象正当性认识的差异

在对贿选现象正当性这一问题的回答中，有效样本3551个，不同政治面貌间对村级选举中贿选现象正当性的认识存在差异。其中，中共党员选择“很不合理”的人数为433人，占该组总人数的82.2%；普通群众选择“很不合理”的人数为1752人，占该组总人数的69.9%；共青团员选择“很不合理”的人数为328人，占该组总人数的65%。不同政治面貌的农村居民选择“比较合理”和“很合理”的比例不存在明显差异。由此可见，中共党员认为村级选举中贿选现象“很不合理”的比例显著高于普通群众和共青团员，中共党员认为贿选现象不正当的比例最高（见表3－4－3）。

表 3－4－3　不同政治面貌间对村级选举中贿选现象正当性认识的差异

			政治面貌			总计
			中共党员	普通群众	共青团员	
您认为村委会选举有请客吃饭、送钱送物的情况合理吗?	很不合理	计数	433	1752	328	2513
		行百分比	17.2%	69.7%	13.1%	100.0%
		列百分比	82.2%	69.6%	65.0%	70.8%
	不太合理	计数	63	535	112	710
		行百分比	8.9%	75.4%	15.8%	100.0%
		列百分比	12.0%	21.2%	22.2%	20.0%
	说不清	计数	18	168	53	239
		行百分比	7.5%	70.3%	22.2%	100.0%
		列百分比	3.4%	6.7%	10.5%	6.7%
	比较合理	计数	10	45	9	64
		行百分比	15.6%	70.3%	14.1%	100.0%
		列百分比	1.9%	1.8%	1.8%	1.8%
	很合理	计数	3	19	3	25
		行百分比	12.0%	76.0%	12.0%	100.0%
		列百分比	0.6%	0.8%	0.6%	0.7%
总计		计数	527	2519	505	3551
		行百分比	14.8%	70.9%	14.2%	100.0%
		列百分比	100.0%	100.0%	100.0%	100.0%

第五节　对乡镇直接民主的预期

本研究将对乡镇直接民主的预期细化为对直接选举产生乡镇长的看法，具体问题为："近年来一些地方进行了村民直接选举产生乡镇长的试点，您觉得这种做法在本地应该推广吗？"选项包括："应尽快推行""应该实行，但现在条件不成熟""不应当实行"和"说不清"。在3570个有效样本中，选择"应尽快推行"的样本910个，占25.5%；选择"应该实行，但现在条件不成熟"的样本1590个，占44.5%；选择"不应当实行"的样本342个，占9.6%；选择"说不清"的样本728个，占20.4%。明确认为应该推行的农村居民占70%，明确选择"不应该实行"的农村居民仅占9.6%，表明大部分农村居民认同直接选举产生乡镇长，对乡镇直接民主存有较强的预期（见表3－5－1）。

表3－5－1　对乡镇直接民主预期的描述统计

		频率	百分比	有效百分比	累积百分比
有效	应尽快推行	910	25.3	25.5	25.5
	应该实行，但现在条件不成熟	1590	44.3	44.5	70.0
	不应当实行	342	9.5	9.6	79.6
	说不清	728	20.3	20.4	100.0
	总计	3570	99.4	100.0	
缺失	系统	23	.6		
总计		3593	100.0		

一、不同年龄间对乡镇直接民主预期的差异

在3554个有效样本中，29岁及以下农村居民选择“应尽快推行”的样本158个，占本组总人数的19.5%；30～49岁农村居民选择“应尽快推行”的样本381个，占本组总人数的26.5%；50岁及以上农村居民选择“应尽快推行”的样本365个，占本组总人数的27.9%。29岁及以下农村居民选择“应该实行，但现在条件不成熟”的样本480个，占本组总人数的59.1%；30～49岁农村居民选择“应该实行，但现在条件不成熟”的样本621个，占本组总人数的43.2%；50岁及以上农村居民选择“应该实行，但现在条件不成熟”的样本484个，占本组总人数的37.1%。总的来看，不同年龄的农村居民认为应该实行直选乡镇长的比例不存在显著差异，但是29岁及以下的年轻人更偏保守，更倾向于认为现在的条件不成熟，对乡镇直接民主预期较低（见表3－5－2）。

二、不同文化程度间对乡镇直接民主预期的差异

在3557个有效样本中，本科及以上文化程度的农村居民选择“应尽快推行”的样本58个，占本组总人数的16.8%，显著低于文化程度更低的几组的对应比例。小学及以下文化程度的农村居民选择“应该实行，但现在条件不成熟”的样本223个，占本组总人数的33.7%；初中文化程度的农村居民选择“应该实行，但现在条件不成熟”的样本539个，占本组总人数的37.3%；高中或中专文化程度的农村居民选择“应该实行，但现在条件不成熟”的样本410个，占本组总人数的50.7%；大专文化程度的农村居民选择“应该实行，但现在条件不成熟”的样本175个，占本组总人数的58.9%；本科文化程度的农村居民选择“应该实行，但现在条件不成熟”的样本238个，占本组总人数的69.0%。可以看出，文化程度越高越认同“应该实行，但现在条件不成熟”，对乡镇直接民主存有预期且趋于保守（见表3－5－3）。

表 3－5－2 不同年龄间对乡镇直接民主预期的差异

			年龄分段			总计
			29 岁及以下	30～49 岁	50 岁及以上	
对乡镇长直选的态度	应尽快推行	计数	158	381	365	904
		行百分比	17.5%	42.1%	40.4%	100.0%
		列百分比	19.5%	26.5%	27.9%	25.4%
	应该实行但现在条件不成熟	计数	480	621	484	1585
		行百分比	30.3%	39.2%	30.5%	100.0%
		列百分比	59.1%	43.2%	37.1%	44.6%
	不应当实行	计数	59	140	141	340
		行百分比	17.4%	41.2%	41.5%	100.0%
		列百分比	7.3%	9.7%	10.8%	9.6%
	说不清	计数	115	294	316	725
		行百分比	15.9%	40.6%	43.6%	100.0%
		列百分比	14.2%	20.5%	24.2%	20.4%
总计		计数	812	1436	1306	3554
		行百分比	22.8%	40.4%	36.7%	100.0%
		列百分比	100.0%	100.0%	100.0%	100.0%

表 3－5－3 不同文化程度间对乡镇直接民主预期的差异

		文化程度					总计
		小学及以下	初中	高中或中专	大专	本科及以上	
应尽快推行	计数	163	430	184	71	58	906
	行百分比	18.0%	47.5%	20.3%	7.8%	6.4%	100.0%
	列百分比	24.7%	29.8%	22.7%	23.9%	16.8%	25.5%
应该实行但现在条件不成熟	计数	223	539	410	175	238	1585
	行百分比	14.1%	34.0%	25.9%	11.0%	15.0%	100.0%
	列百分比	33.7%	37.3%	50.7%	58.9%	69.0%	44.6%
不应当实行	计数	80	147	77	20	18	342
	行百分比	23.4%	43.0%	22.5%	5.8%	5.3%	100.0%
	列百分比	12.1%	10.2%	9.5%	6.7%	5.2%	9.6%
说不清	计数	195	329	138	31	31	724
	行百分比	26.9%	45.4%	19.1%	4.3%	4.3%	100.0%
	列百分比	29.5%	22.8%	17.1%	10.4%	9.0%	20.4%
总计	计数	661	1445	809	297	345	3557
	行百分比	18.6%	40.6%	22.7%	8.3%	9.7%	100.0%
	列百分比	100.0%	100.0%	100.0%	100.0%	100.0%	100.0%

三、不同政治面貌间对乡镇直接民主预期的差异

在3543个有效样本中，中共党员选择“应该实行，但现在条件不成熟”的样本260个，占本组总人数的49.4%；普通群众选择“应该实行，但现在条件不成熟”的样本1001个，占本组总人数的39.9%；共青团员选择“应该实行，但现在条件不成熟”的样本317个，占本组总人数的62.5%.共青团员选择应尽快推行的样本103个，占本组总人数的20.3%，低于中共党员和普通群众。总的来看，不同政治面貌的农村居民认为应该实行乡镇长直选的比例不存在显著差异，但是共青团员对乡镇直接民主的预期更为保守，更倾向于认为现在条件还不成熟（见表3－5－4）。

表3－5－4　不同政治面貌间对乡镇直接民主预期的差异

			政治面貌			总计
			中共党员	普通群众	共青团员	
对乡镇长直选的态度	应尽快推行	计数	136	662	103	901
		行百分比	15.1%	73.5%	11.4%	100.0%
		列百分比	25.9%	26.4%	20.3%	25.4%
	应该实行但现在条件不成熟	计数	260	1001	317	1578
		行百分比	16.5%	63.4%	20.1%	100.0%
		列百分比	49.4%	39.9%	62.5%	44.5%
	不应当实行	计数	66	249	27	342
		行百分比	19.3%	72.8%	7.9%	100.0%
		列百分比	12.5%	9.9%	5.3%	9.7%
	说不清	计数	64	598	60	722
		行百分比	8.9%	82.8%	8.3%	100.0%
		列百分比	12.2%	23.8%	11.8%	20.4%
总计		计数	526	2510	507	3543
		行百分比	14.8%	70.8%	14.3%	100.0%
		列百分比	100.0%	100.0%	100.0%	100.0%

四、不同职业间对乡镇直接民主预期的差异

在3525个有效样本中，在家务农的农村居民、村组干部、农村中小学教师、工商户与其他这几个职业的农村居民选择“应尽快推行”的比例极为接近，均占本组总人数的26%－

28%之间。企业工人选择“应尽快推行”的比例占本组总人数的21.6%。在校学生选择“应尽快推行”的比例最低且显著低于其他职业，占本组总人数的16.2%。在家务农的农村居民选择“应该实行，但现在条件不成熟”的比例最低，占本组总人数的36.7%；在校学生选择“应该实行，但现在条件不成熟”的比例最高，占本组总人数的67.3%（见表3－5－5）。

表3－5－5　不同职业间对乡镇直接民主预期的差异

		职业							总计
		1	2	3	4	5	6	7	
应尽快推行	计数	474	69	30	118	71	52	87	901
	行百分比	52.6%	7.7%	3.3%	13.1%	7.9%	5.8%	9.7%	100.0%
	列百分比	27.8%	26.2%	26.8%	21.6%	27.7%	16.2%	26.9%	25.6%
应该实行但现在条件不成熟	计数	625	128	56	295	110	216	137	1567
	行百分比	39.9%	8.2%	3.6%	18.8%	7.0%	13.8%	8.7%	100.0%
	列百分比	36.7%	48.7%	50.0%	54.0%	43.0%	67.3%	42.4%	44.5%
不应当实行	计数	161	36	12	48	32	16	34	339
	行百分比	47.5%	10.6%	3.5%	14.2%	9.4%	4.7%	10.0%	100.0%
	列百分比	9.4%	13.7%	10.7%	8.8%	12.5%	5.0%	10.5%	9.6%
说不清	计数	444	30	14	85	43	37	65	718
	行百分比	61.8%	4.2%	1.9%	11.8%	6.0%	5.2%	9.1%	100.0%
	列百分比	26.1%	11.4%	12.5%	15.6%	16.8%	11.5%	20.1%	20.4%
总计	计数	1704	263	112	546	256	321	323	3525
	行百分比	48.3%	7.5%	3.2%	15.5%	7.3%	9.1%	9.2%	100.0%
	列百分比	100.0%	100.0%	100.0%	100.0%	100.0%	100.0%	100.0%	100.0%

注：1＝在家务农，2＝村组干部，3＝农村中小学教师，4＝企业工人，5＝工商户，6＝在校学生，7＝其他

五、不同选举参与间对乡镇直接民主预期的差异

参加了最近一次村委会选举投票的农村居民选择“应该实行，但现在条件不成熟”的样本928个，占本组总人数的41.6%；没有参加最近一次村委会选举投票的农村居民选择“应该实行，但现在条件不成熟”的样本658个，占本组总人数的49.7%。总的来看，是否参加了最近一次村委会选举投票对其认为应该实行乡镇长直选的比例不存在显著差异，但是没有参加选举投票的农村居民对乡镇直接民主的预期更为保守，更倾向于认为现在的条件不成熟（见表3－5－6）。

表3-5-6 不同选举参与间对乡镇直接民主预期的差异

			最近一次村委会选举，您参加投票了吗		总计
			参加了	没有参加	
对乡镇长直选的态度	应尽快推行	计数	611	294	905
		行百分比	67.5%	32.5%	100.0%
		列百分比	27.4%	22.2%	25.4%
	应该实行，但现在条件不成熟	计数	928	658	1586
		行百分比	58.5%	41.5%	100.0%
		列百分比	41.6%	49.7%	44.6%
	不应当实行	计数	229	112	341
		行百分比	67.2%	32.8%	100.0%
		列百分比	10.3%	8.5%	9.6%
	说不清	计数	465	260	725
		行百分比	64.1%	35.9%	100.0%
		列百分比	20.8%	19.6%	20.4%
总计		计数	2233	1324	3557
		行百分比	62.8%	37.2%	100.0%
		列百分比	100.0%	100.0%	100.0%

第六节 小结

1. 农村居民对村民自治重要性的认知存在显著差异

不同性别、年龄、文化程度、政治面貌、收入水平、打工经历、选举参与的农村居民对村民自治重要性的认知存在显著差异。具体而言，男性对村民自治重要性的评价强于女性。年龄越高对村民自治重要性的评价越低，其中，29岁及以下的农村居民相比30~49岁的农村居民对村民自治重要性的评价更高。文化程度越高，对村民自治重要性的评价越高。中共党员对其重要性的评价强于共青团员，共青团员的评价强于普通群众。低收入组对村民自治重要性的评价低于中收入组。从来没有外出打过工的农村居民对村民自治重要性的评价更高。参加了最近一次村委会选举投票的农村居民对村民自治重要性的评价更高。

2. 绝大多数农村居民对基层选举的作用表示认可并有一定差异

总的来看，绝大多数农村居民认为基层选举对解决农村的社会问题有帮助，也存在一定差异。男性认为基层选举对解决农村的社会问题有很大帮助的比例显著高于女性。中共党员对基层选举作用的评价显著高于普通群众和共青团员。对基层选举作用的评价按照职业排序前两位的是村组干部和农村中小学教师。高收入组认为基层选举对解决农村的社会问题有很大帮助的比例显著高于低收入组和中收入组。参加了最近一次选举投票的农村居民认为基层选举对解决农村的社会问题有很大帮助的比例显著高于没有参加的农村居民。

3. 是否参加了村委会选举投票对村委会选举公正性的判断有影响

参加了最近一次村委会选举投票的农村居民认为村委会选举很公平的比例比没有参加最近一次村委会选举投票的农村居民高 13.9%；参加了最近一次村委会选举投票的农村居民认为村委会选举比较公平的比例比没有参加最近一次村委会选举投票的农村居民高 14.4%；二者相加，参加了最近一次村委会选举投票的农村居民认为村委会选举公平的比例比没有参加最近一次村委会选举投票的农村居民高 28.3%。

4. 绝大部分农村居民认为村级选举中的贿选现象不正当且存在分化

总的来说，绝大部分农村居民认为贿选现象不合理，说明农村居民对村级选举中的贿选现象存有不满。不同政治面貌和职业对村级选举中贿选现象正当性的认知存在差异。具体而言，中共党员认为村级选举中贿选现象很不合理的比例显著高于普通群众和共青团员，中共党员认为贿选现象不正当的比例最高。在职业方面，村组干部认为村级选举中贿选现象很不合理的比例显著高于其他职业。

5. 年轻人对乡镇直接民主的预期表现出了保守倾向

70% 的农村居民认同实行直接选举乡镇长的做法。29 岁及以下的农村居民、共青团员和在校学生均倾向于持有保守的态度，即认为“应该实行，但现在条件不成熟”。这三个群体的同质化程度极高，表明新生代的年轻人在乡镇直接民主实践的发展方面偏保守。同时，文化程度越高也越倾向于认为“应该实行，但现在条件不成熟”。

第四章　对稳定问题的认识

进入新世纪以来，伴随着经济的腾飞，中国社会利益阶层的分化显性化，不同阶层的利益矛盾以及主导经济发展、社会管理的政府同普通群众之间的矛盾常态化。① 因此，社会稳定问题受到了人们的普遍性关注。而由于制度改革和社会变迁所引发的农村社会矛盾不断增多，在和谐成为发展主题、稳定重于一切的背景下，维持农村社会稳定成为基层治理的头等大事。② 研究农村居民对稳定问题的认识，有助于发现稳定在农民主观认识层面的现状，对促进社会稳定有着积极意义。本研究将从四个方面陈述农村居民对稳定问题的认识，即对基层官民关系的判断、对“稳定压倒一切”的认知、对民主与稳定关系的认识以及对保持稳定条件的认识。

第一节　对基层官民关系的判断

为了了解农村居民对基层官民关系的判断，我们询问了如下问题：“您认为本地乡镇政府与老百姓的关系怎么样？”在3579个有效样本中，选择“很好”的样本556个，占15.5%；选择“比较好”的样本1468个，占41.0%；选择“很难判断”的样本1028个，占28.7%；选择“不太好”的样本420个，占11.7%；选择“很不好”的样本107个，占3.0%。共有56.6%的农村居民明确认为本地乡镇政府与老百姓的关系好，但也有14.7%的农村居民明确认为本地乡镇政府与老百姓的关系不好，表明乡镇政府为人民服务的水平还有提升空间（见表4－1－1）。

---

① 张恒山:《“社会稳定”概念释义》,载于《中共中央党校学报》2013年第2期。

② 唐鸣、张丽琴:《农村社会稳定问题研究:共识与分歧、局限与进路》,载于《社会主义研究》2012年第1期。

表 4－1－1 对基层官民关系判断的描述统计

		频率	百分比	有效百分比	累积百分比
有效	很好	556	15.5	15.5	15.5
	比较好	1468	40.9	41.0	56.6
	很难判断	1028	28.6	28.7	85.3
	不太好	420	11.7	11.7	97.0
	很不好	107	3.0	3.0	100.0
	总计	3579	99.6	100.0	
缺失	系统	14	.4		
总计		3593	100.0		

一、不同年龄对基层官民关系判断的差异

在3562个有效样本中，29岁及以下农村居民选择“很好”的样本61个，占本组总人数的7.5%；30～49岁农村居民选择“很好”的样本240个，占本组总人数的16.6%；50岁及以上农村居民选择“很好”的样本253个，占本组总人数的19.3%。29岁及以下的农村居民认为本地政府和老百姓关系“很好”的比例显著低于年龄更大的两组（见表4－1－2）。

表 4－1－2 不同年龄对基层官民关系判断的差异

			年龄分段			总计
			29岁及以下	30～49岁	50岁及以上	
对基层官民关系的判断	很好	计数	61	240	253	554
		行百分比	11.0%	43.3%	45.7%	100.0%
		列百分比	7.5%	16.6%	19.3%	15.6%
	比较好	计数	325	592	539	1456
		行百分比	22.3%	40.7%	37.0%	100.0%
		列百分比	40.2%	41.0%	41.1%	40.9%
	很难判断	计数	311	377	337	1025
		行百分比	30.3%	36.8%	32.9%	100.0%
		列百分比	38.4%	26.1%	25.7%	28.8%
	不太好	计数	90	186	144	420
		行百分比	21.4%	44.3%	34.3%	100.0%
		列百分比	11.1%	12.9%	11.0%	11.8%
	很不好	计数	22	48	37	107
		行百分比	20.6%	44.9%	34.6%	100.0%
		列百分比	2.7%	3.3%	2.8%	3.0%
总计		计数	809	1443	1310	3562
		行百分比	22.7%	40.5%	36.8%	100.0%
		列百分比	100.0%	100.0%	100.0%	100.0%

二、不同文化程度对基层官民关系判断的差异

在3566个有效样本中，本科及以上农村居民选择“很好”的样本17个，占本组总人数的4.9%，显著低于其他文化程度的农村居民；本科及以上农村居民选择“很难判断”的样本150个，占本组总人数的43.5%，显著高于其他文化程度的农村居民。造成这一结果的可能原因是本科及以上的农村居民由于受了更高水平的教育，对基层官民关系这样相对敏感的话题更倾向于选择模糊的回答（见表4－1－3）。

表4－1－3　不同文化程度对基层官民关系判断的差异

			文化程度					总计
			小学及以下	初中	高中或中专	大专	本科及以上	
对基层官民关系的判断	很好	计数	124	253	127	33	17	554
		行百分比	22.4%	45.7%	22.9%	6.0%	3.1%	100.0%
		列百分比	18.8%	17.4%	15.6%	11.2%	4.9%	15.5%
	比较好	计数	239	592	371	127	135	1464
		行百分比	16.3%	40.4%	25.3%	8.7%	9.2%	100.0%
		列百分比	36.2%	40.8%	45.5%	43.1%	39.1%	41.1%
	很难判断	计数	195	382	210	88	150	1025
		行百分比	19.0%	37.3%	20.5%	8.6%	14.6%	100.0%
		列百分比	29.5%	26.3%	25.8%	29.8%	43.5%	28.7%
	不太好	计数	75	178	90	38	35	416
		行百分比	18.0%	42.8%	21.6%	9.1%	8.4%	100.0%
		列百分比	11.3%	12.3%	11.0%	12.9%	10.1%	11.7%
	很不好	计数	28	45	17	9	8	107
		行百分比	26.2%	42.1%	15.9%	8.4%	7.5%	100.0%
		列百分比	4.2%	3.1%	2.1%	3.1%	2.3%	3.0%
总计		计数	661	1450	815	295	345	3566
		行百分比	18.5%	40.7%	22.9%	8.3%	9.7%	100.0%
		列百分比	100.0%	100.0%	100.0%	100.0%	100.0%	100.0%

三、不同政治面貌对基层官民关系判断的差异

在3553个有效样本中，中共党员选择“很好”的样本144个，占本组总人数的27.3%；

普通群众选择“很好”的样本367个，占本组总人数的14.6%；共青团员选择“很好”的样本39个，占本组总人数的7.7%。总的来看，中共党员对基层官民关系的评价远好于普通群众和共青团员，共青团员对基层官民关系的评价显著差于中共党员和普通群众（见表4－1－4）。

表4－1－4 不同政治面貌对基层官民关系判断的差异

			政治面貌			总计
			中共党员	普通群众	共青团员	
对基层官民关系的判断	很好	计数	144	367	39	550
		行百分比	26.2%	66.7%	7.1%	100.0%
		列百分比	27.3%	14.6%	7.7%	15.5%
	比较好	计数	248	987	225	1460
		行百分比	17.0%	67.6%	15.4%	100.0%
		列百分比	47.0%	39.2%	44.6%	41.1%
	很难判断	计数	83	762	174	1019
		行百分比	8.1%	74.8%	17.1%	100.0%
		列百分比	15.7%	30.2%	34.5%	28.7%
	不太好	计数	47	317	53	417
		行百分比	11.3%	76.0%	12.7%	100.0%
		列百分比	8.9%	12.6%	10.5%	11.7%
	很不好	计数	6	87	14	107
		行百分比	5.6%	81.3%	13.1%	100.0%
		列百分比	1.1%	3.5%	2.8%	3.0%
总计		计数	528	2520	505	3553
		行百分比	14.9%	70.9%	14.2%	100.0%
		列百分比	100.0%	100.0%	100.0%	100.0%

四、不同职业对基层官民关系判断的差异

在3534个有效样本中，村组干部选择很好的样本107个，占本组总人数的40.4%，显著高于其他职业的比例。总的来看，村组干部对本地乡镇政府与老百姓关系的评价远好于其他职业（见表4－1－5）。

表 4－1－5　不同职业对基层官民关系判断的差异

		职业							总计
		1	2	3	4	5	6	7	
很好	计数	299	107	18	49	32	23	25	553
	行百分比	54.1%	19.3%	3.3%	8.9%	5.8%	4.2%	4.5%	100.0%
	列百分比	17.5%	40.4%	15.9%	9.0%	12.4%	7.2%	7.8%	15.6%
比较好	计数	684	125	58	214	112	137	116	1446
	行百分比	47.3%	8.6%	4.0%	14.8%	7.7%	9.5%	8.0%	100.0%
	列百分比	40.0%	47.2%	51.3%	39.1%	43.4%	42.8%	36.1%	40.9%
很难判断	计数	474	18	17	186	76	128	114	1013
	行百分比	46.8%	1.8%	1.7%	18.4%	7.5%	12.6%	11.3%	100.0%
	列百分比	27.7%	6.8%	15.0%	34.0%	29.5%	40.0%	35.5%	28.7%
不太好	计数	184	15	18	84	33	27	56	417
	行百分比	44.1%	3.6%	4.3%	20.1%	7.9%	6.5%	13.4%	100.0%
	列百分比	10.8%	5.7%	15.9%	15.4%	12.8%	8.4%	17.4%	11.8%
很不好	计数	69	0	2	14	5	5	10	105
	行百分比	65.7%	0.0%	1.9%	13.3%	4.8%	4.8%	9.5%	100.0%
	列百分比	4.0%	0.0%	1.8%	2.6%	1.9%	1.6%	3.1%	3.0%
总计	计数	1710	265	113	547	258	320	321	3534
	行百分比	48.4%	7.5%	3.2%	15.5%	7.3%	9.1%	9.1%	100.0%
	列百分比	100.0%	100.0%	100.0%	100.0%	100.0%	100.0%	100.0%	100.0%

注：1＝在家务农，2＝村组干部，3＝农村中小学教师，4＝企业工人，5＝工商户，6＝在校学生，7＝其他

五、不同选举参与对基层官民关系判断的差异

在 3566 个有效样本中，参加了最近一次村委会选举投票的农村居民选择很好的样本 452 个，占本组总人数的 20.2%；没有参加最近一次村委会选举投票的农村居民选择很好的样本 103 个，占本组总人数的 7.8%。参加了最近一次村委会选举投票的农村居民对本地乡镇政府与老百姓关系的评价显著好于没有参加最近一次村委会选举投票的农村居民（见表 4－1－6）。

表4－1－6 不同选举参与对基层官民关系判断的差异

			最近一次村委会选举，您参加投票了吗		总计
			参加了	没有参加	
对基层官民关系的判断	很好	计数	452	103	555
		行百分比	81.4%	18.6%	100.0%
		列百分比	20.2%	7.8%	15.6%
	比较好	计数	951	512	1463
		行百分比	65.0%	35.0%	100.0%
		列百分比	42.4%	38.7%	41.0%
	很难判断	计数	541	485	1026
		行百分比	52.7%	47.3%	100.0%
		列百分比	24.1%	36.7%	28.8%
	不太好	计数	240	176	416
		行百分比	57.7%	42.3%	100.0%
		列百分比	10.7%	13.3%	11.7%
	很不好	计数	59	47	106
		行百分比	55.7%	44.3%	100.0%
		列百分比	2.6%	3.6%	3.0%
总计		计数	2243	1323	3566
		行百分比	62.9%	37.1%	100.0%
		列百分比	100.0%	100.0%	100.0%

第二节 对“稳定压倒一切”的认知

我们为考察被访者对“稳定压倒一切”的认知所设计的问题是：“在所有事情中社会稳定才是最重要的”，提供的五个选项为“完全同意”“比较同意”“不确定”“不太同意”和“很不同意”。在3542个有效样本中，选择“完全同意”的样本1950个，占55.1%；选择“比较同意”的样本1100个，占31.1%；两者相加，选择同意的比例为86.2%。选择“不太同意”的样本136个，占3.8%；选择“很不同意”的样本41个，占1.2%；二者相加，选择不同意的比例为5%。此外，共有315个样本选择了“不确定”，占8.9%（见表4－2－1）。

表4-2-1　对“稳定压倒一切”认知的描述统计

		频率	百分比	有效百分比	累积百分比
有效	完全同意	1950	54.3	55.1	55.1
	比较同意	1100	30.6	31.1	86.1
	不确定	315	8.8	8.9	95.0
	不太同意	136	3.8	3.8	98.8
	很不同意	41	1.1	1.2	100.0
	总计	3542	98.6	100.0	
缺失	系统	51	1.4		
总计		3593	100.0		

一、不同文化程度间对“稳定压倒一切”认知的差异

在考察不同文化程度间对“稳定压倒一切”认知程度的差异时，我们将“完全同意”和“比较同意”合并为同意，将“不太同意”和“很不同意”合并为不同意，并保留“不确定”选项。对于“在所有事情中社会稳定才是最重要的”这一说法，在3530个有效样本中，文化程度为本科及以上选择同意的农村居民样本254个，占本组总人数的74.3%，低于文化程度为小学及以下的比例88.2%、初中的比例88.5%、高中或中专的比例87%和大专的比例81.2%。文化程度为大专选择“不确定”的农村居民样本为40个，占本组总人数的13.7%；文化程度为本科及以上选择“不确定”的农村居民样本为56个，占本组总人数的16.4%，均高于文化程度为小学及以下的比例8.6%、初中的比例6.8%和高中或中专的比例8%。文化程度为本科及以上选择不同意的农村居民样本32个，占本组总人数的9.4%，高于文化程度为小学及以下的比例3.2%、初中的比例4.7%、高中或中专的比例5%和大专的比例5.1%。这一结果表明，总的来看，不同文化程度对“稳定压倒一切”认知的差异并不十分显著，但本科及以上文化程度的农村居民在对“稳定压倒一切”的认知上体现出了自己的特点。本科及以上文化程度的农村居民认为“稳定压倒一切”的程度低于其他文化程度，即认为在所有事情中稳定并不一定是最重要的；此外，大专和本科及以上文化程度选择不确定的农村居民多于小学及以下、初中以及高中或中专文化程度的农村居民，可以看出文化程度越高，对“稳定压倒一切”的认知不确定性越强（见表4-2-2）。

表4－2－2 不同文化程度间对“稳定压倒一切”认知的差异

			文化程度					总计
			小学及以下	初中	高中或中专	大专	本科及以上	
在所有事情中社会稳定才是最重要的	同意	计数	582	1267	699	238	254	3040
		行百分比	19.1%	41.7%	23.0%	7.8%	8.4%	100.0%
		列百分比	88.2%	88.5%	87.0%	81.2%	74.3%	86.1%
	不确定	计数	57	97	64	40	56	314
		行百分比	18.2%	30.9%	20.4%	12.7%	17.8%	100.0%
		列百分比	8.6%	6.8%	8.0%	13.7%	16.4%	8.9%
	不同意	计数	21	68	40	15	32	176
		行百分比	11.9%	38.6%	22.7%	8.5%	18.2%	100.0%
		列百分比	3.2%	4.7%	5.0%	5.1%	9.4%	5.0%
总计		计数	660	1432	803	293	342	3530
		行百分比	18.7%	40.6%	22.7%	8.3%	9.7%	100.0%
		列百分比	100.0%	100.0%	100.0%	100.0%	100.0%	100.0%

二、不同职业间对“稳定压倒一切”认知的差异

我们将“在所有事情中社会稳定才是最重要的”这一说法对应的选项如上文进行合并。在3499个有效样本中，在校学生选择“同意”的人数为233人，占该组总人数的72.8%，显著低于在家务农的比例88.8%、村组干部的比例93.8%、农村中小学教师的比例88.2%、企业工人的比例83%、工商户的比例88.2%和其他职业的比例81.7%。在校学生选择“不确定”的人数为54人，占该组总人数的16.9%，显著高于其他职业的对应百分比。在校学生选择“不同意”的人数为33人，占该组总人数的10.3%，高于在家务农的比例3.6%、村组干部的比例2.7%、农村中小学教师的比例2.7%、企业工人的比例5.7%、工商户的比例4.7%和其他职业的比例8.4%。这一结果表明，在校学生与其他职业对于“稳定压倒一切”的认知程度不同，相比其他职业，在校学生认为“稳定压倒一切”的程度较低且不确定性较强，而村组干部认为“稳定压倒一切”的程度最高（见表4－2－3）。

表4-2-3　不同职业间对“稳定压倒一切”认知的差异

			您的职业							总计
			1	2	3	4	5	6	7	
在所有事情中社会稳定才是最重要的	同意	计数	1500	244	97	450	225	233	263	3012
		行百分比	49.8%	8.1%	3.2%	14.9%	7.5%	7.7%	8.7%	100.0%
		列百分比	88.8%	93.8%	88.2%	83.0%	88.2%	72.8%	81.7%	86.1%
	不确定	计数	130	9	10	61	18	54	32	314
		行百分比	41.4%	2.9%	3.2%	19.4%	5.7%	17.2%	10.2%	100.0%
		列百分比	7.7%	3.5%	9.1%	11.3%	7.1%	16.9%	9.9%	9.0%
	不同意	计数	60	7	3	31	12	33	27	173
		行百分比	34.7%	4.0%	1.7%	17.9%	6.9%	19.1%	15.6%	100.0%
		列百分比	3.6%	2.7%	2.7%	5.7%	4.7%	10.3%	8.4%	4.9%
总计		计数	1690	260	110	542	255	320	322	3499
		行百分比	48.3%	7.4%	3.1%	15.5%	7.3%	9.1%	9.2%	100.0%
		列百分比	100.0%	100.0%	100.0%	100.0%	100.0%	100.0%	100.0%	100.0%

注：1 = 在家务农，2 = 村组干部，3 = 农村中小学教师，4 = 企业工人，5 = 工商户，6 = 在校学生，7 = 其他

三、不同政治面貌间对“稳定压倒一切”认知的差异

不同政治面貌间在“稳定压倒一切”的认知上存在差异，在对选项进行合并后，有效样本为3516个。其中，共青团员选择“同意”的人数为394人，占该组总人数的78.3%；中共党员选择“同意”的人数为473人，占该组总人数的91.9%；普通群众选择“同意”的人数为2164人，占该组总人数的86.8%。共青团员选择“不确定”的人数为64人，占该组总人数的12.7%；中共党员选择“同意”的人数为34人，占该组总人数的6.6%；普通群众选择“同意”的人数为215人，占该组总人数的8.6%。共青团员选择“不同意”的人数为45人，占该组总人数的8.9%；中共党员选择“不同意”的人数为12人，占该组总人数的2.3%；普通群众选择“同意”的人数为115人，占该组总人数的4.6%。由此可见，中共党员认为“稳定压倒一切”的程度最高，共青团员程度最低，中共党员中选择“不确定”的人数最少，而共青团员最多（见表4-2-4）。

表4－2－4 不同政治面貌间对“稳定压倒一切”认知的差异

			政治面貌			总计
			中共党员	普通群众	共青团员	
在所有事情中社会稳定才是最重要的	同意	计数	473	2164	394	3031
		行百分比	15.6%	71.4%	13.0%	100.0%
		列百分比	91.1%	86.8%	78.3%	86.2%
	不确定	计数	34	215	64	313
		行百分比	10.9%	68.7%	20.4%	100.0%
		列百分比	6.6%	8.6%	12.7%	8.9%
	不同意	计数	12	115	45	172
		行百分比	7.0%	66.9%	26.2%	100.0%
		列百分比	2.3%	4.6%	8.9%	4.9%
总计		计数	519	2494	503	3516
		行百分比	14.8%	70.9%	14.3%	100.0%
		列百分比	100.0%	100.0%	100.0%	100.0%

四、不同年龄间对“稳定压倒一切”认知的差异

不同年龄段的农村居民在对“稳定压倒一切”的认知上存在一定差异。在对选项进行合并的基础上，共有3526个有效样本，其中29岁以下选择“同意”的人数为611人，占该组总人数的75.6%；30～49岁选择“同意”的人数为1246人，占该组总人数的87.8%；50岁及以上选择“同意”的人数为1179人，占该组总人数的90.8%。29岁及以下选择“不确定”的人数为120人，占该组总人数的14.9%；30～49岁选择“不确定”的人数为113人，占该组总人数的8%；50岁及以上的人选择“不确定”的人数为80人，占该组总人数的6.2%。29岁及以下选择“不同意”的人数为77人，占该组总人数的9.5%；30～49岁选择“不同意”的人数为60人，占该组总人数的4.2%；50岁及以上的人选择“不同意”的人数为40人，占该组总人数的3.1%。这一结果表明，年龄在50岁及以上的农村居民认为“稳定压倒一切”的程度更强，而29岁及以下的农村居民程度最低，且年龄越大，越认为“稳定压倒一切”，且不确定性越小（见表4－2－5）。

表4-2-5 不同年龄间对“稳定压倒一切”认知的差异

			年龄分段			总计
			29岁及以下	30~49岁	50岁及以上	
在所有事情中社会稳定才是最重要的	同意	计数	611	1246	1179	3036
		行百分比	20.1%	41.0%	38.8%	100.0%
		列百分比	75.6%	87.8%	90.8%	86.1%
	不确定	计数	120	113	80	313
		行百分比	38.3%	36.1%	25.6%	100.0%
		列百分比	14.9%	8.0%	6.2%	8.9%
	不同意	计数	77	60	40	177
		行百分比	43.5%	33.9%	22.6%	100.0%
		列百分比	9.5%	4.2%	3.1%	5.0%
总计		计数	808	1419	1299	3526
		行百分比	22.9%	40.2%	36.8%	100.0%
		列百分比	100.0%	100.0%	100.0%	100.0%

五、不同选举参与间对“稳定压倒一切”认知的差异

在对选项进行合并的基础上，有效样本3529个，其中参加最近一次村委会选举投票的农村居民选择“同意”的人数为1985人，占该组总人数的89.8%；没有参加最近一次村委会选举投票的农村居民选择“同意”的人数为1057人，占该组总人数的80.1%。参加最近一次村委会选举投票的农村居民选择“不确定”的人数为149人，占该组总人数的6.7%；没有参加最近一次村委会选举投票的农村居民选择“不确定”的人数为163人，占该组总人数的12.4%。前者选择“不同意”的人数为78人，占该组总人数的3.4%；后者选择“不同意”的人数为99人，占该组总人数的7.5%。这一结果表明，参加了最近一次村委会选举投票的农村居民认为“稳定压倒一切”的程度更强，高于没有进行选举参与的农村居民，且后者对“稳定压倒一切”的认知不确定性更强，对稳定的态度较为模糊（见表4-2-6）。

表4－2－6　不同选举参与间对“稳定压倒一切”认知的差异

			最近一次村委会选举，您参加投票了吗		总计
			参加了	没有参加	
在所有事情中社会稳定才是最重要的	同意	计数	1985	1057	3042
		行百分比	65.3%	34.7%	100.0%
		列百分比	89.8%	80.1%	86.2%
	不确定	计数	149	163	312
		行百分比	47.8%	52.2%	100.0%
		列百分比	6.7%	12.4%	8.8%
	不同意	计数	76	99	175
		行百分比	43.4%	56.6%	100.0%
		列百分比	3.4%	7.5%	5.0%
总计		计数	2210	1319	3529
		行百分比	62.6%	37.4%	100.0%
		列百分比	100.0%	100.0%	100.0%

第三节　对民主与稳定的关系的认识

民主和稳定都是实现现代化的政治基础和前提条件。邓小平认为，民主是目标与手段的统一，稳定是目标与过程的统一，民主与稳定是辩证统一的关系。① 我们为考察被访者对民主与稳定关系的认识所设计的问题是：“民主会让整个社会变乱套”，提供的五个选项为“完全同意”“比较同意”“不确定”“不太同意”和“很不同意”。在3510个有效样本中，选择“完全同意”的样本69个，占2.0%；选择“比较同意”的样本105个，占3.0%；两者相加，选择“同意”的比例为5.0%。选择“不太同意”的样本854个，占24.3%；选择“很不同意”的样本1976个，占56.3%；二者相加，选择“不同意”的比例为80.6%。此外，共有506个样本选择了“不确定”，占14.4%（见表4－3－1）。

① 王春玺、李国臣：《邓小平对民主与稳定关系的解读及其时代价值》，载于《云南社会科学》2013年第3期。

表 4－3－1　对民主与稳定关系认识的描述统计

		频率	百分比	有效百分比	累积百分比
有效	完全同意	69	1.9	2.0	2.0
	比较同意	105	2.9	3.0	5.0
	不确定	506	14.1	14.4	19.4
	不太同意	854	23.8	24.3	43.7
	很不同意	1976	55.0	56.3	100.0
	总计	3510	97.7	100.0	
缺失	系统	83	2.3		
总计		3593	100.0		

一、不同文化程度间对民主与稳定关系的认识差异

在 3498 个有效样本中，小学及以下文化程度的农村居民选择“很不同意”的样本 309 个，占本组总人数的 47%；初中文化程度的农村居民选择“很不同意”的样本 788 个，占本组总人数的 55.7%；高中或中专文化程度的农村居民选择“很不同意”的样本 466 个，占本组总人数的 58.7%；大专文化程度的农村居民选择“很不同意”的样本 175 个，占本组总人数的 60.6%；本科及以上文化程度的农村居民选择“很不同意”的样本 232 个，占本组总人数的 67.6%。可见，不同文化程度间对民主与稳定的关系的认识具有显著差异，文化程度越高，越倾向于很不同意的选择，即文化程度越高，对“民主会让整个社会变乱套”的说法越不同意，在民主与稳定间更倾向于认为民主重要（见表 4－3－2）。

二、不同职业间对民主与稳定关系的认识差异

在 3467 个有效样本中，在家务农的农村居民选择“很不同意”的样本 879 个，占本组总人数的 52.6%；村组干部选择“很不同意”的样本 188 个，占本组总人数的 72.6%；农村中小学教师选择“很不同意”的样本 82 个，占本组总人数的 75.2%；企业工人选择“很不同意”的样本 297 个，占本组总人数的 55.3%；工商户选择“很不同意”的样本 143 个，占本组总人数的 57.2%；在校学生选择“很不同意”的样本 204 个，占本组总人数的 63.9%。由此可见，不同职业间对民主与稳定的关系的认识具有显著差异，村组干部和农村中小学教师在对“民主会让整个社会变乱套”这一问题的态度上更倾向于“很不同意”，即认为在民主与稳定间民主更为重要，在校学生次之，在家务农、企业工人、工商户等职业相比村组干部、农村中小学教师、在校学生而言选择很不同意的比例较低，且差异并不显著（见表 4－3－3）。

表4-3-2 不同文化程度对民主与稳定关系的认识差异

			您的文化程度					总计
			小学及以下	初中	高中或中专	大专	本科及以上	
民主会让整个社会变乱套	完全同意	计数	19	34	12	3	1	69
		行百分比	27.5%	49.3%	17.4%	4.3%	1.4%	100.0%
		列百分比	2.9%	2.4%	1.5%	1.0%	0.3%	2.0%
	比较同意	计数	22	45	21	8	7	103
		行百分比	21.4%	43.7%	20.4%	7.8%	6.8%	100.0%
		列百分比	3.3%	3.2%	2.6%	2.8%	2.0%	2.9%
	不确定	计数	125	202	111	36	31	505
		行百分比	24.8%	40.0%	22.0%	7.1%	6.1%	100.0%
		列百分比	19.0%	14.3%	14.0%	12.5%	9.0%	14.4%
	不太同意	计数	182	346	184	67	72	851
		行百分比	21.4%	40.7%	21.6%	7.9%	8.5%	100.0%
		列百分比	27.7%	24.5%	23.2%	23.2%	21.0%	24.3%
	很不同意	计数	309	788	466	175	232	1970
		行百分比	15.7%	40.0%	23.7%	8.9%	11.8%	100.0%
		列百分比	47.0%	55.7%	58.7%	60.6%	67.6%	56.3%
总计		计数	657	1415	794	289	343	3498
		行百分比	18.8%	40.5%	22.7%	8.3%	9.8%	100.0%
		列百分比	100.0%	100.0%	100.0%	100.0%	100.0%	100.0%

表 4－3－3　不同职业对民主与稳定关系的认识差异

			职业							总计
			1	2	3	4	5	6	7	
民主会让整个社会变乱套	完全同意	计数	48	5	0	4	5	2	5	69
		行百分比	69.6%	7.2%	0.0%	5.8%	7.2%	2.9%	7.2%	100.0%
		列百分比	2.9%	1.9%	0.0%	0.7%	2.0%	0.6%	1.6%	2.0%
	比较同意	计数	53	3	0	22	6	8	9	101
		行百分比	52.5%	3.0%	0.0%	21.8%	5.9%	7.9%	8.9%	100.0%
		列百分比	3.2%	1.2%	0.0%	4.1%	2.4%	2.5%	2.8%	2.9%
	不确定	计数	267	12	9	85	31	36	61	501
		行百分比	53.3%	2.4%	1.8%	17.0%	6.2%	7.2%	12.2%	100.0%
		列百分比	16.0%	4.6%	8.3%	15.8%	12.4%	11.3%	18.9%	14.5%
	不太同意	计数	424	51	18	129	65	69	83	839
		行百分比	50.5%	6.1%	2.1%	15.4%	7.7%	8.2%	9.9%	100.0%
		列百分比	25.4%	19.7%	16.5%	24.0%	26.0%	21.6%	25.8%	24.2%
	很不同意	计数	879	188	82	297	143	204	164	1957
		行百分比	44.9%	9.6%	4.2%	15.2%	7.3%	10.4%	8.4%	100.0%
		列百分比	52.6%	72.6%	75.2%	55.3%	57.2%	63.9%	50.9%	56.4%
总计		计数	1671	259	109	537	250	319	322	3467
		行百分比	48.2%	7.5%	3.1%	15.5%	7.2%	9.2%	9.3%	100.0%
		列百分比	100.0%	100.0%	100.0%	100.0%	100.0%	100.0%	100.0%	100.0%

注：1＝在家务农，2＝村组干部，3＝农村中小学教师，4＝企业工人，5＝工商户，6＝在校学生，7＝其他

三、不同政治面貌间对民主与稳定关系的认识差异

在3484个有效样本中，政治面貌为中共党员的农村居民选择“不确定”的样本38个，占本组总人数的7.4%；普通群众选择“不确定”的样本402个，占本组总人数的16.3%；共青团员选择“不确定”的样本64个，占本组总人数的12.8%。可见，普通群众对民主与稳定关系的认识上表现出更多不确定性。政治面貌为中共党员的农村居民选择“很不同意”的样本360个，占本组总人数的69.9%；普通群众选择“很不同意”的样本1295个，占本组总人数的52.5%；共青团员选择“很不同意”的样本307个，占本组总人数的61.3%。这一结果可以看出，共产党员对“民主会让整个社会变乱套”这一看法的态度更多表现为“很不同意”，即在民主与稳定间倾向于认为民主更重要，共青团员次之，与普通群众间的差异较

为显著（见表4-3-4）。

表4-3-4 不同政治面貌对民主与稳定关系的认识差异

			政治面貌			总计
			中共党员	普通群众	共青团员	
民主会让整个社会变乱套	完全同意	计数	8	55	5	68
		行百分比	11.8%	80.9%	7.4%	100.0%
		列百分比	1.6%	2.2%	1.0%	2.0%
	比较同意	计数	15	73	15	103
		行百分比	14.6%	70.9%	14.6%	100.0%
		列百分比	2.9%	3.0%	3.0%	3.0%
	不确定	计数	38	402	64	504
		行百分比	7.5%	79.8%	12.7%	100.0%
		列百分比	7.4%	16.3%	12.8%	14.5%
	不太同意	计数	94	643	110	847
		行百分比	11.1%	75.9%	13.0%	100.0%
		列百分比	18.3%	26.1%	22.0%	24.3%
	很不同意	计数	360	1295	307	1962
		行百分比	18.3%	66.0%	15.6%	100.0%
		列百分比	69.9%	52.5%	61.3%	56.3%
总计		计数	515	2468	501	3484
		行百分比	14.8%	70.8%	14.4%	100.0%
		列百分比	100.0%	100.0%	100.0%	100.0%

四、不同选举参与间对民主与稳定关系的认识差异

在3497个有效样本中，参加了最近一次村委会选举投票的农村居民选择“不确定”的样本274个，占本组总人数的12.5%，低于未参加最近一次村委会选举的农村居民的比例17.4%。由此可以看出，没有参加最近一次村委会选举的农村居民在对民主与稳定间关系的认识上更为模糊与不确定。参加了最近一次村委会选举投票的农村居民选择“很不同意”的样本1272个，占本组总人数的58.2%，高于未参加最近一次村委会选举的农村居民的比例53.4%。可以看出，参加了最近一次村委会选举投票的农村居民对“民主会让整个社会变乱套”这一看法选择“很不同意”的比例高于未参加的农村居民，即认为在民主与稳定间，民主更为重要（见表4-3-5）。

表 4－3－5　不同选举参与间对民主与稳定关系的认识差异

			最近一次村委会选举，您参加投票了吗		总计
			参加了	没有参加	
民主会让整个社会变乱套	完全同意	计数	47	19	66
		行百分比	71.2%	28.8%	100.0%
		列百分比	2.2%	1.4%	1.9%
	比较同意	计数	62	43	105
		行百分比	59.0%	41.0%	100.0%
		列百分比	2.8%	3.3%	3.0%
	不确定	计数	274	228	502
		行百分比	54.6%	45.4%	100.0%
		列百分比	12.5%	17.4%	14.4%
	不太同意	计数	530	321	851
		行百分比	62.3%	37.7%	100.0%
		列百分比	24.3%	24.5%	24.3%
	很不同意	计数	1272	701	1973
		行百分比	64.5%	35.5%	100.0%
		列百分比	58.2%	53.4%	56.4%
总计		计数	2185	1312	3497
		行百分比	62.5%	37.5%	100.0%
		列百分比	100.0%	100.0%	100.0%

五、不同民主价值观对民主与稳定关系的认识差异

不同民主价值观对民主与稳定关系的认识上存在差异，我们将民主理解为“当官的为老百姓做主”视为民本民主观，将民主理解为“老百姓决定谁来当官”作为选举民主观，将民主理解为“大家的事大家商量着办”概括为协商民主观。在 3434 个有效样本中，持有民本民主观的农村居民选择“很不同意”的样本 349 个，占本组总人数的 48.2%；持有选举民主观的农村居民选择“很不同意”的样本 368 个，占本组总人数的 53%；持有协商民主观的农村居民选择“很不同意”的样本 1132 个，占本组总人数的 60.7%；以上三种民主价值观都不符合的农村居民选择“很不同意”的样本 93 个，占本组总人数的 61.6%。可以看出，持有协商民主观的农村居民对“民主会让整个社会变乱套”这一看法选择很不同意的比例最高，在民主与稳定间认为民主更重要，持有选举民主观的农村居民次之，民本民主观比例最低

（见表4－3－6）。

表4－3－6　不同民主价值观对民主与稳定关系的认识差异

			哪种说法更接近您对民主的理解				总计
			民本民主观	选举民主观	协商民主观	都不是	
民主会让整个社会变乱套	完全同意	计数	27	14	26	1	68
		行百分比	39.7%	20.6%	38.2%	1.5%	100.0%
		列百分比	3.7%	2.0%	1.4%	0.7%	2.0%
	比较同意	计数	29	23	49	3	104
		行百分比	27.9%	22.1%	47.1%	2.9%	100.0%
		列百分比	4.0%	3.3%	2.6%	2.0%	3.0%
	不确定	计数	132	107	228	22	489
		行百分比	27.0%	21.9%	46.6%	4.5%	100.0%
		列百分比	18.2%	15.4%	12.2%	14.6%	14.2%
	不太同意	计数	187	182	430	32	831
		行百分比	22.5%	21.9%	51.7%	3.9%	100.0%
		列百分比	25.8%	26.2%	23.1%	21.2%	24.2%
	很不同意	计数	349	368	1132	93	1942
		行百分比	18.0%	18.9%	58.3%	4.8%	100.0%
		列百分比	48.2%	53.0%	60.7%	61.6%	56.6%
总计		计数	724	694	1865	151	3434
		行百分比	21.1%	20.2%	54.3%	4.4%	100.0%
		列百分比	100.0%	100.0%	100.0%	100.0%	100.0%

第四节　对保持稳定的条件的认识

我们为考察被访者对保持稳定的条件的认识所设计的问题是：“只有思想认识统一才能维护社会政治稳定”，提供的五个选项为“完全同意”“比较同意”“不确定”“不太同意”和“很不同意”。在3541个有效样本中，选择“完全同意”的样本1533个，占43.3%；选择“比较同意”的样本1136个，占32.1%；两者相加，选择同意的比例为75.4%。选择“不太同意”的样本245个，占6.9%；选择“很不同意”的样本60个，占1.7%；二者相加，选择不同意的比例为8.6%。此外，共有567个样本选择了“不确定”，占16%（见表4－4－1）。

表 4－4－1　对保持稳定的条件的认识的描述统计

		频率	百分比	有效百分比	累积百分比
有效	完全同意	1533	42.7	43.3	43.3
	比较同意	1136	31.6	32.1	75.4
	不确定	567	15.8	16.0	91.4
	不太同意	245	6.8	6.9	98.3
	很不同意	60	1.7	1.7	100.0
	总计	3541	98.6	100.0	
缺失	系统	52	1.4		
总计		3593	100.0		

一、不同性别对保持稳定的条件的认识差异

对“只有思想认识统一才能维护社会政治稳定”这一说法进行判断时，在3532个有效样本中，选择“完全同意”的男性874人，占男性人数的46.5%；选择“完全同意”的女性656人，占女性人数的39.7%。可见，相比女性，男性对保持稳定的条件是思想认识的统一所持肯定态度的比例更高，且男性选择“完全同意”的比例高于女性（见表4－4－2）。

表 4－4－2　不同性别对保持稳定的条件的认识差异

			性别		总计
			男	女	
只有思想认识统一才能维护社会政治稳定	完全同意	计数	874	656	1530
		行百分比	57.1%	42.9%	100.0%
		列百分比	46.5%	39.7%	43.3%
	比较同意	计数	576	556	1132
		行百分比	50.9%	49.1%	100.0%
		列百分比	30.6%	33.7%	32.0%
	不确定	计数	265	300	565
		行百分比	46.9%	53.1%	100.0%
		列百分比	14.1%	18.2%	16.0%
	不太同意	计数	130	115	245
		行百分比	53.1%	46.9%	100.0%
		列百分比	6.9%	7.0%	6.9%
	很不同意	计数	35	25	60
		行百分比	58.3%	41.7%	100.0%
		列百分比	1.9%	1.5%	1.7%
总计		计数	1880	1652	3532
		行百分比	53.2%	46.8%	100.0%
		列百分比	100.0%	100.0%	100.0%

二、不同文化程度对保持稳定的条件的认识差异

在考察不同文化程度对保持稳定的条件的认识差异时，我们将“完全同意”和“比较同意”合并为同意，将“不太同意”和“很不同意”合并为不同意，并保留“不确定”选项。在3528个有效样本中，文化程度为本科及以上选择同意的样本215个，占本组总人数的62.7%，大专选择“同意”的样本196个，占本组总人数的66.9%，两者都低于文化程度为小学及以下的比例77.6%、初中的比例79.1%以及高中或中专的比例75.6%。文化程度为本科及以上选择“不同意”的样本为64个，占本组总人数的18.7%；文化程度为大专选择“不同意”的样本为38个，占本组总人数的13%；均高于文化程度为小学及以下的比例4.1%、初中的比例6.9%和高中或中专的比例9.5%。由此可见，文化程度为本科及以上对保持稳定的条件是思想认识的统一持肯定态度的比例不及文化程度是小学及以下、初中以及高中或中专；此外，相比其他文化程度，本科及以上选择“不同意”的比例最高（见表4－4－3）。

表4－4－3　不同文化程度对保持稳定的条件的认识差异

			文化程度					总计
			小学及以下	初中	高中或中专	大专	本科及以上	
只有思想认识统一才能维护社会政治稳定	同意	计数	512	1132	605	196	215	2660
		行百分比	19.2%	42.6%	22.7%	7.4%	8.1%	100.0%
		列百分比	77.6%	79.1%	75.6%	66.9%	62.7%	75.4%
	不确定	计数	121	201	119	59	64	564
		行百分比	21.5%	35.6%	21.1%	10.5%	11.3%	100.0%
		列百分比	18.3%	14.0%	14.9%	20.1%	18.7%	16.0%
	不同意	计数	27	99	76	38	64	304
		行百分比	8.9%	32.6%	25.0%	12.5%	21.1%	100.0%
		列百分比	4.1%	6.9%	9.5%	13.0%	18.7%	8.6%
总计		计数	660	1432	800	293	343	3528
		行百分比	18.7%	40.6%	22.7%	8.3%	9.7%	100.0%
		列百分比	100.0%	100.0%	100.0%	100.0%	100.0%	100.0%

三、不同职业对保持稳定的条件的认识差异

在对“只有思想认识统一才能维护社会政治稳定”这一说法的态度选择上，我们对其选

项进行了合并。在3496个有效样本中，村组干部选择“同意”的人数为239人，占该组总人数的91.6%，显著高于在家务农的比例77.6%、农村中小学教师的比例78.6%、企业工人的比例69.1%、工商户的比例79.8%、在校学生的比例57.8%和其他职业的比例74.1%，其中在校学生的比例最低。在校学生选择“不同意”的人数为60人，占该组总人数的18.8%，显著高于在家务农的比例6.4%、村组干部的比例4.2%、农村中小学教师的比例8.9%、企业工人的比例11.6%、工商户的比例7.5%和其他职业的比例10.3%，其中在校学生选择“不同意”的比例最高，村组干部最低。这一结果表明，村组干部认为只有思想认识统一才能维护社会政治稳定的比例最高，在校学生最低，其他职业间差异并不显著（见表4-4-4）。

表4-4-4　不同职业对保持稳定的条件的认识差异

			职业							总计
			1	2	3	4	5	6	7	
只有思想认识统一才能维护社会政治稳定	同意	计数	1309	239	88	375	201	185	238	2635
		行百分比	49.7%	9.1%	3.3%	14.2%	7.6%	7.0%	9.0%	100.0%
		列百分比	77.6%	91.6%	78.6%	69.1%	79.8%	57.8%	74.1%	75.4%
	不确定	计数	270	11	14	105	32	75	50	557
		行百分比	48.5%	2.0%	2.5%	18.9%	5.7%	13.5%	9.0%	100.0%
		列百分比	16.0%	4.2%	12.5%	19.3%	12.7%	23.4%	15.6%	15.9%
	不同意	计数	108	11	10	63	19	60	33	304
		行百分比	35.5%	3.6%	3.3%	20.7%	6.3%	19.7%	10.9%	100.0%
		列百分比	6.4%	4.2%	8.9%	11.6%	7.5%	18.8%	10.3%	8.7%
总计		计数	1687	261	112	543	252	320	321	3496
		行百分比	48.3%	7.5%	3.2%	15.5%	7.2%	9.2%	9.2%	100.0%
		列百分比	100.0%	100.0%	100.0%	100.0%	100.0%	100.0%	100.0%	100.0%

注：1=在家务农，2=村组干部，3=农村中小学教师，4=企业工人，5=工商户，6=在校学生，7=其他

四、不同政治面貌对保持稳定的条件的认识差异

在合并了选项的基础上，我们对不同政治面貌对保持稳定的条件的认识差异进行了分析。在3514个有效样本中，中共党员对“只有思想认识统一才能维护社会政治稳定”这一说法选择“同意”的人数为444人，占该组总人数的85.5%；普通群众选择“同意”的人数为1880人，占该组总人数的75.4%；共青团员选择“同意”的人数为325人，占该组总人数的65%。中共党员选择“不同意”的人数为29人，占该组总人数的5.6%；普通群众选择

“不同意”的人数为191人，占该组总人数的7.7%；共青团员选择“不同意”的人数为81人，占该组总人数的16.2%。由此可见，中共党员认为只有思想认识统一才能维护社会政治稳定的比例最高，普通群众次之，共青团员的比例最低，同时，共青团员选择“不同意”的比例高于中共党员和普通群众（见表4－4－5）。

表4－4－5　不同政治面貌对保持稳定的条件的认识差异

			政治面貌			总计
			中共党员	普通群众	共青团员	
只有思想认识统一才能维护社会政治稳定	同意	计数	444	1880	325	2649
		行百分比	16.8%	71.0%	12.3%	100.0%
		列百分比	85.5%	75.4%	65.0%	75.4%
	不确定	计数	46	424	94	564
		行百分比	8.2%	75.2%	16.7%	100.0%
		列百分比	8.9%	17.0%	18.8%	16.1%
	不同意	计数	29	191	81	301
		行百分比	9.6%	63.5%	26.9%	100.0%
		列百分比	5.6%	7.7%	16.2%	8.6%
总计		计数	519	2495	500	3514
		行百分比	14.8%	71.0%	14.2%	100.0%
		列百分比	100.0%	100.0%	100.0%	100.0%

五、不同年龄对保持稳定的条件的认识差异

通过对选项的合并，不同年龄对保持稳定的条件的认识差异表现为以下几个方面。在3525个有效样本中，29岁及以下选择“同意”的有507人，占该组总人数的62.9%；30～49岁选择“同意”的有1075人，占该组总人数的76%；50岁及以上选择“同意”的有1075人，占该组总人数的82.4%。29岁及以下选择“不确定”的有171人，占该组总人数的21.2%，其比例皆高于其他年龄段。29岁及以下选择“不同意”的有128人，占该组总人数的15.9%，高于30～49岁的比例7.8%和50岁及以上的比例5.1%。结果表明，29岁及以下认为只有思想认识统一才能维护社会政治稳定的比例最低，30～49岁的比例居中，50岁及以上选择“同意”的比例最高；29岁及以下相比其他年龄段的农村居民，选择“不确定”的比例最高，即对保持稳定的条件的认识较为模糊；29岁及以下选择“不同意”的比例显著高于其他年龄段，50岁及以上的比例最低，可见年龄越大越同意思想认识统一是保持稳定的条件（见表4－4－6）。

表 4-4-6　不同年龄对保持稳定的条件的认识差异

			年龄分段			总计
			29 岁及以下	30～49 岁	50 岁及以上	
只有思想认识统一才能维护社会政治稳定	同意	计数	507	1075	1075	2657
		行百分比	19.1%	40.5%	40.5%	100.0%
		列百分比	62.9%	76.0%	82.4%	75.4%
	不确定	计数	171	229	163	563
		行百分比	30.4%	40.7%	29.0%	100.0%
		列百分比	21.2%	16.2%	12.5%	16.0%
	不同意	计数	128	111	66	305
		行百分比	42.0%	36.4%	21.6%	100.0%
		列百分比	15.9%	7.8%	5.1%	8.7%
总计		计数	806	1415	1304	3525
		行百分比	22.9%	40.1%	37.0%	100.0%
		列百分比	100.0%	100.0%	100.0%	100.0%

六、不同选举参与对保持稳定的条件的认识差异

在对选项进行合并的基础上，有效样本有 3528 个，其中参加最近一次村委会选举投票的农村居民选择“同意”的人数为 1782 人，占该组总人数的 80.6%；没有参加最近一次村委会选举投票的农村居民选择“同意”的人数为 875 人，占该组总人数的 66.4%。参加最近一次村委会选举投票的农村居民选择“不确定”的人数为 287 人，占该组总人数的 13%；没有参加最近一次村委会选举投票的农村居民选择“不确定”的人数为 280 人，占该组总人数的 21.2%。前者选择“不同意”的人数为 141 人，占该组总人数的 6.4%；后者选择“不同意”的人数为 163 人，占该组总人数的12.4%。由此可见，有过选举参与的农村居民选择“同意”的比例更多，即认为只有思想认识统一才能维护社会政治稳定，高于没有参加最近一次村委会选举的农村居民；没有进行选举参与的农村居民选择不确定的比例较高，且选择“不同意”的比例高于有过选举参与的农村居民（见表 4-4-7）。

表 4－4－7　不同选举参与对保持稳定的条件的认识差异

			最近一次村委会选举，您参加投票了吗		总计
			参加了	没有参加	
只有思想认识统一才能维护社会政治稳定	同意	计数	1782	875	2657
		行百分比	67.1%	32.9%	100.0%
		列百分比	80.6%	66.4%	75.3%
	不确定	计数	287	280	567
		行百分比	50.6%	49.4%	100.0%
		列百分比	13.0%	21.2%	16.1%
	不同意	计数	141	163	304
		行百分比	46.4%	53.6%	100.0%
		列百分比	6.4%	12.4%	8.6%
总计		计数	2210	1318	3528
		行百分比	62.6%	37.4%	100.0%
		列百分比	100.0%	100.0%	100.0%

第五节　小结

1. 对基层官民关系的判断较为复杂且出现分化

农村居民对基层官民关系的判断较为复杂，明确认为基层官民关系好的比例为56.6%，选择很难判断的占28.7%，明确认为不好的占14.7%，可见乡镇政府的工作还有很大的提升空间。农村居民对基层官民关系的判断出现分化，29岁及以下的农村居民认为基层官民关系很好的比例显著低于年龄更大的两组。本科及以上认为基层官民关系很好的比例显著低于其他文化程度，且选择很难判断的比例显著高于其他文化程度。中共党员对基层官民关系的评价远好于普通群众和共青团员，共青团员对基层官民关系的评价显著差于中共党员和普通群众。村组干部对基层官民关系的评价远好于其他职业。参加了最近一次村委会选举投票的农村居民对基层官民关系的评价显著好于没有参加最近一次村委会选举投票的农村居民。

2. 绝大部分农村居民认为“稳定压倒一切”且存在差异

总的来看，同意“稳定压倒一切”的比例为86.2%，选择“不同意”的比例为5%，还有8.9%选择了“不确定”。这表明绝大部分农村居民认为“稳定压倒一切”，当然其中也存有一定差异。本科及以上文化程度的农村居民认为“稳定压倒一切”的比例低于其他文化程度，且文化程度越高，对“稳定压倒一切”的认知不确定性越强。村组干部认为“稳定压倒一切”的比例最高，而在校学生的比例较低且不确定性较强。中共党员认为“稳定压倒一切”的比例最高，共青团员最低，中共党员中选择“不确定”的人数最少，而共青团员最多。年龄在50岁及以上的农村居民认为“稳定压倒一切”的比例最高，而29岁及以下的农村居民最低，且年龄越大，对“稳定压倒一切”的认知越强，不确定性越小。有过选举参与的农村居民认为“稳定压倒一切”的程度高于没有进行选举参与的农村居民，且后者的认知不确定性更强，对稳定的态度较为模糊。

3. 对民主与稳定的关系认识差异受文化程度、职业、政治面貌等因素影响

文化程度越高，对“民主会让整个社会变乱套”这一说法越倾向于选择“很不同意”。职业为村组干部和农村中小学教师的村民也更倾向于“很不同意”的选择，在校学生次之，在家务农、企业工人、工商户等职业选择该选项的比例较低，且差异不显著。共产党员在民主与稳定间更倾向于认为民主重要，共青团员次之，与普通群众间的差异较为显著。参加了最近一次村委会选举投票的农村居民选择很不同意的比例高于未参加的农村居民，倾向于认为民主更重要。就不同民主价值观而言，持有协商民主观的农村居民认为民主更重要的比例最高，持有选举民主观的农村居民次之，民本民主观比例最低。可以看出，文化程度、职业、政治面貌、选举参与、民主价值观都是影响对民主与稳定的关系认识差异的重要因素。

4. 大多数农村居民认为思想认识统一是保持稳定的条件

山东省大多数农村居民认为思想认识统一是保持稳定的条件。具体来说，相比女性，男性对这一问题所持的肯定态度比例更高，且男性选择“完全同意”的比例高于女性。文化程度为本科及以上认为思想认识统一是保持稳定的条件的比例不及文化程度是小学及以下、初中以及高中或中专，且本科及以上选择“不同意”的比例最高。村组干部选择“同意”的比例最高，在校学生最低，其他职业间差异并不显著。中共党员选择“同意”的比例最高，普通群众次之，共青团员的比例最低，同时，共青团员选择“不同意”的比例高于中共党员和普通群众。年龄越大越同意思想认识统一是保持稳定的条件，29岁及以下相比其他年龄段的农村居民，选择“不确定”的比例最高，对保持稳定的条件认识较为模糊。有过选举参与的农村居民认为只有思想认识统一才能维护社会政治稳定的比例高于没有选举参与的农村居民；没有进行选举参与的农村居民对保持稳定的条件的认识较为模糊。

第五章　公平感、幸福感与发展信心

当前，我国正处于社会转型的关键时期，在取得经济成就和社会进步的同时，也带来了利益分配格局的重大变化，各种社会矛盾开始凸显，社会不稳定因素明显增多，因此社会公平问题逐渐引起了学术界和公众的关注。① 社会公平感，则体现的是个体对社会公平程度的感知和评判。 生活幸福感是对生活幸福程度的感知，幸福感会受到诸多复杂因素的影响，如性别、年龄、收入水平、教育程度、参与机会等。 农村居民对农村发展的信心是促进农村社会不断进步的动力，有助于乡村振兴的实现。 本章即从社会公平感、生活幸福感和对农村发展的信心三个方面进行阐述。

第一节　社会公平感

社会公平感从某种程度上反映了政府在促进公平正义方面的成效，体现着农村居民对政府履行职能所取得成效的认知。 为了了解农村居民的社会公平感，我们询问了村民如下问题：“您认为当今社会是否公平？” 在 3584 个有效样本中，选择“很不公平”的样本 154 个，占 4.3%；选择“不公平”的样本 647 个，占 18.1%；选择“说不清”的样本 771 个，占 21.5%；选择“比较公平”的样本 1802 个，占 50.3%；选择“非常公平”的样本 210 个，占 5.9%。 共有 56.2% 的村民选择了“比较公平”和“非常公平”，表明大部分村民认为社会是公平的（见表 5 – 1 – 1）。

① 袁浩、顾洁:《社会公平感、政治效能感与政治信任——基于 2010 年中国综合社会调查数据的分位数回归分析》，载于《甘肃行政学院学报》2015 年第 2 期。

表 5-1-1　社会公平感的描述统计

		频率	百分比	有效百分比	累积百分比
有效	很不公平	154	4.3	4.3	4.3
	不公平	647	18.0	18.1	22.3
	说不清	771	21.5	21.5	43.9
	比较公平	1802	50.2	50.3	94.1
	非常公平	210	5.8	5.9	100.0
	总计	3584	99.7	100.0	
缺失	系统	9	.3		
总计		3593	100.0		

一、不同年龄间社会公平感的差异

在3567个有效样本中，29岁及以下选择“比较公平”的样本345个，占本组总人数的42.6%；30~49岁选择“比较公平”的样本724个，占本组总人数的50.1%；50岁及以上选

表 5-1-2　不同年龄间社会公平感的差异

			年龄分段			总计
			29岁及以下	30~49岁	50岁及以上	
您认为当今社会是否公平	很不公平	计数	35	74	45	154
		行百分比	22.7%	48.1%	29.2%	100.0%
		列百分比	4.3%	5.1%	3.4%	4.3%
	不公平	计数	201	245	198	644
		行百分比	31.2%	38.0%	30.7%	100.0%
		列百分比	24.8%	16.9%	15.1%	18.1%
	说不清	计数	211	327	232	770
		行百分比	27.4%	42.5%	30.1%	100.0%
		列百分比	26.0%	22.6%	17.7%	21.6%
	比较公平	计数	345	724	721	1790
		行百分比	19.3%	40.4%	40.3%	100.0%
		列百分比	42.6%	50.1%	55.0%	50.2%
	非常公平	计数	18	76	115	209
		行百分比	8.6%	36.4%	55.0%	100.0%
		列百分比	2.2%	5.3%	8.8%	5.9%
总计		计数	810	1446	1311	3567
		行百分比	22.7%	40.5%	36.8%	100.0%
		列百分比	100.0%	100.0%	100.0%	100.0%

择“比较公平”的样本721个，占本组总人数的55.0%。29岁及以下选择“非常公平”的样本18个，占本组总人数的2.2%；30～49岁选择“非常公平”的样本76个，占本组总人数的5.3%；50岁及以上选择“非常公平”的样本115个，占本组总人数的8。8%。总的来看，年龄越大越倾向于认为社会是公平的（见表5－1－2）。

二、不同政治面貌间社会公平感的差异

在3557个有效样本中，中共党员选择“比较公平”的样本323个，占本组总人数的61.1%；普通群众选择“比较公平”的样本1241个，占本组总人数的49.2%；共青团员选择“比较公平”的样本224个，占本组总人数的44.2%。中共党员选择“非常公平”的样本56个，占本组总人数的10.6%；普通群众选择“非常公平”的样本135个，占本组总人数的5.4%；共青团员选择“非常公平”的样本17个，占本组总人数的3.4%。中共党员比普通群众和共青团员更倾向于认为社会是公平的（见表5－1－3）。

表5－1－3 不同政治面貌间社会公平感的差异

			政治面貌			总计
			中共党员	普通群众	共青团员	
您认为当今社会是否公平	很不公平	计数	14	120	20	154
		行百分比	9.1%	77.9%	13.0%	100.0%
		列百分比	2.6%	4.8%	3.9%	4.3%
	不公平	计数	71	440	131	642
		行百分比	11.1%	68.5%	20.4%	100.0%
		列百分比	13.4%	17.5%	25.8%	18.0%
	说不清	计数	65	585	115	765
		行百分比	8.5%	76.5%	15.0%	100.0%
		列百分比	12.3%	23.2%	22.7%	21.5%
	比较公平	计数	323	1241	224	1788
		行百分比	18.1%	69.4%	12.5%	100.0%
		列百分比	61.1%	49.2%	44.2%	50.3%
	非常公平	计数	56	135	17	208
		行百分比	26.9%	64.9%	8.2%	100.0%
		列百分比	10.6%	5.4%	3.4%	5.8%
总计		计数	529	2521	507	3557
		行百分比	14.9%	70.9%	14.3%	100.0%
		列百分比	100.0%	100.0%	100.0%	100.0%

三、不同职业间社会公平感的差异

在3539个有效样本中，村组干部选择“比较公平”的样本164个，占本组总人数的61.9%；农村中小学教师选择“比较公平”的样本70个，占本组总人数的61.4%。总的来看，村组干部和农村中小学教师相比其他职业对社会公平程度的评价更高（见5－1－4）。

表5－1－4　不同职业间社会公平感的差异

		您的职业							总计
		1	2	3	4	5	6	7	
很不公平	计数	77	8	3	24	8	12	20	152
	行百分比	50.7%	5.3%	2.0%	15.8%	5.3%	7.9%	13.2%	100.0%
	列百分比	4.5%	3.0%	2.6%	4.4%	3.1%	3.7%	6.2%	4.3%
不公平	计数	275	21	14	129	52	81	64	636
	行百分比	43.2%	3.3%	2.2%	20.3%	8.2%	12.7%	10.1%	100.0%
	列百分比	16.1%	7.9%	12.3%	23.6%	20.1%	25.2%	19.8%	18.0%
说不清	计数	373	29	20	128	60	70	82	762
	行百分比	49.0%	3.8%	2.6%	16.8%	7.9%	9.2%	10.8%	100.0%
	列百分比	21.8%	10.9%	17.5%	23.4%	23.2%	21.8%	25.4%	21.5%
比较公平	计数	864	164	70	255	132	151	145	1781
	行百分比	48.5%	9.2%	3.9%	14.3%	7.4%	8.5%	8.1%	100.0%
	列百分比	50.5%	61.9%	61.4%	46.7%	51.0%	47.0%	44.9%	50.3%
非常公平	计数	122	43	7	10	7	7	12	208
	行百分比	58.7%	20.7%	3.4%	4.8%	3.4%	3.4%	5.8%	100.0%
	列百分比	7.1%	16.2%	6.1%	1.8%	2.7%	2.2%	3.7%	5.9%
总计	计数	1711	265	114	546	259	321	323	3539
	行百分比	48.3%	7.5%	3.2%	15.4%	7.3%	9.1%	9.1%	100.0%
	列百分比	100.0%	100.0%	100.0%	100.0%	100.0%	100.0%	100.0%	100.0%

注：1＝在家务农，2＝村组干部，3＝农村中小学教师，4＝企业工人，5＝工商户，6＝在校学生，7＝其他

四、不同选举参与间社会公平感的差异

在3571个有效样本中，参加了最近一次村委会选举投票的农村居民选择“非常公平”的样本172个，占本组总人数的7.7%；没有参加最近一次村委会选举投票的农村居民选择

"非常公平"的样本38个，占本组总人数的2.9%。参加了最近一次村委会选举投票的农村居民选择"比较公平"的样本1220个，占本组总人数的54.4%；没有参加最近一次村委会选举投票的农村居民选择"比较公平"的样本577个，占本组总人数的43.4%。参加了最近一次村委会选举投票的农村居民对社会公平程度的评价显著高于没有参加最近一次村委会选举投票的农村居民（见表5－1－5）。

表5－1－5 不同选举参与间社会公平感的差异

			最近一次村委会选举，您参加投票了吗		总计
			参加了	没有参加	
您认为当今社会是否公平	很不公平	计数	81	73	154
		行百分比	52.6%	47.4%	100.0%
		列百分比	3.6%	5.5%	4.3%
	不公平	计数	354	286	640
		行百分比	55.3%	44.7%	100.0%
		列百分比	15.8%	21.5%	17.9%
	说不清	计数	416	354	770
		行百分比	54.0%	46.0%	100.0%
		列百分比	18.5%	26.7%	21.6%
	比较公平	计数	1220	577	1797
		行百分比	67.9%	32.1%	100.0%
		列百分比	54.4%	43.4%	50.3%
	非常公平	计数	172	38	210
		行百分比	81.9%	18.1%	100.0%
		列百分比	7.7%	2.9%	5.9%
总计		计数	2243	1328	3571
		行百分比	62.8%	37.2%	100.0%
		列百分比	100.0%	100.0%	100.0%

第二节 生活幸福感

农村居民的生活幸福感反映了村民的获得感，体现了农村居民对政治系统有效性的认知，也从某种程度上体现执政党的合法性是否牢固。为了解山东省农村居民的生活幸福感，我们询问了农村居民如下问题："总的来说，您认为您的生活是否幸福？"在3580个有效样本中，选择"很不幸福"的样本43个，占1.2%；选择"不幸福"的样本130个，占3.6%；选择"说不清"的样本388个，占10.8%；选择"幸福"的样本2406个，占67.2%；选择"非常幸福"的样本613个，占17.1%。从这一结果看，绝大部分村民认为自己的生活是幸福的（见表5-2-1）。

表5-2-1 对生活幸福感的描述统计

		频率	百分比	有效百分比	累积百分比
有效	很不幸福	43	1.2	1.2	1.2
	不幸福	130	3.6	3.6	4.8
	说不清	388	10.8	10.8	15.7
	幸福	2406	67.0	67.2	82.9
	非常幸福	613	17.1	17.1	100.0
	总计	3580	99.6	100.0	
缺失	系统	13	.4		
总计		3593	100.0		

一、不同年龄间生活幸福感的差异

对于"总的来说，您认为您的生活是否幸福？"这一问题，在3563个有效样本中，29岁及以下选择"非常幸福"的样本为103个，占本组总人数的12.7%；30~49岁选择"非常幸福"的样本为243个，占本组总人数的16.8%；50岁及以上选择"非常幸福"的样本265个，占本组总人数的20.3%。可以看出，年龄在50岁及以上的农村居民认为生活非常幸福的比例高于年龄在29岁及以下的农村居民和30~49岁的农村居民，且年龄越大越倾向于认为生活是非常幸福的，即生活幸福感更强。而不同年龄的农村居民选择"很不幸福""不幸福"和"幸福"的比例并无显著差异（见表5-2-2）。

表 5－2－2 不同年龄间生活幸福感的差异

			年龄分段			总计
			29 岁及以下	30～49 岁	50 岁及以上	
您认为您的生活是否幸福	很不幸福	计数	6	23	13	42
		行百分比	14.3%	54.8%	31.0%	100.0%
		列百分比	0.7%	1.6%	1.0%	1.2%
	不幸福	计数	35	53	42	130
		行百分比	26.9%	40.8%	32.3%	100.0%
		列百分比	4.3%	3.7%	3.2%	3.6%
	说不清	计数	124	164	99	387
		行百分比	32.0%	42.4%	25.6%	100.0%
		列百分比	15.3%	11.3%	7.6%	10.9%
	幸福	计数	542	962	889	2393
		行百分比	22.6%	40.2%	37.2%	100.0%
		列百分比	66.9%	66.6%	68.0%	67.2%
	非常幸福	计数	103	243	265	611
		行百分比	16.9%	39.8%	43.4%	100.0%
		列百分比	12.7%	16.8%	20.3%	17.1%
总计		计数	810	1445	1308	3563
		行百分比	22.7%	40.6%	36.7%	100.0%
		列百分比	100.0%	100.0%	100.0%	100.0%

二、不同政治面貌间生活幸福感的差异

不同政治面貌在对生活幸福感问题的回答上具有差异性。具体来看，政治面貌为中共党员的农村居民选择“非常幸福”的样本为112 个，占该组总人数的21.1%；普通群众选择“非常幸福”的样本为431 个，占该组总人数的17.1%；共青团员选择“非常幸福”的样本为65 个，占该组总人数的12.8%。中共党员选择“不幸福”的比例为1.3%，低于普通群众的4.0%和共青团员的4.3%。而不同政治面貌的农村居民选择“很不幸福”和“幸福”的比例并没有显著差异。由此可见，中共党员认为生活“非常幸福”的比例显著高于普通群众和共青团员，其生活幸福感更强（见表5－2－3）。

表 5－2－3　不同政治面貌间生活幸福感的差异

			政治面貌			总计
			中共党员	普通群众	共青团员	
您认为您的生活是否幸福	很不幸福	计数	7	31	5	43
		行百分比	16.3%	72.1%	11.6%	100.0%
		列百分比	1.3%	1.2%	1.0%	1.2%
	不幸福	计数	7	101	22	130
		行百分比	5.4%	77.7%	16.9%	100.0%
		列百分比	1.3%	4.0%	4.3%	3.7%
	说不清	计数	34	281	66	381
		行百分比	8.9%	73.8%	17.3%	100.0%
		列百分比	6.4%	11.2%	13.0%	10.7%
	幸福	计数	370	1673	348	2391
		行百分比	15.5%	70.0%	14.6%	100.0%
		列百分比	69.8%	66.5%	68.8%	67.3%
	非常幸福	计数	112	431	65	608
		行百分比	18.4%	70.9%	10.7%	100.0%
		列百分比	21.1%	17.1%	12.8%	17.1%
总计		计数	530	2517	506	3553
		行百分比	14.9%	70.8%	14.2%	100.0%
		列百分比	100.0%	100.0%	100.0%	100.0%

三、不同职业间生活幸福感的差异

不同职业的农村居民在对生活幸福感问题的回答上表现出了差异，具体而言，在3535个有效样本中，职业为村组干部的农村居民选择“非常幸福”的人数为78人，占该组总人数的29.5%；在家务农的农村居民选择“非常幸福”的人数为311人，占该组总人数的18.2%；农村中小学教师和工商户选择“非常幸福”的人数分别为18人和41人，占比分别为15.8%和15.9%；企业工人、在校学生和其他职业的农村居民选择“非常幸福”的人数分别为73人、41人和44人，占比分别为13.4%、12.8%和13.6%。不同职业间选择“很不幸福”的比例没有显著差异。而村组干部选择“不幸福”的比例为0.4%，显著低于在家务农、企业工人和其他职业的比例。可以看出，不同职业中生活幸福感最强的是村组干部，且显著高于其他职业（见表5－2－4）。

表 5 -2 -4 不同职业间生活幸福感的差异

		职业							总计
		1	2	3	4	5	6	7	
很不幸福	计数	20	3	2	7	5	1	5	43
	行百分比	46.5%	7.0%	4.7%	16.3%	11.6%	2.3%	11.6%	100.0%
	列百分比	1.2%	1.1%	1.8%	1.3%	1.9%	0.3%	1.5%	1.2%
不幸福	计数	75	1	2	22	4	10	15	129
	行百分比	58.1%	0.8%	1.6%	17.1%	3.1%	7.8%	11.6%	100.0%
	列百分比	4.4%	0.4%	1.8%	4.0%	1.6%	3.1%	4.6%	3.6%
说不清	计数	169	8	10	79	29	32	51	378
	行百分比	44.7%	2.1%	2.6%	20.9%	7.7%	8.5%	13.5%	100.0%
	列百分比	9.9%	3.0%	8.8%	14.5%	11.2%	10.0%	15.8%	10.7%
幸福	计数	1135	174	82	365	179	236	208	2379
	行百分比	47.7%	7.3%	3.4%	15.3%	7.5%	9.9%	8.7%	100.0%
	列百分比	66.4%	65.9%	71.9%	66.8%	69.4%	73.8%	64.4%	67.3%
非常幸福	计数	311	78	18	73	41	41	44	606
	行百分比	51.3%	12.9%	3.0%	12.0%	6.8%	6.8%	7.3%	100.0%
	列百分比	18.2%	29.5%	15.8%	13.4%	15.9%	12.8%	13.6%	17.1%
总计	计数	1710	264	114	546	258	320	323	3535
	行百分比	48.4%	7.5%	3.2%	15.4%	7.3%	9.1%	9.1%	100.0%
	列百分比	100.0%	100.0%	100.0%	100.0%	100.0%	100.0%	100.0%	100.0%

注：1 = 在家务农，2 = 村组干部，3 = 农村中小学教师，4 = 企业工人，5 = 工商户，6 = 在校学生，7 = 其他

四、不同选举参与间生活幸福感的差异

在 3567 个有效样本中，参加了最近一次村委会选举投票的农村居民选择“非常幸福”的人数为 443 人，占该组总人数的 19.8%，未参加最近一次村委会选举的农村居民选择“非常幸福”的人数为 168 人，占该组总人数的 12.7%。不同选举参与间选择“很不幸福”“不幸福”“幸福”的比例不存在显著差异。由此可见，参加了最近一次村委会选举投票农村居民的生活幸福感高于未参加最近一次村委会选举投票的农村居民（见表 5 -2 -5）。

表 5－2－5　不同选举参与间生活幸福感的差异

			是否参加选举投票		总计
			参加了	没有参加	
您认为您的生活是否幸福	很不幸福	计数	27	16	43
		行百分比	62.8%	37.2%	100.0%
		列百分比	1.2%	1.2%	1.2%
	不幸福	计数	64	65	129
		行百分比	49.6%	50.4%	100.0%
		列百分比	2.9%	4.9%	3.6%
	说不清	计数	193	194	387
		行百分比	49.9%	50.1%	100.0%
		列百分比	8.6%	14.6%	10.8%
	幸福	计数	1514	883	2397
		行百分比	63.2%	36.8%	100.0%
		列百分比	67.6%	66.6%	67.2%
	非常幸福	计数	443	168	611
		行百分比	72.5%	27.5%	100.0%
		列百分比	19.8%	12.7%	17.1%
总计		计数	2241	1326	3567
		行百分比	62.8%	37.2%	100.0%
		列百分比	100.0%	100.0%	100.0%

第三节　对农村发展的信心

农村居民对农村发展的信心从某种程度上反映着农村居民对新农村建设和乡村振兴计划的成效的评价。我们询问了村民如下问题以了解农村居民对农村发展的信心："您认为将来农村会怎样？"选项包括："会比现在更好""不会有太大变化""会更破败"和"说不准，没想过"。在3582个有效样本中，选择"会比现在更好"的样本2725个，占76.1%；选择"不会有太大变化"的样本346个，占9.7%；选择"会更破败"的样本109个，占3.0%；选择"说不准"的样本402个，占11.2%。从这一结果看，绝大部分农村居民对于农村未来的发展前景持乐观态度（见表5－3－1）。

表 5－3－1　对农村发展的信心的描述统计

		频率	百分比	有效百分比	累积百分比
有效	会比现在更好	2725	75.8	76.1	76.1
	不会有太大变化	346	9.6	9.7	85.7
	会更破败	109	3.0	3.0	88.8
	说不准，没想过	402	11.2	11.2	100.0
	总计	3582	99.7	100.0	
缺失	系统	11	.3		
总计		3593	100.0		

一、不同政治面貌间对农村发展的信心差异

在3555个有效样本中，中共党员选择“会比现在更好”的样本466个，占本组总人数的88.1%；普通群众选择“会比现在更好”的样本1838个，占本组总人数的73.0%；共青团员选择“会比现在更好”的样本398个，占本组总人数的78.5%。中共党员选择“会更破败”的样本2个，占本组总人数的0.4%。总的来看，中共党员对农村未来的发展前景认知比普通群众和共青团员更乐观（见表5－3－2）。

表 5－3－2　不同政治面貌间对农村发展的信心差异

			政治面貌			总计
			中共党员	普通群众	共青团员	
您认为将来农村会怎样	会比现在更好	计数	466	1838	398	2702
		行百分比	17.2%	68.0%	14.7%	100.0%
		列百分比	88.1%	73.0%	78.5%	76.0%
	不会有太大变化	计数	33	255	56	344
		行百分比	9.6%	74.1%	16.3%	100.0%
		列百分比	6.2%	10.1%	11.0%	9.7%
	会更破败	计数	2	87	19	108
		行百分比	1.9%	80.6%	17.6%	100.0%
		列百分比	0.4%	3.5%	3.7%	3.0%
	说不准，没想过	计数	28	339	34	401
		行百分比	7.0%	84.5%	8.5%	100.0%
		列百分比	5.3%	13.5%	6.7%	11.3%
总计		计数	529	2519	507	3555
		行百分比	14.9%	70.9%	14.3%	100.0%
		列百分比	100.0%	100.0%	100.0%	100.0%

二、不同职业间对农村发展的信心差异

在3538个有效样本中，村组干部认为“会比现在更好”的比例最高，占本组总人数的89.8%；农村中小学教师认为“会比现在更好”的比例其次，占本组总人数的为85.1%。总的来看，村组干部和农村中小学教师对农村未来的发展更有信心（见表5-3-3）。

表5-3-3　不同职业间对农村发展的信心差异

		您的职业							总计
		1	2	3	4	5	6	7	
会比现在更好	计数	1243	238	97	417	202	254	242	2693
	行百分比	46.2%	8.8%	3.6%	15.5%	7.5%	9.4%	9.0%	100.0%
	列百分比	72.6%	89.8%	85.1%	76.4%	78.0%	79.4%	74.9%	76.1%
不会有太大变化	计数	165	12	9	57	20	33	43	339
	行百分比	48.7%	3.5%	2.7%	16.8%	5.9%	9.7%	12.7%	100.0%
	列百分比	9.6%	4.5%	7.9%	10.4%	7.7%	10.3%	13.3%	9.6%
会更破败	计数	53	3	1	19	12	9	11	108
	行百分比	49.1%	2.8%	0.9%	17.6%	11.1%	8.3%	10.2%	100.0%
	列百分比	3.1%	1.1%	0.9%	3.5%	4.6%	2.8%	3.4%	3.1%
说不准，没想过	计数	250	12	7	53	25	24	27	398
	行百分比	62.8%	3.0%	1.8%	13.3%	6.3%	6.0%	6.8%	100.0%
	列百分比	14.6%	4.5%	6.1%	9.7%	9.7%	7.5%	8.4%	11.2%
总计	计数	1711	265	114	546	259	320	323	3538
	行百分比	48.4%	7.5%	3.2%	15.4%	7.3%	9.0%	9.1%	100.0%
	列百分比	100.0%	100.0%	100.0%	100.0%	100.0%	100.0%	100.0%	100.0%

注：1 = 在家务农，2 = 村组干部，3 = 农村中小学教师，4 = 企业工人，5 = 工商户，6 = 在校学生，7 = 其他

三、不同收入水平间对农村发展的信心差异

在2740个有效样本中，低收入组认为“会比现在更好”的样本1311个，占本组总人数的74.5%；中收入组认为“会比现在更好”的样本641个，占本组总人数的78.5%；高收入组认为“会比现在更好”的样本139个，占本组总人数的84.8%。总的来看，收入水平越高，对农村未来的发展越乐观（见表5-3-4）。

表 5-3-4 不同收入水平间对农村发展的信心差异

			人均收入			总计
			低	中	高	
您认为将来农村会怎样	会比现在更好	计数	1311	641	139	2091
		行百分比	62.7%	30.7%	6.6%	100.0%
		列百分比	74.5%	78.5%	84.8%	76.3%
	不会有太大变化	计数	170	82	14	266
		行百分比	63.9%	30.8%	5.3%	100.0%
		列百分比	9.7%	10.0%	8.5%	9.7%
	会更破败	计数	58	23	2	83
		行百分比	69.9%	27.7%	2.4%	100.0%
		列百分比	3.3%	2.8%	1.2%	3.0%
	说不准，没想过	计数	220	71	9	300
		行百分比	73.3%	23.7%	3.0%	100.0%
		列百分比	12.5%	8.7%	5.5%	10.9%
总计		计数	1759	817	164	2740
		行百分比	64.2%	29.8%	6.0%	100.0%
		列百分比	100.0%	100.0%	100.0%	100.0%

第四节 小结

1. 农村居民的社会公平感存在差异

总的来看，共有56.2%的农村居民选择了“比较公平”和“非常公平”，表明较多农村居民认为社会是公平的。社会公平感的差异主要表现在年龄、政治面貌、职业和选举参与几个方面。年龄越大越倾向于认为社会是公平的。中共党员比普通群众和共青团员更倾向于认为社会是公平的。村组干部和农村中小学教师相比其他职业对社会公平程度的评价更高。参加了最近一次村委会选举投票的农村居民的社会公平感显著高于没有参加最近一次村委会选举投票的农村居民。

2. 绝大多数农村居民的生活幸福感较强且出现分化

绝大部分农村居民认为自己的生活是幸福的，且出现了分化。年龄在50岁及以上的农村居民认为生活非常幸福的比例高于年龄在29岁及以下和30~49岁的农村居民，且年龄越大越倾向于认为生活是非常幸福的，即生活幸福感更强。中共党员认为生活非常幸福的比例显著高于普通群众和共青团员，其生活幸福感更强。不同职业中生活幸福感最强的是村组干部，且显著高于其他职业。参加了最近一次村委会选举投票村民的生活幸福感高于未参加最近一次村委会选举投票的农村居民。

3. 绝大部分农村居民对农村发展充满信心且存在一定差异

绝大部分农村居民对于农村未来的发展前景持乐观态度，但也存在一定程度的差异。中共党员对农村未来的发展前景认知比普通群众和共青团员更乐观。村组干部和农村中小学教师对农村未来的发展更有信心。收入水平越高，对农村未来的发展越乐观。

第六章　信仰的心理基础

目前我国农村正出现一股“宗教热”。针对农村“宗教热”的现象，国内已有诸多研究从不同层面对其兴起的缘由及机制进行了分析和解释。许多学者认为宗教在农村的兴起与我国社会转型期在经济社会结构、生活行为方式以及价值观念等方面的剧烈变化密切相关。① 从宗教供给的角度说，改革开放以来我国宗教市场管制政策放松，导致了宗教供给增加，进而导致了“宗教热”的发生。②

除了结构性的变化和政策的放开，农村居民自身的心理因素也是探讨“宗教热”兴起需要考虑的问题。本研究认为，农村居民对人是否需要宗教的认识及农村居民的报应观、来世观共同构成了农村居民信仰的心理基础，本章将从这三个方面对山东省农村居民信仰的心理基础的分化进行描述性展现。

第一节　对人是否需要宗教的认识

我们询问了“您认为人是否需要宗教信仰？”提供的五个选项为“很需要”“比较需要”“说不清”“不太需要”和“很不需要”。在3580个有效样本中，选择“很需要”的样本286个，占8.0%；选择“比较需要”的样本527个，占14.7%；二者相加，选择需要的比例为22.7%。选择“很不需要”的样本590个，占16.5%；选择了“比较需要”的样本1092个，占30.5%；二者相加，选择不需要的比例为47.9%。值得注意的是，共有1085个农村居民选择了“说不清”，占30.5%（见表6－1－1）。

① 晁国庆:《当前农村宗教盛行的原因》,载于《广西社会科学》2005年第5期。

② 郑风田、阮荣平、刘力:《风险、社会保障与农村宗教信仰》,载于《经济学》(季刊)2010年第3期。

表 6-1-1　人是否需要宗教的描述统计

		频率	百分比	有效百分比	累积百分比
有效	很需要	286	8.0	8.0	8.0
	比较需要	527	14.7	14.7	22.7
	说不清	1085	30.2	30.3	53.0
	不太需要	1092	30.4	30.5	83.5
	很不需要	590	16.4	16.5	100.0
	总计	3580	99.6	100.0	
缺失	系统	13	.4		
总计		3593	100.0		

一、不同年龄的农村居民对人是否需要宗教的认识差异

组间差异的比较中将“很需要”和“比较需要”合并为需要，将“不太需要”和“很不需要”合并为不需要，并保留“说不清”选项。在不同的年龄段对比中，29 岁及以下的农村居民选择需要的比例占该组总人数的 25.9%，高于 30～49 岁和 50 岁及以上的农村居民所对应的比例 22.6% 和 20.8%，但是不同年龄段认为人需要宗教信仰的比例不存在显著差异。50 岁以上的农村居民选择不需要的比例占该组总人数的 53.5%，显著高于 29 岁以下和 30～49 岁的农村居民所对应的比例 42.9% 和 43.6%。这一结果表明，虽然不同年龄段认为人需要宗教信仰的比例不存在显著差异，但是 50 岁及以上的农村居民明确认为人不需要宗教信仰的比例更高（见表 6-1-2）。

表 6-1-2　不同年龄的农村居民对人是否需要宗教的认识差异

			年龄分段			总计
			29 岁及以下	30～49 岁	50 岁及以上	
您认为人是否需要宗教信仰	需要	计数	210	326	272	808
		行百分比	26.0%	40.3%	33.7%	100.0%
		列百分比	25.9%	22.6%	20.8%	22.7%
	说不清	计数	254	489	335	1078
		行百分比	23.6%	45.4%	31.1%	100.0%
		列百分比	31.3%	33.8%	25.7%	30.3%
	不需要	计数	348	630	699	1677
		行百分比	20.8%	37.6%	41.7%	100.0%
		列百分比	42.9%	43.6%	53.5%	47.1%
总计		计数	812	1445	1306	3563
		行百分比	22.8%	40.6%	36.7%	100.0%
		列百分比	100.0%	100.0%	100.0%	100.0%

二、不同文化程度的农村居民对人是否需要宗教的认识差异

不同文化程度的农村居民对人是否需要宗教的认识存在显著差异，卡方检验显著性水平为0.001，斯皮尔曼相关系数为－0.111且在0.001水平上显著。不同文化程度的农村居民给出模糊判断的比例不存在趋势性的显著差异。小学及以下、初中、高中或中专选择需要的比例分别占本组总人数的20.4%、18.9%和23.3%，大专、本科及以上选择需要的比例分别占本组总人数的31.2%和34.8%。即从总体上看，以高中毕业为界，高中及以下的农村居民认为人需要宗教信仰的比例显著低于大专及以上（见表6－1－3）。

表6－1－3　不同文化程度的农村居民对人是否需要宗教的认识差异

			您的文化程度					总计
			小学及以下	初中	高中或中专	大专	本科及以上	
您认为人是否需要宗教信仰	需要	计数	135	274	190	92	120	811
		行百分比	16.6%	33.8%	23.4%	11.3%	14.8%	100.0%
		列百分比	20.4%	18.9%	23.3%	31.2%	34.8%	22.7%
	说不清	计数	192	444	249	87	111	1083
		行百分比	17.7%	41.0%	23.0%	8.0%	10.2%	100.0%
		列百分比	29.0%	30.6%	30.6%	29.5%	32.2%	30.4%
	不需要	计数	336	733	375	116	114	1674
		行百分比	20.1%	43.8%	22.4%	6.9%	6.8%	100.0%
		列百分比	50.7%	50.5%	46.1%	39.3%	33.0%	46.9%
总计		计数	663	1451	814	295	345	3568
		行百分比	18.6%	40.7%	22.8%	8.3%	9.7%	100.0%
		列百分比	100.0%	100.0%	100.0%	100.0%	100.0%	100.0%

三、不同政治面貌的农村居民对人是否需要宗教的认识差异

不同政治面貌的农村居民在对人是否宗教信仰的回答上具有显著差异。共青团员选择需要的比例占该组总人数的26.8%，显著高于中共党员的21.9%和普通群众的22.1%。共青团员和29岁以下年龄组相对较高的比例，表明年轻人认为人需要宗教信仰的比例更高，这种趋势值得引起注意。中共党员选择不需要的比例占该组总人数的52.6%，显著高于普通群众的47.1%和共青团员的41.1%（见表6－1－4）。

四、不同职业的农村居民对人是否需要宗教的认识差异

不同职业中，选择“需要”的比例最低的为村组干部，占该组总人数的16.7%；比例最高的为农村中小学教师，占该组总人数的34.5%。选择“说不清”的样本中，比例最高的为在校学生，占该组总人数的34.0%。明确认为人不需要宗教信仰的比例最高的为村组干部，占该组总人数的57.4%；比例最低的为农村中小学教师，占该组总人数的39.8%（见表6－1－5）。

表6－1－4　不同政治面貌的农村居民对人是否需要宗教的认识差异

			政治面貌			总计
			中共党员	普通群众	共青团员	
您认为人是否需要宗教信仰	需要	计数	115	556	136	807
		行百分比	14.3%	68.9%	16.9%	100.0%
		列百分比	21.9%	22.1%	26.8%	22.7%
	说不清	计数	134	778	163	1075
		行百分比	12.5%	72.4%	15.2%	100.0%
		列百分比	25.5%	30.9%	32.1%	30.3%
	不需要	计数	276	1186	209	1671
		行百分比	16.5%	71.0%	12.5%	100.0%
		列百分比	52.6%	47.1%	41.1%	47.0%
总计		计数	525	2520	508	3553
		行百分比	14.8%	70.9%	14.3%	100.0%
		列百分比	100.0%	100.0%	100.0%	100.0%

表6－1－5　不同职业的农村居民对人是否需要宗教的认识差异

		职业							总计
		1	2	3	4	5	6	7	
需要	计数	329	44	39	164	67	78	82	803
	行百分比	41.0%	5.5%	4.9%	20.4%	8.3%	9.7%	10.2%	100.0%
	列百分比	19.2%	16.7%	34.5%	29.9%	25.9%	24.3%	25.4%	22.7%
说不清	计数	541	68	29	156	71	109	98	1072
	行百分比	50.5%	6.3%	2.7%	14.6%	6.6%	10.2%	9.1%	100.0%
	列百分比	31.6%	25.9%	25.7%	28.5%	27.4%	34.0%	30.3%	30.3%

不需要	计数	840	151	45	228	121	134	143	1662
	行百分比	50.5%	9.1%	2.7%	13.7%	7.3%	8.1%	8.6%	100.0%
	列百分比	49.1%	57.4%	39.8%	41.6%	46.7%	41.7%	44.3%	47.0%
总计	计数	1710	263	113	548	259	321	323	3537
	行百分比	48.3%	7.4%	3.2%	15.5%	7.3%	9.1%	9.1%	100.0%
	列百分比	100.0%	100.0%	100.0%	100.0%	100.0%	100.0%	100.0%	100.0%

注：1 = 在家务农，2 = 村组干部，3 = 农村中小学教师，4 = 企业工人，5 = 工商户，6 = 在校学生，7 = 其他

五、不同打工频率的农村居民对人是否需要宗教的认识差异

在1411个有效样本中，基本上全年在城市打工的农村居民认为人需要宗教信仰的比例占该组总人数的28.3%，显著高于基本没外出打工的22.5%、三分之一时间的18.4%和三分之二时间的22.1%；明确认为人不需要宗教信仰的比例占该组总人数的40.5%，显著低于基本没外出打工的49.9%、三分之一时间的51.9%和三分之二时间的46.4%。总的来看，基本上全年在外打工的农村居民更倾向于认为人需要宗教信仰（见表6－1－6）。

表6－1－6 不同打工频率的农村居民对人是否需要宗教的认识差异

			去年您有多少时间在城市打工				总计
			基本没外出打工	三分之一的时间	三分之二的时间	基本上全年	
您认为人是否需要宗教信仰	需要	计数	133	29	52	121	335
		行百分比	39.7%	8.7%	15.5%	36.1%	100.0%
		列百分比	22.5%	18.4%	22.1%	28.3%	23.7%
	说不清	计数	163	47	74	133	417
		行百分比	39.1%	11.3%	17.7%	31.9%	100.0%
		列百分比	27.6%	29.7%	31.5%	31.1%	29.6%
	不需要	计数	295	82	109	173	659
		行百分比	44.8%	12.4%	16.5%	26.3%	100.0%
		列百分比	49.9%	51.9%	46.4%	40.5%	46.7%
总计		计数	591	158	235	427	1411
		行百分比	41.9%	11.2%	16.7%	30.3%	100.0%
		列百分比	100.0%	100.0%	100.0%	100.0%	100.0%

六、不同选举参与的农村居民对人是否需要宗教的认识差异

参加了最近一次村委会选举投票的农村居民选择选择“需要”的人数为477人，占该组总人数的21.3%，低于未参加最近一次村委会选举的农村居民的比例25.1%，但二者间的差别不显著。参加了最近一次村委会选举投票的农村居民选择选择“说不清”的比例占该组总人数的28.8%，低于未参加最近一次村委会选举的农村居民的比例32.7%，但二者间的差别不显著。参加了最近一次村委会选举投票的农村居民选择选择“不需要”的比例占该组总人数的49.9%，显著高于未参加最近一次村委会选举的农村居民的比例42.2%（见表6－1－7）。

表6－1－7　不同选举参与的农村居民对人是否需要宗教的认识差异

			是否参加选举投票		总计
			参加了	没有参加	
您认为人是否需要宗教信仰	需要	计数	477	333	810
		行百分比	58.9%	41.1%	100.0%
		列百分比	21.3%	25.1%	22.7%
	说不清	计数	645	434	1079
		行百分比	59.8%	40.2%	100.0%
		列百分比	28.8%	32.7%	30.2%
	不需要	计数	1117	561	1678
		行百分比	66.6%	33.4%	100.0%
		列百分比	49.9%	42.2%	47.0%
总计		计数	2239	1328	3567
		行百分比	62.8%	37.2%	100.0%
		列百分比	100.0%	100.0%	100.0%

第二节　来世观

我们询问了“您是否相信人死后会有来世？”，提供的五个选项为“非常相信”“比较相信”“说不清”“不太相信”和“完全不信”。在3581个有效样本中，选择“非常相信”的样本94个，占2.6%；选择“比较相信”的样本300个，占8.4%；二者相加，选择相信的样本占11.0%。选择模糊回答即“说不清”的样本664个，占18.5%。选择“不太相信”的样本930个，占26.0%；选择“完全不信”的样本1593个，占44.5%；二者相加，选择“不相信”的样本占70.5%。明确选择相信的比例为11%，表明大部分农村居民对来世持

不相信或者怀疑态度（见表6－2－1）。

表6－2－1 农村居民来世观的描述统计

		频率	百分比	有效百分比	累积百分比
有效	非常相信	94	2.6	2.6	2.6
	比较相信	300	8.3	8.4	11.0
	说不清	664	18.5	18.5	29.5
	不太相信	930	25.9	26.0	55.5
	完全不信	1593	44.3	44.5	100.0
	总计	3581	99.7	100.0	
缺失	系统	12	.3		
总计		3593	100.0		

一、不同性别的农村居民来世观的差异

在进行组间差异比较时，将“非常相信”和“比较相信”合并为相信，将“不太相信”和“完全不信”合并为不相信，将模糊项“说不清”设为缺失值。不同性别的农村居民相信来世的比例存在显著差异，卡方检验的显著水平为0.001，列联系数为0.100且在0.001水平上显著。在2980个有效样本中，选择相信来世的男性163人，占男性人数的10.4%；选择相信来世的女性231个，占女性人数的17.3%；女性相信人死后有来世的比例显著高于男性（见表6－2－2）。

表6－2－2 不同性别的农村居民来世观的差异

			性别		总计
			男	女	
相信人死后有来世	相信	计数	163	231	394
		行百分比	41.4%	58.6%	100.0%
		列百分比	10.4%	17.3%	13.5%
	不相信	计数	1409	1105	2514
		行百分比	56.0%	44.0%	100.0%
		列百分比	89.6%	82.7%	86.5%
总计		计数	1572	1336	2908
		行百分比	54.1%	45.9%	100.0%
		列百分比	100.0%	100.0%	100.0%

二、不同文化程度的农村居民来世观的差异

在2906个有效样本中，小学及以下文化程度的农村居民选择相信来世的比例最高，占该组总人数的20.9%；其次为大专文化程度的农村居民，占该组总人数的17.0%；初中文化程度的农村居民选择相信来世的比例最低，占该组总人数的10.5%；次低的为高中或中专文化程度的农村居民，占该组总人数的11.0%。小学及以下文化程度的农村居民相信来世的比例显著高于初高中文化程度的农村居民（见表6-2-3）。

表6-2-3　不同文化程度的农村居民来世观的差异

			您的文化程度					总计
			小学及以下	初中	高中或中专	大专	本科及以上	
相信人死后有来世	相信	计数	112	124	75	40	38	389
		行百分比	28.8%	31.9%	19.3%	10.3%	9.8%	100.0%
		列百分比	20.9%	10.5%	11.0%	17.0%	13.9%	13.4%
	不相信	计数	424	1059	604	195	235	2517
		行百分比	16.8%	42.1%	24.0%	7.7%	9.3%	100.0%
		列百分比	79.1%	89.5%	89.0%	83.0%	86.1%	86.6%
总计		计数	536	1183	679	235	273	2906
		行百分比	18.4%	40.7%	23.4%	8.1%	9.4%	100.0%
		列百分比	100.0%	100.0%	100.0%	100.0%	100.0%	100.0%

三、不同政治面貌的农村居民来世观的差异

在2899个有效样本中，中共党员选择相信来世的样本数为32个，占该组总人数的7.0%；普通群众选择相信来世的样本数为306个，占该组总人数的15.0%；共青团员选择相信来世的样本数为51个，占该组总人数的12.8%。中共党员选择相信来世的比例显著低于普通群众（见表6-2-4）。

表6-2-4　不同政治面貌的农村居民来世观的差异

			政治面貌			总计
			中共党员	普通群众	共青团员	
相信人死后有来世	相信	计数	32	306	51	389
		行百分比	8.2%	78.7%	13.1%	100.0%
		列百分比	7.0%	15.0%	12.8%	13.4%
	不相信	计数	425	1739	346	2510
		行百分比	16.9%	69.3%	13.8%	100.0%
		列百分比	93.0%	85.0%	87.2%	86.6%
总计		计数	457	2045	397	2899
		行百分比	15.8%	70.5%	13.7%	100.0%
		列百分比	100.0%	100.0%	100.0%	100.0%

四、不同职业的农村居民来世观的差异

在2880个有效样本中，在家务农的农村居民选择相信来世的人数为198人，占该组总人数的14.2%；村组干部选择相信来世的人数为10人，占该组总人数的4.4%；农村中小学教师选择相信来世的人数为12人，占该组总人数的12.4%；企业工人选择相信来世的人数为69人，占该组总人数的15.8%；工商户选择相信来世的人数为29人，占该组总人数的13.8%；在校学生选择相信来世的人数为32人，占该组总人数的12.5%；其他选择相信来世的比例为39人，占该组总人数的15.4%。村组干部选择相信来世的比例显著低于其他所有职业的农村居民（见表6-2-5）。

表6-2-5 不同职业的农村居民来世观的差异

		职业							总计
		1	2	3	4	5	6	7	
相信	计数	198	10	12	69	29	32	39	389
	行百分比	50.9%	2.6%	3.1%	17.7%	7.5%	8.2%	10.0%	100.0%
	列百分比	14.2%	4.4%	12.4%	15.8%	13.8%	12.5%	15.4%	13.5%
不相信	计数	1201	219	85	367	181	224	214	2491
	行百分比	48.2%	8.8%	3.4%	14.7%	7.3%	9.0%	8.6%	100.0%
	列百分比	85.8%	95.6%	87.6%	84.2%	86.2%	87.5%	84.6%	86.5%
总计	计数	1399	229	97	436	210	256	253	2880
	行百分比	48.6%	8.0%	3.4%	15.1%	7.3%	8.9%	8.8%	100.0%
	列百分比	100.0%	100.0%	100.0%	100.0%	100.0%	100.0%	100.0%	100.0%

注：1=在家务农，2=村组干部，3=农村中小学教师，4=企业工人，5=工商户，6=在校学生，7=其他

五、不同央视新闻收看频率的农村居民来世观的差异

收看中央电视台新闻栏目不同频率的农村居民选择人死后有来世的比例存在差异。在2903个有效样本中，从不收看中央台新闻节目的农村居民选择相信的人数为27人，占该组总人数的25.5%；很少收看中央台新闻节目的农村居民选择相信的人数为68人，占该组总人数的17.1%；有时观看中央台新闻节目的农村居民选择相信的人数为112人，占该组总人数的16.4%；经常观看中央台新闻节目的农村居民选择相信的人数为143人，占该组总人数的11.0%；总是观看中央台新闻节目的农村居民选择相信的人数为42人，占该组总人数的10.0%。总的来看，收看中央台新闻节目的频率越高，相信来世的比例越低（见表6-2-6）。

表 6－2－6　不同央视新闻收看频率的农村居民来世观的差异

			收看中央台新闻节目					总计
			从不	很少	有时	经常	总是	
相信人死后有来世	相信	计数	27	68	112	143	42	392
		行百分比	6.9%	17.3%	28.6%	36.5%	10.7%	100.0%
		列百分比	25.5%	17.1%	16.4%	11.0%	10.0%	13.5%
	不相信	计数	79	329	572	1155	376	2511
		行百分比	3.1%	13.1%	22.8%	46.0%	15.0%	100.0%
		列百分比	74.5%	82.9%	83.6%	89.0%	90.0%	86.5%
总计		计数	106	397	684	1298	418	2903
		行百分比	3.7%	13.7%	23.6%	44.7%	14.4%	100.0%
		列百分比	100.0%	100.0%	100.0%	100.0%	100.0%	100.0%

六、不同稳定偏好的农村居民来世观的差异

对“在所有事情中社会稳定才是最重要的”有不同回答的农村居民，在相信来世的比例上存在显著差异，即具有不同稳定偏好的农村居民选择相信来世的比例存在显著差异。卡方检验显著性水平为0.001，列联系数为0.099且在0.001水平上显著。在2875个有效样本中，同意稳定最重要的农村居民选择相信来世的样本数为303个，占该组总人数的12.1%；不同意稳定最重要的农村居民选择相信来世的人数为33人，占该组总人数的22.8%。表明具有稳定偏好的人更倾向于相信人死后没有来世（见表6－2－7）。

表 6－2－7　不同稳定偏好的农村居民来世观的差异

			稳定最重要			总计
			同意	不确定	不同意	
相信人死后有来世	相信	计数	303	51	33	387
		行百分比	78.3%	13.2%	8.5%	100.0%
		列百分比	12.1%	21.8%	22.8%	13.5%
	不相信	计数	2193	183	112	2488
		行百分比	88.1%	7.4%	4.5%	100.0%
		列百分比	87.9%	78.2%	77.2%	86.5%
总计		计数	2496	234	145	2875
		行百分比	86.8%	8.1%	5.0%	100.0%
		列百分比	100.0%	100.0%	100.0%	100.0%

第三节 报应观

我们询问“您相信做善事会有善报、作恶会有恶报吗？”提供的五个选项为“非常相信”“比较相信”“说不清”“不太相信”“完全不信”。在3584个有效样本中，选择“非常相信”的样本1215个，占33.9%；选择“比较相信”的样本1360个，占37.9%；二者相加，选择相信的比例占71.8%。选择模糊选项即“说不清”的样本451个，占12.6%。选择“不太相信”的样本345个，占9.6%；选择“完全不信”的样本21.3%，占5.9%；二者相加，选择不信的比例为15.5%。（见表6－3－1）。

表6－3－1 农村居民报应观的描述统计

		频率	百分比	有效百分比	累积百分比
有效	非常相信	1215	33.8	33.9	33.9
	比较相信	1360	37.9	37.9	71.8
	说不清	451	12.6	12.6	84.4
	不太相信	345	9.6	9.6	94.1
	完全不信	213	5.9	5.9	100.0
	总计	3584	99.7	100.0	
缺失	系统	9	.3		
总计		3593	100.0		

一、不同性别的农村居民报应观的差异

不同性别的农村居民的报应观具有显著的差异，卡方检验的显著性水平为0.001，列联系数为0.112且在0.001水平上显著。在3575个有效样本中，男性选择非常相信的人数为607人，占男性人数的31.7%；女性选择非常相信的人数为605人，占女性总人数的36.4%；男性选择比较相信的人数为686人，占男性总人数的35.9%；女性选择比较相信的人数为670，占女性总人数的40.3%。总的来看，女性选择相信的比例显著高于男性，即女性更倾向于相信善有善报、恶有恶报（见表6－3－2）。

表 6-3-2　不同性别的农村居民报应观的差异

			性别		总计
			男	女	
是否相信善有善报恶有恶报	非常相信	计数	607	605	1212
		行百分比	50.1%	49.9%	100.0%
		列百分比	31.7%	36.4%	33.9%
	比较相信	计数	686	670	1356
		行百分比	50.6%	49.4%	100.0%
		列百分比	35.9%	40.3%	37.9%
	说不清	计数	264	187	451
		行百分比	58.5%	41.5%	100.0%
		列百分比	13.8%	11.2%	12.6%
	不太相信	计数	204	139	343
		行百分比	59.5%	40.5%	100.0%
		列百分比	10.7%	8.4%	9.6%
	完全不信	计数	151	62	213
		行百分比	70.9%	29.1%	100.0%
		列百分比	7.9%	3.7%	6.0%
总计		计数	1912	1663	3575
		行百分比	53.5%	46.5%	100.0%
		列百分比	100.0%	100.0%	100.0%

二、不同年龄的农村居民报应观的差异

不同年龄段的农村居民在报应观上存在显著差异，卡方检验显著性水平为 0.001，列联系数为 0.176、斯皮尔曼相关系数为 -0.110 且均在 0.001 水平上显著。在 3567 个有效样本中，29 岁及以下的农村居民选择“非常相信”的人数为 193 人，占该组总人数的 23.8%；30～49 岁的农村居民选择“非常相信”的人数为 463 人，占该组总人数的 32.1%；50 岁及以上的农村居民选择“非常相信”的人数为 553 人，占该组总人数的 42.1%。29 岁及以下的农村居民选择“比较相信”的人数为 375 人，占该组总人数的 46.3%；30～49 岁的农村居民选择“比较相信”的人数为 540 人，占该组总人数的 37.4%；50 岁及以上的农村居民选择“比较相信”的人数为 439 人，占该组总人数的 33.4%。总的来看，虽然不同年龄段选择“相信”的比例不存在显著差异，但是选择“非常相信”的比例随着年龄增长而递增，选择“比

较相信”的比例随着年龄的增长而递减。这表明是否相信报应的比例不会随着年龄的增加而发生显著变化，但是相信的强度会随着年龄的增加而显著增强（见表6-3-3）。

表6-3-3 不同年龄的农村居民报应观的差异

			年龄分段			总计
			29岁及以下	30~49岁	50岁及以上	
是否相信善有善报恶有恶报	非常相信	计数	193	463	553	1209
		列百分比	16.0%	38.3%	45.7%	100.0%
		列百分比	23.8%	32.1%	42.1%	33.9%
	比较相信	计数	375	540	439	1354
		列百分比	27.7%	39.9%	32.4%	100.0%
		列百分比	46.3%	37.4%	33.4%	38.0%
	说不清	计数	137	185	127	449
		列百分比	30.5%	41.2%	28.3%	100.0%
		列百分比	16.9%	12.8%	9.7%	12.6%
	不太相信	计数	81	149	113	343
		列百分比	23.6%	43.4%	32.9%	100.0%
		列百分比	10.0%	10.3%	8.6%	9.6%
	完全不信	计数	24	106	82	212
		列百分比	11.3%	50.0%	38.7%	100.0%
		列百分比	3.0%	7.3%	6.2%	5.9%
总计		计数	810	1443	1314	3567
		列百分比	22.7%	40.5%	36.8%	100.0%
		列百分比	100.0%	100.0%	100.0%	100.0%

三、不同文化程度的农村居民报应观的差异

在3571个有效样本中，小学及以下文化程度的农村居民选择“非常相信”的人数为279人，占该组总人数的42.0%，显著高于其他组的比例；本科及以上农村居民选择“非常相信”的人数为77人，占该组总人数的22.4%，显著低于其他组的比例。总的来看，选择“非常相信”的比例随着文化程度的升高而下降，选择“比较相信”的比例随着文化程度的升高而降低，不同文化程度选择相信的总比例不存在显著差异。这表明是否相信善有善报、恶有恶报不会随着文化程度的增长而发生显著变化，但是相信的强度会随着文化程度的增长而显著减弱（见表6-3-4）。

表6-3-4　不同文化程度的农村居民报应观的差异

			文化程度					总计
			小学及以下	初中	高中或中专	大专	本科及以上	
是否相信善有善报恶有恶报	非常相信	计数	279	503	266	87	77	1212
		行百分比	23.0%	41.5%	21.9%	7.2%	6.4%	100.0%
		列百分比	42.0%	34.6%	32.6%	29.5%	22.4%	33.9%
	比较相信	计数	218	510	323	135	166	1352
		行百分比	16.1%	37.7%	23.9%	10.0%	12.3%	100.0%
		列百分比	32.8%	35.1%	39.6%	45.8%	48.3%	37.9%
	说不清	计数	82	174	93	36	65	450
		行百分比	18.2%	38.7%	20.7%	8.0%	14.4%	100.0%
		列百分比	12.3%	12.0%	11.4%	12.2%	18.9%	12.6%
	不太相信	计数	45	166	76	30	27	344
		行百分比	13.1%	48.3%	22.1%	8.7%	7.8%	100.0%
		列百分比	6.8%	11.4%	9.3%	10.2%	7.8%	9.6%
	完全不信	计数	40	100	57	7	9	213
		行百分比	18.8%	46.9%	26.8%	3.3%	4.2%	100.0%
		列百分比	6.0%	6.9%	7.0%	2.4%	2.6%	6.0%
总计		计数	664	1453	815	295	344	3571
		行百分比	18.6%	40.7%	22.8%	8.3%	9.6%	100.0%
		列百分比	100.0%	100.0%	100.0%	100.0%	100.0%	100.0%

四、不同政治面貌的农村居民报应观的差异

不同政治面貌的农村居民在报应观上存在显著差异，卡方检验显著性水平为0.001，列联系数为0.119且在0.001水平上显著。在3557个有效样本中，共青团员选择非常相信的人数为119人，占该组总人数的23.6%，显著低于中共党员的比例36.9%和普通群众的比例35.4%。共青团员选择比较相信的人数为251人，占该组总人数的49.7%，显著高于中共党员的比例33.8%和普通群众的比例35.4%。总的来看，不同政治面貌选择相信的比例不存在显著差异，共青团员相信的强度低于中共党员和普通群众（见表6-3-5）。

表6－3－5 不同政治面貌的农村居民报应观的差异

			政治面貌			总计
			中共党员	普通群众	共青团员	
是否相信善有善报恶有恶报	非常相信	计数	195	893	119	1207
		行百分比	16.2%	74.0%	9.9%	100.0%
		列百分比	36.9%	35.4%	23.6%	33.9%
	比较相信	计数	179	917	251	1347
		行百分比	13.3%	68.1%	18.6%	100.0%
		列百分比	33.8%	36.3%	49.7%	37.9%
	说不清	计数	61	313	72	446
		行百分比	13.7%	70.2%	16.1%	100.0%
		列百分比	11.5%	12.4%	14.3%	12.5%
	不太相信	计数	54	245	45	344
		行百分比	15.7%	71.2%	13.1%	100.0%
		列百分比	10.2%	9.7%	8.9%	9.7%
	完全不信	计数	40	155	18	213
		行百分比	18.8%	72.8%	8.5%	100.0%
		列百分比	7.6%	6.1%	3.6%	6.0%
总计		计数	529	2523	505	3557
		行百分比	14.9%	70.9%	14.2%	100.0%
		列百分比	100.0%	100.0%	100.0%	100.0%

五、不同职业的农村居民报应观的差异

在3539个有效样本中，在校学生选择“非常相信”的人数为53人，占该组总人数的16.6%，显著低于其他职业的对应百分比；在校学生选择“比较相信”的人数为172人，占该组总人数的53.9%，显著高于其他职业的对应百分比。总的来看，不同职业选择相信的比例不存在显著性差异，但是在校学生相信的强度弱于其他职业（见表6－3－6）。

表 6－3－6　不同职业的农村居民报应观的差异

		您的职业							总计
		1	2	3	4	5	6	7	
非常相信	计数	640	108	41	151	101	53	107	1201
	行百分比	53.3%	9.0%	3.4%	12.6%	8.4%	4.4%	8.9%	100.0%
	列百分比	37.3%	40.9%	36.0%	27.6%	39.3%	16.6%	33.1%	33.9%
比较相信	计数	604	80	48	237	94	172	111	1346
	行百分比	44.9%	5.9%	3.6%	17.6%	7.0%	12.8%	8.2%	100.0%
	列百分比	35.2%	30.3%	42.1%	43.2%	36.6%	53.9%	34.4%	38.0%
说不清	计数	201	23	9	72	27	60	49	441
	行百分比	45.6%	5.2%	2.0%	16.3%	6.1%	13.6%	11.1%	100.0%
	列百分比	11.7%	8.7%	7.9%	13.1%	10.5%	18.8%	15.2%	12.5%
不太相信	计数	157	32	14	55	21	25	38	342
	行百分比	45.9%	9.4%	4.1%	16.1%	6.1%	7.3%	11.1%	100.0%
	列百分比	9.2%	12.1%	12.3%	10.0%	8.2%	7.8%	11.8%	9.7%
完全不信	计数	112	21	2	33	14	9	18	209
	行百分比	53.6%	10.0%	1.0%	15.8%	6.7%	4.3%	8.6%	100.0%
	列百分比	6.5%	8.0%	1.8%	6.0%	5.4%	2.8%	5.6%	5.9%
总计	计数	1714	264	114	548	257	319	323	3539
	行百分比	48.4%	7.5%	3.2%	15.5%	7.3%	9.0%	9.1%	100.0%
	列百分比	100.0%	100.0%	100.0%	100.0%	100.0%	100.0%	100.0%	100.0%

注：1＝在家务农，2＝村组干部，3＝农村中小学教师，4＝企业工人，5＝工商户，6＝在校学生，7＝其他

六、不同收入水平间农村居民报应观的差异

在2740个有效样本中，高收入组选择“非常相信”的人数为70人，占该组总人数的42.4%，显著高于低收入组的35.2%和中收入组的32.7%。高收入组选择“比较相信”的人数为50人，占该组总人数的30.3%，显著低于低收入组的37.8%和中收入组的41.2%。总的来看，不同收入水平的农村居民相信善有善报、恶有恶报的比例不存在显著差异，但是高收入组相信的强度强于低收入组和中收入组（见表6－3－7）。

表6－3－7 不同收入水平的农村居民报应观的差异

			人均收入			总计
			低	中	高	
是否相信善有善报恶有恶报	非常相信	计数	619	266	70	955
		行百分比	64.8%	27.9%	7.3%	100.0%
		列百分比	35.2%	32.7%	42.4%	34.9%
	比较相信	计数	666	335	50	1051
		行百分比	63.4%	31.9%	4.8%	100.0%
		列百分比	37.8%	41.2%	30.3%	38.4%
	说不清	计数	214	90	16	320
		行百分比	66.9%	28.1%	5.0%	100.0%
		列百分比	12.2%	11.1%	9.7%	11.7%
	不太相信	计数	157	81	19	257
		行百分比	61.1%	31.5%	7.4%	100.0%
		列百分比	8.9%	10.0%	11.5%	9.4%
	完全不信	计数	105	42	10	157
		行百分比	66.9%	26.8%	6.4%	100.0%
		列百分比	6.0%	5.2%	6.1%	5.7%
总计		计数	1761	814	165	2740
		行百分比	64.3%	29.7%	6.0%	100.0%
		列百分比	100.0%	100.0%	100.0%	100.0%

七、不同选举参与的农村居民报应观的差异

在3571个有效样本中，参加了最近一次村委会选举投票的农村居民选择“非常相信”的人数为829人，占该组总人数的36.9%，显著高于未参加最近一次村委会选举投票的农村居民对应的比例28.9%（见表6－3－8）。

表 6－3－8　不同选举参与的农村居民报应观的差异

			是否参与选举投票		总计
			参加了	没有参加	
是否相信善有善报恶有恶报	非常相信	计数	829	383	1212
		行百分比	68.4%	31.6%	100.0%
		列百分比	36.9%	28.9%	33.9%
	比较相信	计数	809	542	1351
		行百分比	59.9%	40.1%	100.0%
		列百分比	36.1%	40.8%	37.8%
	说不清	计数	257	193	450
		行百分比	57.1%	42.9%	100.0%
		列百分比	11.5%	14.5%	12.6%
	不太相信	计数	212	133	345
		行百分比	61.4%	38.6%	100.0%
		列百分比	9.4%	10.0%	9.7%
	完全不信	计数	137	76	213
		行百分比	64.3%	35.7%	100.0%
		列百分比	6.1%	5.7%	6.0%
总计		计数	2244	1327	3571
		行百分比	62.8%	37.2%	100.0%
		列百分比	100.0%	100.0%	100.0%

第四节　小结

1. 认为人需要信仰的比例不高，但是年轻人比例更高

山东省农村居民认为人需要宗教的比例仅为两成左右，其中不信教农村居民认为人需要宗教的比例为 18.68%。值得注意的是，年轻人认为人需要宗教的比例高于年纪更大的人，虽然差异不显著。这一结果意味着当前中国农村的“宗教热”现象依然可能持续。另一方面，接受过大学教育的农村居民认为人需要宗教的比例显著高于高中及以下。

2. 山东省农村居民的来世观存在差异

山东省农村居民相信来世的比例不高，但是存在显著的性别差异。女性相信来世的比

例显著高于男性，这表明女性仍然可能是新发展的信教群众的主力。小学以下文化程度的农村居民选择相信来世的比例更高。党员和村组干部在该问题的回答上体现出了党的无神论教育的成效，党员和村组干部相信来世的比例都比较低。收看各级电视节目新闻频率越高的农村居民都越倾向于不相信来世，其中收看中央电视台的不同频率间的差异尤为明显。

3. 不同群体相信报应的比例比较接近，但是强度有差异

山东省农村居民认同“善有善报、恶有恶报”的比例为七成左右，这一比例在不同性别、年龄、文化程度、政治面貌、职业、收入水平、打工频率和选择参与的农村居民中都得到了保持，即以这八个变量分组，每个组选择非常相信和比较相信的比例之和都在七成左右。但是不同组之间存在强度上的差异，即选择非常相信的比例存在显著不同。

第七章　信仰结构

信仰的结构由两个部分构成，一是宗教信仰，二是非宗教信仰。当代中国的宗教信仰，主要指中国官方认定的五大宗教，即佛教、道教、基督教、天主教和伊斯兰教。此外中国社会中还存在着一类定位较为模糊的信仰，即民间信仰。中国社会的民间信仰，在不同的学者划分中被归到了不同的类型中。某些研究者认为民间信仰属于宗教，即民间宗教；另一些研究者认为其不具有严格意义上的宗教要素，因而不能算作宗教。可以说，民间信仰是具有准宗教性质的信仰形式。

本章对于信仰结构的叙述由准宗教性质的祖先崇拜和神灵崇拜起始，重点叙述中国农村中的正式宗教，即制度化宗教的信仰比例、宗教信仰的主客观虔诚度，最后以农村居民的信教倾向作为结尾。从民间信仰、制度化宗教和信教倾向三个方面展现山东省农村居民的信仰结构。

第一节　祖先崇拜

从技术上讲，祖先崇拜由两部分组成，即人死后随即进行的埋葬仪式和使生者与死者之间保持长久关系的供奉仪式。① 供奉仪式集中表现在生者的祭祖仪式，在这一仪式中，烧纸钱是其中必不可少的一道程序。村民在一年中烧纸钱的频率、选定的日子和出于特殊目的而烧纸钱请求祖先保佑，这三个部分从侧面展现了村民祖先崇拜的基本面貌。

在3568个有效个案中，“清明节上坟烧”的农村居民3026人，占样本总数的84.8%；

① 杨庆堃著，范丽珠译：《中国社会中的宗教——宗教的现代社会功能与其历史因素之研究》，上海人民出版社2007年版，第25页。

“过年时烧”的农村居民2760人，占样本总数的77.4%；“家里人生病请求祖先保佑时烧”的农村居民295个，占样本总数的8.3%；“从来不烧”的农村居民253人，占样本总数的7.1%。由此可见，农村居民“从来不烧”纸钱的比例不高，出于工具性需求而给去世的祖先烧纸钱的比例也不高。绝大部分农村居民烧纸钱是由于节日的传统民俗规范的要求（见表7-1-1）。

表7-1-1 农村居民给祖先烧纸钱的描述统计

	响应		个案百分比
	N	百分比	
清明节上坟烧	3026	47.8%	84.8%
过年时烧	2760	43.6%	77.4%
家里人生病请求祖先保佑时烧	295	4.7%	8.3%
从来不烧	253	4.0%	7.1%
总计	6334	100.0%	177.5%

一、不同性别的农村居民给祖先烧纸钱的差异

在3559个有效样本中，男性选择“清明节上坟烧”的样本1678个，占男性总人数的88.1%，高于女性对应的比例81.0%；男性选择“过年时烧”的样本1534个，占男性总人数的80.6%，高于女性对应的比例73.3%。男性选择“家里人生病请求祖先保佑时烧”的样本119个，占男性总人数的6.3%，低于女性对应的比例10.6%；男性选择“从来不烧”的样本78个，占男性总人数的4.1%，低于女性对应的比例10.6%。总的来看，男性出于传统习俗规范的要求而给祖先烧纸钱的比例高于女性，而女性出于工具性目的而给祖先烧纸钱的比例高于男性，女性从来不烧纸钱的比例显著高于男性（见表7-1-2）。

表7-1-2 不同性别的农村居民给祖先烧纸钱的差异

		性别		总计
		男	女	
清明节上坟烧	计数	1678	1340	3018
	列百分比	88.1%	81.0%	
过年时烧	计数	1534	1219	2753
	列百分比	80.6%	73.7%	
家里人生病请求祖先保佑时烧	计数	119	176	295
	列百分比	6.3%	10.6%	

从来不烧	计数	78	175	253
	列百分比	4.1%	10.6%	
总计	计数	1904	1655	3559

二、不同年龄的农村居民给祖先烧纸钱的差异

在3551个有效样本中，29岁及以下的农村居民选择“清明节上坟烧”的样本582个，占本组总人数的72.1%；30～49岁的农村居民选择“清明节上坟烧”的样本1239个，占本组总人数的86.1%；50岁及以上的农村居民选择“清明节上坟烧”的样本1189个，占本组总人数的91.1%。29岁及以下的农村居民选择“过年时烧”的样本564个，占本组总人数的69.9%；30～49岁的农村居民选择“过年时烧”的样本1113个，占本组总人数的77.3%；50岁及以上的农村居民选择“过年时烧”的样本1068个，占本组总人数的81.8%。总的来看，年龄越高，因传统习俗规范的要求而给祖先烧纸钱的比例越高。

29岁及以下的农村居民选择“从来不烧”的样本97个，占本组总人数的12.0%，显著高于年龄更高的两组所对应的比例。这一结果可能是由于年轻人的思想和教育因素的影响，也可能是受城市化所带来的传统习俗的湮灭的影响。（见表7－1－3）

表7－1－3　不同年龄的农村居民给祖先烧纸钱的差异

		年龄分段			总计
		29岁及以下	30～49岁	50岁及以上	
清明节上坟烧	计数	582	1239	1189	3010
	列百分比	72.1%	86.1%	91.1%	
过年时烧	计数	564	1113	1068	2745
	列百分比	69.9%	77.3%	81.8%	
家里人生病请求祖先保佑时烧	计数	48	119	127	294
	列百分比	5.9%	8.3%	9.7%	
从来不烧	计数	97	85	71	253
	列百分比	12.0%	5.9%	5.4%	
总计	计数	807	1439	1305	3551

三、不同文化程度的农村居民给祖先烧纸钱的差异

在3555个有效样本中，小学及以下文化程度的农村居民选择“清明节上坟烧”的样本581个，占本组总人数的88.3%；初中文化程度的农村居民选择“清明节上坟烧”的样本1292个，占本组总人数的89.2%；高中或中专文化程度的农村居民选择“清明节上坟烧”的样本679个，占本组总人数的83.5%；大专文化程度的农村居民选择“清明节上坟烧”的样本222个，占本组总人数的75.0%；本科及以上文化程度的农村居民选择“清明节上坟烧”的样本240个，占本组总人数的70.6%。总的来看，受过高等教育的农村居民在清明节上坟烧纸钱的比例显著低于没有受过高等教育的农村居民。

小学及以下文化程度的农村居民选择“过年时烧”的样本548个，占本组总人数的83.3%；初中文化程度的农村居民选择“过年时烧”的样本1127个，占本组总人数的77.8%；高中或中专文化程度的农村居民选择“过年时烧”的样本612个，占本组总人数的75.3%；大专文化程度的农村居民选择“过年时烧”的样本222个，占本组总人数的75.0%；本科及以上文化程度的农村居民选择“过年时烧”的样本239个，占本组总人数的70.3%。总的来看，文化程度越高的农村居民越倾向于不在过年时给祖先烧纸钱。

小学及以下文化程度的农村居民选择“家里人生病请求祖先保佑时烧”的样本96个，占本组总人数的14.6%，显著高于文化程度更高的其他农村居民的对应比例。表明小学及以下文化程度的农村居民更倾向于出于工具性的目的而给祖先烧纸钱。

不同文化程度的农村居民从来不烧纸钱的比例不存在显著性差异，但是受过高等教育的农村居民从来不烧纸钱的比例略高于未受过高等教育的农村居民。（见表7-1-4）

表7-1-4 不同文化程度的农村居民给祖先烧纸钱的差异

		文化程度					总计
		小学及以下	初中	高中或中专	大专	本科及以上	
清明节上坟烧	计数	581	1292	679	222	240	3014
	列百分比	88.3%	89.2%	83.5%	75.0%	70.6%	
过年时烧	计数	548	1127	612	222	239	2748
	列百分比	83.3%	77.8%	75.3%	75.0%	70.3%	
家里人生病请求祖先保佑时烧	计数	96	105	59	17	17	294
	列百分比	14.6%	7.3%	7.3%	5.7%	5.0%	
从来不烧	计数	45	76	60	32	39	252
	列百分比	6.8%	5.2%	7.4%	10.8%	11.5%	
总计	计数	658	1448	813	296	340	3555

四、不同政治面貌的农村居民给祖先烧纸钱的差异

在3541个有效样本中，中共党员选择“清明节上坟烧”的样本453个，占本组总人数的86.0%；普通群众选择“清明节上坟烧”的样本2181个，占本组总人数的86.9%；共青团员选择“清明节上坟烧”的样本369个，占本组总人数的73.1%。中共党员和普通群众“清明节上坟烧”纸钱的比例不存在显著差异，表明党员身份对于传统习俗规范的冲击较小。共青团员选择“清明节上坟烧”的比例较低的原因可能是在城市学习工作的年轻人更不愿意在清明节回到农村。共青团员选择“从来不烧”的比例为11.9%，显著高于中共党员和普通群众，其原因同上（见表7－1－5）。

表7－1－5 不同政治面貌的农村居民给祖先烧纸钱的差异

		政治面貌			总计
		中共党员	普通群众	共青团员	
清明节上坟烧	计数	453	2181	369	3003
	列百分比	86.0%	86.9%	73.1%	
过年时烧	计数	405	1969	366	2740
	列百分比	76.9%	78.5%	72.5%	
家里人生病请求祖先保佑时烧	计数	26	238	30	294
	列百分比	4.9%	9.5%	5.9%	
从来不烧	计数	33	160	60	253
	列百分比	6.3%	6.4%	11.9%	
总计	计数	527	2509	505	3541

五、不同职业的农村居民给祖先烧纸钱的差异

在校学生选择“清明节上坟烧”的样本212个，占本组总人数的66.7%，显著低于其他职业的对应比例。选择“清明节上坟时烧”的比例最高的职业为村组干部，但是除在校学生外其他职业选择“清明节上坟烧”的比例不存在显著差异。不同职业选择“过年时烧”和“家人生病请求祖先保佑时烧”的比例均不存在显著差异。在校学生选择“从来不烧”的比例为13.5%，高于其他职业的农村居民（见表7－1－6）。

表 7-1-6 不同职业的农村居民给祖先烧纸钱的差异

		您的职业							总计
		1	2	3	4	5	6	7	
清明节上坟烧	计数	1523	237	93	442	226	212	252	2985
	列百分比	89.3%	89.8%	82.3%	81.0%	87.9%	66.7%	78.8%	
过年时烧	计数	1360	198	85	412	198	221	245	2719
	列百分比	79.8%	75.0%	75.2%	75.5%	77.0%	69.5%	76.6%	
家人生病请求保佑时烧	计数	174	8	9	42	20	17	23	293
	列百分比	10.2%	3.0%	8.0%	7.7%	7.8%	5.3%	7.2%	
从来不烧	计数	96	15	9	45	14	43	30	252
	列百分比	5.6%	5.7%	8.0%	8.2%	5.4%	13.5%	9.4%	
总计	计数	1705	264	113	546	257	318	320	3523

注：1 = 在家务农，2 = 村组干部，3 = 农村中小学教师，4 = 企业工人，5 = 工商户，6 = 在校学生，7 = 其他

第二节 神灵崇拜

中国农村居民的神灵崇拜是各神灵体系互相交织的，中国农村是一个多神混杂的系统。农村中的神灵信仰谱系中既包括佛教、道教、基督教等正式宗教中的神灵，也包括各种各样的民间信仰神灵，如财神爷、关公、土地爷等。在这些混杂的神灵体系中，农村居民对哪些神灵更为认可，认为哪些神灵更为灵验？

我们询问了农村居民以下问题："您觉得下列哪个神最灵，法力最大，信了最有用？"提供的选项包括道教、佛教、基督教、民间信仰等多个体系的多个神灵，且设置了"其他""都不灵"和"不清楚"三个补充性选项。

在3430个有效样本中，认为如来佛最灵的农村居民349个，占总人数的10.2%；认为玉皇大帝最灵的样本309个，占总人数的9.0%；认为观音最灵的样本501个，占总人数的14.6%；认为泰山奶奶最灵的样本312个，占总人数的9.1%；认为财神爷最灵的样本527个，占总人数的15.4%；认为关公最灵的样本180个，占总人数的5.2%；认为耶稣基督最灵的样本195个，占总人数的5.7%；认为女基督最灵的样本18个，占总人数的0.5%；认为全能神最灵的样本39个，占总人数的1.1%；认为土地爷最灵的样本184个，占总人数的5.4%。认为财神爷和观音最灵的人数最多（见表7-2-1）。选择"其他"且自填的农村

居民中，所填的神灵最多的为老天爷和灶王爷。

表 7 - 2 - 1　农村居民认为哪个神最灵

	响应		个案百分比
	N	百分比	
如来佛	349	7.1%	10.2%
玉皇大帝	309	6.3%	9.0%
观音	501	10.2%	14.6%
泰山奶奶	312	6.4%	9.1%
财神爷	527	10.7%	15.4%
关公	180	3.7%	5.2%
耶稣基督	195	4.0%	5.7%
女基督	18	0.4%	0.5%
全能神	39	0.8%	1.1%
土地爷	184	3.7%	5.4%
都不灵	1304	26.6%	38.0%
不清楚	992	20.2%	28.9%
总计	4910	100.0%	143.1%

一、不同性别的农村居民神灵崇拜的差异

不同性别的农村居民之间对大部分神灵的选择不存在显著差异。女性认为观音最灵的人数为 284 人，占女性总人数的 17.8%，显著高于男性的比例 11.8%；女性认为耶稣基督最灵的人数为 126 人，占女性总人数的 7.9%，显著高于男性的比例 3.8%。男性选择都不灵的人数为 798 人，占男性总人数的 43.7%；女性选择都不灵的人数为 502 人，占女性总人数的 31.4%；男性选择都不灵的比例显著高于女性。男性相比女性更表现出无神论的倾向（见表 7 - 2 - 2）。

表 7-2-2 不同性别的农村居民认为的最灵的神的差异

		性别		总计
		男	女	
如来佛	计数	173	176	349
	列百分比	9.5%	11.0%	
玉皇大帝	计数	132	177	309
	列百分比	7.2%	11.1%	
观音	计数	216	284	500
	列百分比	11.8%	17.8%	
泰山奶奶	计数	144	168	312
	列百分比	7.9%	10.5%	
财神爷	计数	243	283	526
	列百分比	13.3%	17.7%	
关公	计数	106	74	180
	列百分比	5.8%	4.6%	
耶稣基督	计数	69	126	195
	列百分比	3.8%	7.9%	
女基督	计数	11	7	18
	列百分比	0.6%	0.4%	
全能神	计数	24	15	39
	列百分比	1.3%	0.9%	
土地爷	计数	82	101	183
	列百分比	4.5%	6.3%	
都不灵	计数	798	502	1300
	列百分比	43.7%	31.4%	
不清楚	计数	512	479	991
	列百分比	28.1%	30.0%	
总计	计数	1825	1598	3423

二、不同文化程度的农村居民神灵崇拜的差异

不同文化程度的农村居民对大部分神灵的选择不存在显著差异。小学及以下文化程度的农村居民选择玉皇大帝的人数为 98 人，占本组总人数的 15.2%，显著高于其他各组的对

应比例，即小学及以下文化程度的农村居民更倾向于认为玉皇大帝最灵。总的来看，小学及以下文化程度的农村居民选择各个神灵的比例均高于其他文化程度的农村居民。从选择“都不灵”的比例看，虽然各个文化程度的农村居民之间不存在显著差异，但是总体上文化程度越高越倾向于选择“都不灵”（见表7－2－3）。

表7－2－3　不同文化程度的农村居民认为的最灵的神的差异

		您的文化程度					总计
		小学及以下	初中	高中或中专	大专	本科及以上	
如来佛	计数	76	131	72	27	42	348
	列百分比	11.8%	9.5%	9.3%	9.5%	12.9%	
玉皇大帝	计数	98	116	52	18	24	308
	列百分比	15.2%	8.4%	6.7%	6.3%	7.4%	
观音	计数	121	189	99	40	51	500
	列百分比	18.7%	13.6%	12.8%	14.0%	15.7%	
泰山奶奶	计数	85	124	62	17	24	312
	列百分比	13.2%	8.9%	8.0%	6.0%	7.4%	
财神爷	计数	130	225	101	30	39	525
	列百分比	20.1%	16.2%	13.0%	10.5%	12.0%	
关公	计数	48	70	38	10	14	180
	列百分比	7.4%	5.1%	4.9%	3.5%	4.3%	
耶稣基督	计数	57	79	27	13	18	194
	列百分比	8.8%	5.7%	3.5%	4.6%	5.5%	
女基督	计数	3	7	0	2	6	18
	列百分比	0.5%	0.5%	0.0%	0.7%	1.8%	
全能神	计数	12	16	4	3	4	39
	列百分比	1.9%	1.2%	0.5%	1.1%	1.2%	
土地爷	计数	53	73	27	16	15	184
	列百分比	8.2%	5.3%	3.5%	5.6%	4.6%	
都不灵	计数	216	507	313	125	137	1298
	列百分比	33.4%	36.6%	40.3%	43.9%	42.2%	
不清楚	计数	152	412	245	90	90	989
	列百分比	23.5%	29.7%	31.6%	31.6%	27.7%	
总计	计数	646	1386	776	285	325	3418

三、不同政治面貌的农村居民神灵崇拜的差异

中共党员选择每个神灵的比例均低于普通群众和共青团员，普通群众和共青团员选择各个神灵的比例不存在显著性差异。在3404个有效样本中，中共党员选择“都不灵”的样本271个，占本组总人数的53.5%；普通群众选择“都不灵”的样本844个，占本组总人数的34.9%；共青团员选择“都不灵”的样本178个，占本组总人数的37.0%。总的来看，中共党员认为每个神都不灵的比例显著高于普通群众和共青团员，但由于对于党员的无神论要求，中共党员对这一问题的回答可能未必完全可靠，这一结果的可靠性也有待商榷（见表7-2-4）。

表7-2-4　不同政治面貌的农村居民认为的最灵的神的差异

		政治面貌			总计
		中共党员	普通群众	共青团员	
如来佛	计数	30	249	62	341
	列百分比	5.9%	10.3%	12.9%	
玉皇大帝	计数	23	236	45	304
	列百分比	4.5%	9.8%	9.4%	
观音	计数	48	363	85	496
	列百分比	9.5%	15.0%	17.7%	
泰山奶奶	计数	32	237	40	309
	列百分比	6.3%	9.8%	8.3%	
财神爷	计数	47	401	74	522
	列百分比	9.3%	16.6%	15.4%	
关公	计数	19	133	23	175
	列百分比	3.7%	5.5%	4.8%	
耶稣基督	计数	13	156	23	192
	列百分比	2.6%	6.5%	4.8%	
女基督	计数	1	12	3	16
	列百分比	0.2%	0.5%	0.6%	
全能神	计数	2	29	6	37
	列百分比	0.4%	1.2%	1.2%	
土地爷	计数	13	143	25	181
	列百分比	2.6%	5.9%	5.2%	
都不灵	计数	271	844	178	1293
	列百分比	53.5%	34.9%	37.0%	
不清楚	计数	138	701	149	988
	列百分比	27.2%	29.0%	31.0%	
总计	计数	507	2416	481	3404

四、不同职业的农村居民神灵崇拜的差异

在3386个有效样本中，村组干部选择“都不灵”的样本140个，占本组总人数的54.7%；农村中小学教师选择“都不灵”的样本62个，占本组总人数的57.4%。村组干部和农村中小学教师选择“都不灵”的比例显著高于其他职业的农村居民，二者间不存在显著差异，其他职业的农村居民选择“都不灵”的比例不存在显著差异（见表7－2－5）。

表7－2－5　不同职业的农村居民认为的最灵的神的差异

		您的职业							总计
		1	2	3	4	5	6	7	
如来佛	计数	169	3	8	62	25	29	47	343
	列百分比	10.3%	1.2%	7.4%	11.9%	10.3%	9.6%	15.1%	
玉皇大帝	计数	192	7	5	36	17	20	25	302
	列百分比	11.7%	2.7%	4.6%	6.9%	7.0%	6.6%	8.0%	
观音	计数	253	11	12	81	47	38	52	494
	列百分比	15.4%	4.3%	11.1%	15.5%	19.4%	12.5%	16.7%	
泰山奶奶	计数	167	14	7	44	24	15	35	306
	列百分比	10.2%	5.4%	6.5%	8.4%	9.9%	5.0%	11.2%	
财神爷	计数	290	17	8	80	49	31	42	517
	列百分比	17.7%	6.6%	7.4%	15.3%	20.2%	10.2%	13.5%	
关公	计数	104	7	3	24	17	5	18	178
	列百分比	6.3%	2.7%	2.8%	4.6%	7.0%	1.7%	5.8%	
耶稣基督	计数	122	7	3	21	12	12	16	193
	列百分比	7.4%	2.7%	2.8%	4.0%	5.0%	4.0%	5.1%	
女基督	计数	9	0	0	4	1	1	2	17
	列百分比	0.5%	0.0%	0.0%	0.8%	0.4%	0.3%	0.6%	
全能神	计数	25	0	0	7	2	1	2	37
	列百分比	1.5%	0.0%	0.0%	1.3%	0.8%	0.3%	0.6%	
土地爷	计数	121	4	1	21	12	9	13	181
	列百分比	7.4%	1.6%	0.9%	4.0%	5.0%	3.0%	4.2%	
都不灵	计数	554	140	62	200	94	117	118	1285
	列百分比	33.7%	54.5%	57.4%	38.3%	38.8%	38.6%	37.8%	
不清楚	计数	469	83	24	154	64	106	82	982
	列百分比	28.6%	32.3%	22.2%	29.5%	26.4%	35.0%	26.3%	
总计	计数	1642	257	108	522	242	303	312	3386

注：1＝在家务农，2＝村组干部，3＝农村中小学教师，4＝企业工人，5＝工商户，6＝在校学生，7＝其他

第三节 宗教信仰

我们询问了："您现在信教吗？"并设置选项由信教农村居民自行填写所信仰的具体宗教。在3535个有效样本中，选择信教的农村居民287人，占8.1%；选择不信仰宗教的农村居民3248人，占91.9%。在287名信教农村居民中，明确填写了所信宗教的农村居民254人。在这254个样本中，佛教的样本最多，为136个，占53.5%；基督教的样本其次，为79个，占31.3%；天主教和伊斯兰教均为12人，占4.7%；其中信仰伊斯兰教的12人中，有11人为回族，1人为汉族；道教为11人，占4.3%；另外，有3人填写了民间信仰、有1人填写了儒教。总的来看，明确填写了宗教信仰的农村居民所信仰的宗教几乎均为我国官方所认定的五大宗教（见表7－3－1）。

表7－3－1 山东省农村居民信仰的具体宗教

		频率	百分比	有效百分比	累积百分比
有效	道教	11	.3	4.3	4.3
	佛教	136	3.8	53.5	57.9
	基督教	79	2.2	31.1	89.0
	民间信仰	3	.1	1.2	90.2
	儒教	1	.0	.4	90.6
	天主教	12	.3	4.7	95.3
	伊斯兰教	12	.3	4.7	100.0
	总计	254	7.1	100.0	
缺失	系统	3339	92.9		
总计		3593	100.0		

一、不同性别的农村居民宗教信仰情况的差异

由于除了佛教和基督教外其余宗教的人数都比较少，考虑到宗教自身的特性，在后续分析中我们将佛教、道教、民间信仰、儒教合并为"儒释道"，将基督教、天主教、伊斯兰教合并为"亚伯拉罕诸教"。

不同性别的农村居民是否信仰宗教的状况存在显著差异，卡方检验的显著性水平为0.001，列联系数为0.85且在0.001水平上显著。在3526个有效样本中，男性选择信仰宗教的人数为113人，占男性总人数的6.0%；女性选择信仰宗教的人数为174人，占女性总人

数的10.6%；女性信教农村居民占女性人数的比例是男性信教农村居民占男性总人数的1.77倍，女性信教的比例显著高于男性（见表7－3－2）。

表7－3－2　不同性别的农村居民是否信仰宗教的差异

			性别		总计
			男	女	
您现在信教吗	不信	计数	1777	1462	3239
		行百分比	54.9%	45.1%	100.0%
		列百分比	94.0%	89.4%	91.9%
	信	计数	113	174	287
		行百分比	39.4%	60.6%	100.0%
		列百分比	6.0%	10.6%	8.1%
总计		计数	1890	1636	3526
		行百分比	53.6%	46.4%	100.0%
		列百分比	100.0%	100.0%	100.0%

不同性别信仰的具体宗教存在显著差异，卡方检验的显著性水平为0.001，列联系数为0.154且在0.001水平上显著。在254个有效样本中，选择儒释道的男性72人，占男性总人数的68.6%；选择儒释道的女性79人，占女性总人数的53.0%；选择亚伯拉罕诸教的男性33人，占男性总人数的31.4%；选择亚伯拉罕诸教的女性70人，占女性总人数的47.0%。男性信仰儒释道的比例显著高于女性，女性信仰亚伯拉罕诸教的比例显著高于女性（见表7－3－3）。

表7－3－3　不同性别的农村居民信仰的具体宗教的差异

			性别		总计
			男	女	
具体宗教信仰	儒释道	计数	72	79	151
		行百分比	47.7%	52.3%	100.0%
		列百分比	68.6%	53.0%	59.4%
	亚伯拉罕诸教	计数	33	70	103
		行百分比	32.0%	68.0%	100.0%
		列百分比	31.4%	47.0%	40.6%
总计		计数	105	149	254
		行百分比	41.3%	58.7%	100.0%
		列百分比	100.0%	100.0%	100.0%

结果表明，山东省农村信教居民中，女性多的状况仍然存在，同时女性信仰亚伯拉罕诸

教的比例更是远高于男性。

二、不同年龄段的农村居民宗教信仰情况的差异

在3518个有效样本中，29岁及以下的农村居民信仰宗教的样本为43个，占本组总人数的5.3%；30～49岁的农村居民信仰宗教的样本为124个，占本组总人数的8.7%；50岁及以上的农村居民信仰宗教的样本为120个，占本组总人数的9.3%。总的来看，年龄越大信教的比例越高（见表7－3－4）。

表7－3－4 不同年龄段的农村居民是否信仰宗教的差异

			年龄分段			总计
			29岁及以下	30～49岁	50岁及以上	
您现在信教吗	不信	计数	761	1294	1176	3231
		行百分比	23.6%	40.0%	36.4%	100.0%
		列百分比	94.7%	91.3%	90.7%	91.8%
	信	计数	43	124	120	287
		行百分比	15.0%	43.2%	41.8%	100.0%
		列百分比	5.3%	8.7%	9.3%	8.2%
总计		计数	804	1418	1296	3518
		行百分比	22.9%	40.3%	36.8%	100.0%
		列百分比	100.0%	100.0%	100.0%	100.0%

在254个有效样本中，29岁及以下的农村居民信仰儒释道的样本为27个，占本组总人数的65.9%；30～49岁组和50岁及以上组选择信仰儒释道的样本分别占本组总人数的58.4%和58.0%。29岁及以下的农村居民信仰亚伯拉罕诸教的样本为14个，占本组总人数的34.1%；30～49岁组和50岁及以上组选择信仰亚伯拉罕诸教的样本分别占本组总人数的41.6%和42.0%。总的来看，29岁以下的年轻人选择信仰儒释道的比例高于年龄更高的两组，选择亚伯拉罕诸教的比例低于年龄更高的两组。但由于29岁以下组人数较少，结果的可靠性有待商榷（见表7－3－5）。

表 7－3－5　不同年龄段的农村居民信仰的具体宗教的差异

			年龄分段			总计
			29 岁及以下	30～49 岁	50 岁及以上	
具体宗教信仰	儒释道	计数	27	66	58	151
		行百分比	17.9%	43.7%	38.4%	100.0%
		列百分比	65.9%	58.4%	58.0%	59.4%
	亚伯拉罕诸教	计数	14	47	42	103
		行百分比	13.6%	45.6%	40.8%	100.0%
		列百分比	34.1%	41.6%	42.0%	40.6%
总计		计数	41	113	100	254
		行百分比	16.1%	44.5%	39.4%	100.0%
		列百分比	100.0%	100.0%	100.0%	100.0%

三、不同文化程度间宗教信仰情况的差异

在 3522 个有效样本中，小学及以下文化程度的农村居民信仰宗教的样本为 74 个，占本组总人数的 11.3%，比例为所有文化程度中最高；本科及以上文化程度的农村居民信仰宗教的样本为 14 个，占本组总人数的 4.1%，在所有文化程度中比例最低。总的来看，不同文化程度信仰宗教的比例虽然有所不同，但不存在显著的差异（见表 7－3－6）。

表 7－3－6　不同文化程度间是否信仰宗教的差异

			文化程度					总计
			小学及以下	初中	高中或中专	大专	本科及以上	
您现在信教吗	不信	计数	583	1317	746	263	326	3235
		行百分比	18.0%	40.7%	23.1%	8.1%	10.1%	100.0%
		列百分比	88.7%	92.3%	92.8%	89.5%	95.9%	91.9%
	信	计数	74	110	58	31	14	287
		行百分比	25.8%	38.3%	20.2%	10.8%	4.9%	100.0%
		列百分比	11.3%	7.7%	7.2%	10.5%	4.1%	8.1%
总计		计数	657	1427	804	294	340	3522
		行百分比	18.7%	40.5%	22.8%	8.3%	9.7%	100.0%
		列百分比	100.0%	100.0%	100.0%	100.0%	100.0%	100.0%

在 254 个有效样本中，小学及以下信仰亚伯拉罕诸教的比例为 53.6%，初中文化程度信

仰亚伯拉罕诸教的比例为44.0%，高中或中专及大专文化程度信仰亚伯拉罕诸教的比例均为29.6%，本科及以上信仰亚伯拉罕诸教的比例为23.1%。总体来看，文化程度越高，信仰亚伯拉罕诸教的比例越低，信仰儒释道的比例越高。

由于各分组样本数较少，将五级文化程度合并为初中及以下和高中及以上两级。在254个有效样本中，初中及以下文化程度的农村居民信仰儒释道的样本84个，占本组总人数的52.5%；高中及以上文化程度的农村居民信仰儒释道的样本67个，占本组总人数的71.3%。高中及以上文化程度的农村居民信仰儒释道的比例显著高于初中及以下文化程度的农村居民（见表7－3－7）。

表7－3－7 不同文化程度间信仰的具体宗教的差异

			文化程度		总计
			初中及以下	高中及以上	
具体宗教信仰	儒释道	计数	84	67	151
		行百分比	55.6%	44.4%	100.0%
		列百分比	52.5%	71.3%	59.4%
	亚伯拉罕诸教	计数	76	27	103
		行百分比	73.8%	26.2%	100.0%
		列百分比	47.5%	28.7%	40.6%
总计		计数	160	94	254
		行百分比	63.0%	37.0%	100.0%
		列百分比	100.0%	100.0%	100.0%

四、不同政治面貌间宗教信仰情况的差异

在3509个有效样本中，普通群众信仰宗教的样本225个，占普通群众总人数的9.1%，显著高于中共党员的比例5.2%和共青团员的比例6.5%。值得注意的是，在524名党员中，有27名党员信教，占党员人数的5.2%，党员信教的比例较高（见表7－3－8）。

表 7－3－8　不同政治面貌间是否信仰宗教的差异

			政治面貌			总计
			中共党员	普通群众	共青团员	
您现在信教吗	不信	计数	497	2255	472	3224
		行百分比	15.4%	69.9%	14.6%	100.0%
		列百分比	94.8%	90.9%	93.5%	91.9%
	信	计数	27	225	33	285
		行百分比	9.5%	78.9%	11.6%	100.0%
		列百分比	5.2%	9.1%	6.5%	8.1%
总计		计数	524	2480	505	3509
		行百分比	14.9%	70.7%	14.4%	100.0%
		列百分比	100.0%	100.0%	100.0%	100.0%

第四节　宗教信仰的客观虔诚度

为了了解农村居民宗教信仰的客观虔诚度，我们设置了三个题项，其中第一个题目为："您是否有过正式的入教仪式？" 在 286 个有效样本中，选择有过正式入教仪式的农村居民 63 人，占 22.0%；选择没有过正式入教仪式的农村居民 223 人，占 78.0%。

第二个题目为："您了解您所信奉的宗教的教义和知识吗？" 选项为"非常了解""比较了解""不确定""不太了解""很不了解"。在 287 个有效样本中，"非常了解"的样本 40 个，占 13.9%；"比较了解"的样本 111 个，占 38.7%；"不确定"的样本 52 个，占 18.1%；"不太了解"的样本 71 个，占 2.0%；"很不了解"的样本 13 个，占 4.5%（见表 7－4－1）。

表 7－4－1　信教农村居民对宗教教义的了解程度

		频率	百分比	有效百分比	累积百分比
有效	非常了解	40	1.1	13.9	13.9
	比较了解	111	3.1	38.7	52.6
	不确定	52	1.4	18.1	70.7
	不太了解	71	2.0	24.7	95.5
	很不了解	13	.4	4.5	100.0
	总计	287	8.0	100.0	
缺失	系统	3306	92.0		
总计		3593	100.0		

将非常了解和比较了解视为肯定性评价，合并为了解，其样本数为 151，占 52.6%；将

其余均视为否定性评价，合并为不了解，其样本数为136，占47.4%。不同人口统计变量如性别、年龄、文化程度、政治面貌、职业、进城打工频率、人均收入间是否了解教义和教义了解程度均不存在显著差异。

第三个题目为："您现在有没有在宗教组织或宗教场所中免费帮忙？"在280个有效样本中，有在宗教组织或宗教场所中免费帮忙的农村居民109人，占38.9%；没有在宗教组织或宗教场所中免费帮忙的农村居民171人，占61.1%（见表7-4-2）。

表7-4-2 信教农村居民现在有没有在宗教组织或宗教场所中免费帮忙

		频率	百分比	有效百分比	累积百分比
有效	有	109	3.0	38.9	38.9
	没有	171	4.8	61.1	100.0
	总计	280	7.8	100.0	
缺失	系统	3313	92.2		
总计		3593	100.0		

一、不同性别的农村居民客观信仰虔诚度的差异

不同性别间是否有过正式的信教仪式存在显著差异，卡方检验显著性水平为0.01，列联系数为0.152且在0.01水平上显著。在286个有效样本中，男性有过正式入教仪式的16人，占男性总人数的14.2%；女性有过正式入教仪式的47人，占女性总人数的27.2%。女性有过正式入教仪式的比例显著高于男性（见表7-4-3）。

表7-4-3 不同性别的农村居民入教仪式的差异

			性别		总计
			男	女	
是否有过正式的入教仪式	有	计数	16	47	63
		行百分比	25.4%	74.6%	100.0%
		列百分比	14.2%	27.2%	22.0%
	没有	计数	97	126	223
		行百分比	43.5%	56.5%	100.0%
		列百分比	85.8%	72.8%	78.0%
总计		计数	113	173	286
		行百分比	39.5%	60.5%	100.0%
		列百分比	100.0%	100.0%	100.0%

不同性别间是否在宗教场所免费帮忙存在显著差异，卡方检验显著性水平为0.01，列联系数为0.173。在280个有效样本中，男性有在宗教组织或宗教场所中免费帮忙的样本30个，占男性总人数的28.0%；女性有在宗教组织或宗教场所中免费帮忙的样本79个，占女性总人数的45.7%。女性有在宗教组织或宗教场所中免费帮忙的比例显著高于男性（见表7－4－4）。

表7－4－4　不同性别的农村居民在宗教场所免费帮忙的差异

<table>
<tr><th colspan="3" rowspan="2"></th><th colspan="2">性别</th><th rowspan="2">总计</th></tr>
<tr><th>男</th><th>女</th></tr>
<tr><td rowspan="6">现在有没有在宗教组织或宗教场所中免费帮忙</td><td rowspan="3">有</td><td>计数</td><td>30</td><td>79</td><td>109</td></tr>
<tr><td>行百分比</td><td>27.5%</td><td>72.5%</td><td>100.0%</td></tr>
<tr><td>列百分比</td><td>28.0%</td><td>45.7%</td><td>38.9%</td></tr>
<tr><td rowspan="3">没有</td><td>计数</td><td>77</td><td>94</td><td>171</td></tr>
<tr><td>行百分比</td><td>45.0%</td><td>55.0%</td><td>100.0%</td></tr>
<tr><td>列百分比</td><td>72.0%</td><td>54.3%</td><td>61.1%</td></tr>
<tr><td colspan="2" rowspan="3">总计</td><td>计数</td><td>107</td><td>173</td><td>280</td></tr>
<tr><td>行百分比</td><td>38.2%</td><td>61.8%</td><td>100.0%</td></tr>
<tr><td>列百分比</td><td>100.0%</td><td>100.0%</td><td>100.0%</td></tr>
</table>

二、不同年龄的农村居民客观信仰虔诚度的差异

在286个有效样本中，29岁及以下的农村居民有过正式入教仪式的人数为5人，占本组总人数的11.6%；30～49岁的农村居民有过正式入教仪式的人数为26人，占本组总人数的21.0%；50岁以上的农村居民有过正式入教仪式的人数为32人，占本组总人数的26.9%。29岁以下的年轻人有过正式入教仪式的比例显著低于年龄较高的两组，但由于29岁以下组人数较少，结果可能有待商榷（见表7－4－5）。

在283个有效样本中，29岁及以下的农村居民有在宗教组织或宗教场所中免费帮忙的样本11个，占本组总人数的27.5%；30～49岁的农村居民有在宗教组织或宗教场所中免费帮忙的样本44个，占本组总人数的35.2%；50岁及以上的农村居民有在宗教组织或宗教场所中免费帮忙的样本54个，占本组总人数的45.8%。总的来看，年龄越大，在宗教组织或宗教场所中免费帮忙的比例越高（见表7－4－6）。

表 7-4-5 不同年龄的农村居民入教仪式的差异

			年龄分段			总计
			29 岁及以下	30～49 岁	50 岁及以上	
是否有过正式的入教仪式	有	计数	5	26	32	63
		行百分比	7.9%	41.3%	50.8%	100.0%
		列百分比	11.6%	21.0%	26.9%	22.0%
	没有	计数	38	98	87	223
		行百分比	17.0%	43.9%	39.0%	100.0%
		列百分比	88.4%	79.0%	73.1%	78.0%
总计		计数	43	124	119	286
		行百分比	15.0%	43.4%	41.6%	100.0%
		列百分比	100.0%	100.0%	100.0%	100.0%

表 7-4-6 不同年龄的农村居民在宗教场所免费帮忙的差异

			年龄分段			总计
			29 岁及以下	30～49 岁	50 岁及以上	
现在有没有在宗教组织或宗教场所中免费帮忙	有	计数	11	44	54	109
		行百分比	10.1%	40.4%	49.5%	100.0%
		列百分比	27.5%	35.2%	45.8%	38.5%
	没有	计数	29	81	64	174
		行百分比	16.7%	46.6%	36.8%	100.0%
		列百分比	72.5%	64.8%	54.2%	61.5%
总计		计数	40	125	118	283
		行百分比	14.1%	44.2%	41.7%	100.0%
		列百分比	100.0%	100.0%	100.0%	100.0%

三、不同文化程度的农村居民客观信仰虔诚度的差异

由于各个分组样本数较少，将文化程度合并为小学及以下和初中及以上。小学及以下文化程度的农村居民有过入教仪式的比例和更高文化程度的农村居民存在显著差异，卡方检验的显著性为0.01，列联系数为0.147。在286个有效样本中，小学及以下文化程度有过正式入教仪式的农村居民24人，占本组总人数32.4%；初中及以上文化程度有过正式入教仪式的农村居民39人，占本组总人数18.4%。小学及以下文化程度的农村居民有过正式入教

仪式的比例显著高于文化程度更高的农村居民（见表7－4－7）。

不同文化程度间在宗教场所免费帮忙存在显著差异，卡方检验显著性水平为0.001，列联系数为0.196。在283个有效样本中，初中及以下文化程度的农村居民有在宗教组织或宗教场所中免费帮忙的样本84个，占本组总人数的45.7%；高中及以上文化程度的农村居民有在宗教组织或宗教场所中免费帮忙的样本25个，占本组总人数的25.3%。初中及以下文化程度的农村居民有在宗教组织或宗教场所中免费帮忙的比例显著高于高中及以上文化程度（见表7－4－8）。

表7－4－7　不同文化程度的农村居民入教仪式的差异

<table>
<tr><td colspan="3" rowspan="2"></td><td colspan="2">文化程度</td><td rowspan="2">总计</td></tr>
<tr><td>小学及以下</td><td>初中及以上</td></tr>
<tr><td rowspan="6">是否有过正式的入教仪式</td><td rowspan="3">有</td><td>计数</td><td>24</td><td>39</td><td>63</td></tr>
<tr><td>行百分比</td><td>38.1%</td><td>61.9%</td><td>100.0%</td></tr>
<tr><td>列百分比</td><td>32.4%</td><td>18.4%</td><td>22.0%</td></tr>
<tr><td rowspan="3">没有</td><td>计数</td><td>50</td><td>173</td><td>223</td></tr>
<tr><td>行百分比</td><td>22.4%</td><td>77.6%</td><td>100.0%</td></tr>
<tr><td>列百分比</td><td>67.6%</td><td>81.6%</td><td>78.0%</td></tr>
<tr><td colspan="2" rowspan="3">总计</td><td>计数</td><td>74</td><td>212</td><td>286</td></tr>
<tr><td>行百分比</td><td>25.9%</td><td>74.1%</td><td>100.0%</td></tr>
<tr><td>列百分比</td><td>100.0%</td><td>100.0%</td><td>100.0%</td></tr>
</table>

表7－4－8　不同文化程度的农村居民在宗教场所免费帮忙的差异

<table>
<tr><td colspan="3" rowspan="2"></td><td colspan="2">文化程度</td><td rowspan="2">总计</td></tr>
<tr><td>初中及以下</td><td>高中及以上</td></tr>
<tr><td rowspan="6">现在有没有在宗教组织或宗教场所中免费帮忙</td><td rowspan="3">有</td><td>计数</td><td>84</td><td>25</td><td>109</td></tr>
<tr><td>行百分比</td><td>77.1%</td><td>22.9%</td><td>100.0%</td></tr>
<tr><td>列百分比</td><td>45.7%</td><td>25.3%</td><td>38.5%</td></tr>
<tr><td rowspan="3">没有</td><td>计数</td><td>100</td><td>74</td><td>174</td></tr>
<tr><td>行百分比</td><td>57.5%</td><td>42.5%</td><td>100.0%</td></tr>
<tr><td>列百分比</td><td>54.3%</td><td>74.7%</td><td>61.5%</td></tr>
<tr><td colspan="2" rowspan="3">总计</td><td>计数</td><td>184</td><td>99</td><td>283</td></tr>
<tr><td>行百分比</td><td>65.0%</td><td>35.0%</td><td>100.0%</td></tr>
<tr><td>列百分比</td><td>100.0%</td><td>100.0%</td><td>100.0%</td></tr>
</table>

四、不同打工经历的农村居民客观信仰虔诚度的差异

是否外出打过工的农村居民有过正式入教仪式的比例存在显著差异，卡方检验的显著性为0.01，列联系数为0.180。在251个有效样本中，从来没有外出打过工的农村居民有过正式入教仪式的44人，占本组总人数的27.7%；外出打过工的农村居民有过正式入教仪式的11人，占本组总人数的12.0%。从来没有外出打过工的农村居民有过正式入教仪式的比例显著高于外出打过工的农村居民（见表7-4-9）。

表7-4-9 不同打工经历的农村居民入教仪式的差异

			从来没有外出打过工		总计
			否	是	
是否有过正式的入教仪式	有	计数	11	44	55
		行百分比	20.0%	80.0%	100.0%
		列百分比	12.0%	27.7%	21.9%
	没有	计数	81	115	196
		行百分比	41.3%	58.7%	100.0%
		列百分比	88.0%	72.3%	78.1%
总计		计数	92	159	251
		行百分比	36.7%	63.3%	100.0%
		列百分比	100.0%	100.0%	100.0%

在249个有效样本中，外出打过工的农村居民有在宗教组织或宗教场所中免费帮忙的样本28个，占本组总人数的30.4%；从来没有外出打过工的农村居民有在宗教组织或宗教场所中免费帮忙的样本70个，占本组总人数的44.6%。从来没有外出打过工的农村居民有在宗教组织或宗教场所中免费帮忙的比例显著高于外出打过工的农村居民（见表7-4-10）。

表7-4-10 不同打工经历的农村居民在宗教场所免费帮忙的差异

			从来没有外出打过工		总计
			否	是	
现在有没有在宗教组织或宗教场所中免费帮忙	有	计数	28	70	98
		行百分比	28.6%	71.4%	100.0%
		列百分比	30.4%	44.6%	39.4%
	没有	计数	64	87	151
		行百分比	42.4%	57.6%	100.0%
		列百分比	69.6%	55.4%	60.6%
总计		计数	92	157	249
		行百分比	36.9%	63.1%	100.0%
		列百分比	100.0%	100.0%	100.0%

五、不同政治面貌的农村居民客观信仰虔诚度的差异

在 281 个有效样本中，中共党员有在宗教组织或宗教场所中免费帮忙的样本 4 个，占本组总人数的 15.4%；普通群众有在宗教组织或宗教场所中免费帮忙的样本 94 个，占本组总人数的 42.3%；普通群众有在宗教组织或宗教场所中免费帮忙的样本 10 个，占本组总人数的 30.3%。中共党员有在宗教组织或宗教场所中免费帮忙的比例显著低于普通群众和共青团员，但是由于中共党员人数较少，该结果可能有待商榷（见表 7－4－11）。

表 7－4－11　不同政治面貌的农村居民在宗教场所免费帮忙的差异

			政治面貌			总计
			中共党员	普通群众	共青团员	
现在有没有在宗教组织或宗教场所中免费帮忙	有	计数	4	94	10	108
		行百分比	3.7%	87.0%	9.3%	100.0%
		列百分比	15.4%	42.3%	30.3%	38.4%
	没有	计数	22	128	23	173
		行百分比	12.7%	74.0%	13.3%	100.0%
		列百分比	84.6%	57.7%	69.7%	61.6%
总计		计数	26	222	33	281
		行百分比	9.3%	79.0%	11.7%	100.0%
		列百分比	100.0%	100.0%	100.0%	100.0%

第五节　宗教信仰的主观虔诚度

为了了解农村居民宗教信仰的主观虔诚度，我们设置了如下问题：“您认为您的信仰虔诚程度如何？”选项包括“非常虔诚”“比较虔诚”“说不清”“不太虔诚”和“很不虔诚”。在 285 个有效样本中，“非常虔诚”的样本 68 个，占 23.9%；“比较虔诚”的样本 127 个，占 44.6%；“说不清”的样本 56 个，占 19.6%；“不太虔诚”的样本 33 个，占 11.6%；“很不虔诚”的样本 1 个，占 0.4%（见表 7－5－1）。

表 7-5-1 山东省农村居民宗教信仰的主观虔诚度

		频率	百分比	有效百分比	累积百分比
有效	非常虔诚	68	1.9	23.9	23.9
	比较虔诚	127	3.5	44.6	68.4
	说不清	56	1.6	19.6	88.1
	不太虔诚	33	.9	11.6	99.6
	很不虔诚	1	.0	.4	100.0
	总计	285	7.9	100.0	
缺失	系统	3308	92.1		
总计		3593	100.0		

将“非常虔诚”和“比较虔诚”视为肯定性评价，即视为虔诚，则虔诚的样本数为195个，占68.4%；其余的视为否定性评价，即不虔诚，则不虔诚的样本数为90个，占31.6%。

一、不同性别的农村居民主观虔诚度的差异

在285个有效样本中，男性选择了虔诚的样本69个，占男性总人数的61.6%；女性选择了虔诚的样本126个，占女性总人数的72.8%。女性明确认为自己的信仰是虔诚的比例显著高于男性（见表7-5-2）。

表 7-5-2 不同性别的农村居民主观虔诚度的差异

			性别		总计
			男	女	
主观虔诚度	虔诚	计数	69	126	195
		行百分比	35.4%	64.6%	100.0%
		列百分比	61.6%	72.8%	68.4%
	不虔诚	计数	43	47	90
		行百分比	47.8%	52.2%	100.0%
		列百分比	38.4%	27.2%	31.6%
总计		计数	112	173	285
		行百分比	39.3%	60.7%	100.0%
		列百分比	100.0%	100.0%	100.0%

二、不同文化程度的农村居民主观虔诚度的差异

在285个有效样本中，初中文化程度的农村居民选择虔诚的人数为62人，占本组总人数

的57.4%，显著低于其他文化程度的农村居民。选择了虔诚的农村居民中，比例最高的是本科及以上文化程度，占本组总人数的85.7%（见表7－5－3）。导致这一结果的可能原因是本科及以上文化程度的农村居民信仰宗教除了一些代际传递的信教者，其余信教者信教是经过深思熟虑的结果。另外由于本组人数较少，结果可能有待商榷。

表7－5－3　不同文化程度的农村居民主观虔诚度的差异

			文化程度					总计
			小学及以下	初中	高中或中专	大专	本科及以上	
主观虔诚度	虔诚	计数	57	62	42	22	12	195
		行百分比	29.2%	31.8%	21.5%	11.3%	6.2%	100.0%
		列百分比	77.0%	57.4%	72.4%	71.0%	85.7%	68.4%
	不虔诚	计数	17	46	16	9	2	90
		行百分比	18.9%	51.1%	17.8%	10.0%	2.2%	100.0%
		列百分比	23.0%	42.6%	27.6%	29.0%	14.3%	31.6%
总计		计数	74	108	58	31	14	285
		行百分比	26.0%	37.9%	20.4%	10.9%	4.9%	100.0%
		列百分比	100.0%	100.0%	100.0%	100.0%	100.0%	100.0%

三、不同打工经历的农村居民主观虔诚度的差异

在250个有效样本中，外出打过工的农村居民选择虔诚的人数为55人，占本组总人数的61.1%；从来没有外出打过工的农村居民选择虔诚的人数为120人，占本组总人数的75.0%。从来没有外出打过工的农村居民明确认为自己的宗教信仰是虔诚的比例显著高于外出打过工的农村居民（见表7－5－4）。

表7－5－4　不同打工经历的农村居民主观虔诚度的差异

			从来没有外出打过工		总计
			否	是	
主观虔诚度	虔诚	计数	55	120	175
		行百分比	31.4%	68.6%	100.0%
		列百分比	61.1%	75.0%	70.0%
	不虔诚	计数	35	40	75
		行百分比	46.7%	53.3%	100.0%
		列百分比	38.9%	25.0%	30.0%
总计		计数	90	160	250
		行百分比	36.0%	64.0%	100.0%
		列百分比	100.0%	100.0%	100.0%

第六节 信教倾向

农村居民的信教倾向是农村信仰结构的补充，可能影响农村未来的信教结构。为了解山东省农村居民的信教倾向，我们询问了如下问题："你现在不信任何宗教，假如让你来选择一种宗教，你会选哪个？"在3297个有效样本中，选择佛教的样本657个，占19.9%；选择基督教的样本341个，占10.3%；选择天主教的样本41个，占1.2%；选择道教的样本100个，占3.0%；选择儒教的样本654个，占19.8%；选择其他宗教的样本65个，占2.0%；选择"不清楚"的样本1418个，占43.0%。总的来看，有近一半的农村居民没有明确的信教倾向，对于我国五大宗教的倾向排序与现有信教人数的排序基本一致，同时有1/5的农村居民倾向于儒教（见表7-6-1）。

表7-6-1 山东省农村居民的信教倾向

		频率	百分比	有效百分比	累积百分比
有效	佛教	657	18.3	19.9	19.9
	基督教	341	9.5	10.3	30.3
	天主教	41	1.1	1.2	31.5
	道教	100	2.8	3.0	34.5
	伊斯兰教	21	.6	.6	35.2
	儒教（孔子）	654	18.2	19.8	55.0
	其他宗教	65	1.8	2.0	57.0
	不清楚	1418	39.5	43.0	100.0
	总计	3297	91.8	100.0	
缺失	系统	296	8.2		
总计		3593	100.0		

一、不同性别的农村居民信教倾向的差异

在3291个有效样本中，男性选择佛教的样本317个，占男性总人数的17.9%；女性选择佛教的样本339个，占女性总人数的22.3%；女性选择佛教的比例略多于男性。男性选择基督教的样本141个，占男性总人数的8.0%；女性选择基督教的样本200个，占女性总人数的13.1%；女性选择基督教的比例显著高于男性。男性选择儒教的样本423个，占男性总人数的23.9%；女性选择儒教的样本230个，占女性总人数的15.1%；男性选择儒教的比例

显著高于女性（见表7－6－2）。

表7－6－2　不同性别的农村居民信教倾向的差异

		性别		总计
		男	女	
佛教	计数	317	339	656
	列百分比	17.9%	22.3%	19.9%
基督教	计数	141	200	341
	列百分比	8.0%	13.1%	10.4%
天主教	计数	17	23	40
	列百分比	1.0%	1.5%	1.2%
道教	计数	62	36	98
	列百分比	3.5%	2.4%	3.0%
伊斯兰教	计数	9	12	21
	列百分比	0.5%	0.8%	0.6%
儒教（孔子）	计数	423	230	653
	列百分比	23.9%	15.1%	19.8%
其他宗教	计数	33	31	64
	列百分比	1.9%	2.0%	1.9%
不清楚	计数	768	650	1418
	列百分比	43.4%	42.7%	43.1%
总计	计数	1770	1521	3291
	列百分比	100.0%	100.0%	100.0%

二、不同年龄的农村居民信教倾向的差异

在3281个有效样本中，29岁及以下的农村居民选择佛教的样本186个，占本组总人数的23.9%；30～49岁的农村居民选择佛教的样本272个，占本组总人数的20.4%；50岁及以上的农村居民选择佛教的样本195个，占本组总人数的16.7%。总体来说，年龄越大，选择佛教的比例越低，但是各年龄段之间差异较少。29岁及以下的农村居民选择不清楚的样本266个，占本组总人数的34.1%；30～49岁的农村居民选择不清楚的样本542个，占本组总人数的40.7%；50岁及以上的农村居民选择佛教的样本602个，占本组总人数的51.4%。不同年龄之间选择不清楚的比例存在显著差异，年龄越大越倾向于选择不清楚。从相反的角度说，年轻人具有更明确的信教倾向（见表7－6－3）。

表 7－6－3 不同年龄的农村居民信教倾向的差异

		年龄分段			总计
		29 岁及以下	30～49 岁	50 岁及以上	
佛教	计数	186	272	195	653
	列百分比	23.9%	20.4%	16.7%	19.9%
基督教	计数	94	126	121	341
	列百分比	12.1%	9.5%	10.3%	10.4%
天主教	计数	9	17	14	40
	列百分比	1.2%	1.3%	1.2%	1.2%
道教	计数	39	38	22	99
	列百分比	5.0%	2.9%	1.9%	3.0%
伊斯兰教	计数	7	12	2	21
	列百分比	0.9%	0.9%	0.2%	0.6%
儒教（孔子）	计数	161	297	194	652
	列百分比	20.7%	22.3%	16.6%	19.9%
其他宗教	计数	17	27	21	65
	列百分比	2.2%	2.0%	1.8%	2.0%
不清楚	计数	266	542	602	1410
	列百分比	34.1%	40.7%	51.4%	43.0%
总计	计数	779	1331	1171	3281
	列百分比	100.0%	100.0%	100.0%	100.0%

三、不同文化程度的农村居民信教倾向的差异

在 3287 个有效样本中，小学及以下文化程度的农村居民选择儒教的样本 64 个，占本组总人数的 10.8%，显著低于更高文化程度的其他农村居民。小学及以下文化程度的农村居民选择“不清楚”的样本 313 个，占本组总人数的 53.1%；初中文化程度的农村居民选择“不清楚”的样本 581 个，占本组总人数的 43.5%；高中文化程度的农村居民选择“不清楚”的样本 314 个，占本组总人数的 42.1%；大专文化程度的农村居民选择“不清楚”的样本 97 个，占本组总人数的 34.6%；本科及以上文化程度的农村居民选择“不清楚”的样本 106 个，占本组总人数的 31.7%。文化程度越高选择“不清楚”的比例越低，即文化程度越高，越具有明确的信教倾向（见表 7－6－4）。

表 7－6－4　不同年龄的农村居民信教倾向的差异

		您的文化程度					总计
		小学及以下	初中	高中或中专	大专	本科及以上	
佛教	计数	116	269	133	63	75	656
	列百分比	19.7%	20.1%	17.8%	22.5%	22.5%	20.0%
基督教	计数	65	141	69	25	41	341
	列百分比	11.0%	10.5%	9.2%	8.9%	12.3%	10.4%
天主教	计数	10	18	6	2	5	41
	列百分比	1.7%	1.3%	0.8%	0.7%	1.5%	1.2%
道教	计数	13	26	25	18	18	100
	列百分比	2.2%	1.9%	3.4%	6.4%	5.4%	3.0%
伊斯兰教	计数	1	5	8	1	6	21
	列百分比	0.2%	0.4%	1.1%	0.4%	1.8%	0.6%
儒教（孔子）	计数	64	271	172	70	75	652
	列百分比	10.8%	20.3%	23.1%	25.0%	22.5%	19.8%
其他宗教	计数	8	26	19	4	8	65
	列百分比	1.4%	1.9%	2.5%	1.4%	2.4%	2.0%
不清楚	计数	313	581	314	97	106	1411
	列百分比	53.1%	43.5%	42.1%	34.6%	31.7%	42.9%
总计	计数	590	1337	746	280	334	3287
	列百分比	100.0%	100.0%	100.0%	100.0%	100.0%	100.0%

四、不同政治面貌的农村居民信教倾向的差异

在3271个有效样本中，中共党员选择儒教的样本122个，占本组总人数的25.5%；普通群众选择儒教的样本402个，占本组总人数的17.4%；共青团员选择儒教的样本126个，占本组总人数的26.2%；普通群众选择儒教的比例显著低于中共党员和共青团员。中共党员选择不清楚的样本216个，占本组总人数的45.2%；普通群众选择不清楚的样本1038个，占本组总人数的44.9%；共青团员选择不清楚的样本152个，占本组总人数的31.6%；共青团员选择不清楚的比例显著低于中共党员和普通群众，即共青团员更具有明确的信教倾向（见表7－6－5）。

表7－6－5 不同政治面貌的农村居民信教倾向的差异

		政治面貌			总计
		中共党员	普通群众	共青团员	
佛教	计数	74	476	103	653
	列百分比	15.5%	20.6%	21.4%	20.0%
基督教	计数	34	242	61	337
	列百分比	7.1%	10.5%	12.7%	10.3%
天主教	计数	4	33	4	41
	列百分比	0.8%	1.4%	0.8%	1.3%
道教	计数	18	60	21	99
	列百分比	3.8%	2.6%	4.4%	3.0%
伊斯兰教	计数	2	14	5	21
	列百分比	0.4%	0.6%	1.0%	0.6%
儒教（孔子）	计数	122	402	126	650
	列百分比	25.5%	17.4%	26.2%	19.9%
其他宗教	计数	8	47	9	64
	列百分比	1.7%	2.0%	1.9%	2.0%
不清楚	计数	216	1038	152	1406
	列百分比	45.2%	44.9%	31.6%	43.0%
总计	计数	478	2312	481	3271
	列百分比	100.0%	100.0%	100.0%	100.0%

五、不同选举参与的农村居民信教倾向的差异

参加了最近一次村委会选举投票的农村居民选择不清楚的样本955个，占本组总人数的46.8%；没有参加最近一次村委会选举投票的农村居民选择不清楚的样本457个，占本组总人数的36.8%；没有参加最近一次村委会选举投票的农村居民具有更明确的信教倾向（见表7－6－6）。

表 7-6-6　不同选举参与的农村居民信教倾向的差异

		最近一次村委会选举，您参加投票了吗		总计
		参加了	没有参加	
佛教	计数	375	278	653
	列百分比	18.4%	22.4%	19.9%
基督教	计数	208	132	340
	列百分比	10.2%	10.6%	10.4%
天主教	计数	21	20	41
	列百分比	1.0%	1.6%	1.2%
道教	计数	45	55	100
	列百分比	2.2%	4.4%	3.0%
伊斯兰教	计数	13	8	21
	列百分比	0.6%	0.6%	0.6%
儒教（孔子）	计数	388	264	652
	列百分比	19.0%	21.2%	19.9%
其他宗教	计数	36	29	65
	列百分比	1.8%	2.3%	2.0%
不清楚	计数	955	457	1412
	列百分比	46.8%	36.8%	43.0%
总计	计数	2041	1243	3284
	列百分比	100.0%	100.0%	100.0%

第七节　小结

1. 山东省农村居民完全不给祖先烧纸钱的比例为4.0%，绝大部分农村居民是出于传统习俗规范而烧纸钱，即他们大部分选择在清明节和过年时给祖先烧纸钱。男性出于传统习俗规范的要求而给祖先烧纸钱的比例高于女性，而女性出于工具性目的而给祖先烧纸钱的比例高于男性；年龄越高，因传统习俗规范的要求而给祖先烧纸钱的比例越高

2. 山东省农村居民选择的最灵的神以佛教和民间信仰的神灵为主，其中选择人数最多的神灵为财神爷和观音。男性选择“都不灵”的比例显著高于女性，总体上文化程度越高越倾向于选择“都不灵”，村组干部和农村中小学教师选择“都不灵”的比例显著高于其他职

业。

3. 山东省农村居民明确认为自己信教的比例为8.1%，其中明确填写所信仰的宗教绝大部分为我国官方认定的五大宗教。农村地区信教依然呈现妇女多和老人多的特征，但是青年人信教比例存在上升的可能。其中女性除了有更高的信教比例，还更倾向于信仰基督教、天主教和伊斯兰教等亚伯拉罕诸教。而文化程度和人均收入这两个以往的研究中提到的重要变量在本次调查中对于是否信教均不存在显著影响。在佛道教和亚伯拉罕诸教的选择上，高中及以上文化程度的农村居民信仰佛教和道教的比例显著高于初中及以下文化程度的农村居民。

4. 总体上看，女性的客观信仰虔诚度强于男性；年龄较高的农村居民的客观信仰虔诚度高于年轻人；文化程度较低的农村居民客观信仰虔诚度高于文化程度较高的农村居民；从未外出打过工的农村居民客观信仰虔诚度高于外出打过工的农村居民。女性的主观信仰虔诚度高于男性，从未外出打过工的农村居民主观信仰虔诚度高于外出打过工的农村居民。

5. 客观信仰虔诚度和主观信仰虔诚度有比较高的一致性。有过正式入教仪式的农村居民明确认为自己虔诚的比例为85.7%，显著高于没有正式入教仪式农村居民的63.3%；认为自己对宗教教义了解的农村居民明确认为自己虔诚的比例为89.3%，显著高于认为自己对宗教教义不了解农村居民的45.2%；有在宗教场所免费帮忙的农村居民明确认为自己虔诚的比例为84.3%，显著高于没有免费帮忙农村居民的59.4%。

6. 近半数的农村居民不具有明确的信教倾向。在具有明确信教倾向的农村居民中，比例最高的为儒教和佛教。年轻人、共青团员和文化程度较高的农村居民具有更明确的信教倾向，没有参加最近一次村委会选举投票的农村居民具有更明确的信教倾向。

第八章　对基督宗教的态度和认识

当前学界不少学者的研究表明宗教具有某些建设性的作用。有学者从建设新农村的角度指出，宗教具有社会整合功能、心理调适功能、道德教化功能、文化传承功能；宗教这四大功能的发挥，在一定程度上能够为新农村建设起到积极作用。[①] 宗教具有一定的社会功能，既具有其积极作用、也具有其消极作用。在近年来的“宗教热”中，基督教的发展最为迅速，因此引起了最多学者的关注。农村居民对基督教和基督教徒的态度如何？农村居民自身如何看待基督教的社会功能？

第一节　对基督教属性的认识

为了解农村居民对基督教属性的认识，我们询问了如下问题：“您怎么看待基督教？”选项包括：“我觉得它很好，它劝人做善事”“我觉得它是真理，它的说法都有依据”“基督教跟其他宗教差不多，都劝人做善事”“信基督教也是一种迷信活动”“基督教是外国人的宗教，中国人不应该信”“我没有听说过”。为了分析的简洁，下文分别用“很好”“真理”“劝善”“迷信”“洋教”和“没听过”来代替。

在3456个有效样本中，选择很好的样本797个，占六种态度总和的19.2%，占有效样本总数的23.1%；选择“真理”的样本158个，占六种态度总和的3.8%，占有效样本总数的4.6%；选择“劝善”的样本1131个，占六种态度总和的27.2%，占有效样本总数的32.7%；选择“迷信”的样本641个，占六种态度总和的15.4%，占有效样本总数的18.5%；选择“洋教”的样本400个，占六种态度总和的9.6%，占有效样本总数的11.6%；

---

① 赵宇霞，李春晓：《现阶段宗教对农村的影响与对策思考》，载于《当代世界与社会主义》2010年第5期。

选择“没听过”的样本1033个，占六种态度总和的24.8%，占有效样本总数的29.9%。可以看出，认为基督教和其他宗教差不多，都劝人向善的比例最高；认为基督教是真理的比例最低。

一、不同性别的农村居民对基督教属性认识的差异

在3448个有效样本中，男性选择“很好”的样本387个，占男性总人数的21.0%；女性选择“很好”的样本408个，占女性总人数的样本25.4%。男性选择“真理”的样本62个，占男性总人数的3.4%；女性选择“真理”的样本95个，占女性总人数的5.9%。男性选择“洋教”的样本247个，占男性总人数的13.4%；女性选择“洋教”的样本151个，占女性总人数的9.4%。女性更倾向于认为基督教“很好”和基督教是“真理”，男性更倾向于认为基督教是外国的宗教中国人不该信，但是性别间的差异不显著（见表8-1-1）。

表8-1-1 不同性别的农村居民对基督教属性认识的差异

			性别		总计
			男	女	
基督教属性	很好	计数	387	408	795
		行百分比	48.7%	51.3%	
		列百分比	21.0%	25.4%	
	真理	计数	62	95	157
		行百分比	39.5%	60.5%	
		列百分比	3.4%	5.9%	
	劝善	计数	606	522	1128
		行百分比	53.7%	46.3%	
		列百分比	32.9%	32.5%	
	迷信	计数	333	308	641
		行百分比	52.0%	48.0%	
		列百分比	18.1%	19.2%	
	洋教	计数	247	151	398
		行百分比	62.1%	37.9%	
		列百分比	13.4%	9.4%	
	没听过	计数	541	491	1032
		行百分比	52.4%	47.6%	
		列百分比	29.4%	30.6%	
总计		计数	1843	1605	3448

二、不同年龄的农村居民对基督教属性认识的差异

在3440个有效样本中，29岁及以下的农村居民选择“劝善”的样本323个，占本组总人数的40.6%；30～49岁的农村居民选择“劝善”的样本478个，占本组总人数的34.2%；50岁及以上的农村居民选择“劝善”的样本324个，占本组总人数的26.0%；年龄越小越倾向于认为“基督教跟其他宗教差不多，都劝人做善事”。50岁及以上的农村居民选择“没听过”的样本436个，占本组总人数的35.0%，显著高于年龄较低的两组（见表8-1-2）。

表8-1-2　不同年龄的农村居民对基督教属性认识的差异

			年龄分段			总计
			29岁及以下	30～49岁	50岁及以上	
基督教属性	很好	计数	174	341	280	795
		行百分比	21.9%	42.9%	35.2%	
		列百分比	21.9%	24.4%	22.5%	
	真理	计数	24	62	72	158
		行百分比	15.2%	39.2%	45.6%	
		列百分比	3.0%	4.4%	5.8%	
	劝善	计数	323	478	324	1125
		行百分比	28.7%	42.5%	28.8%	
		列百分比	40.6%	34.2%	26.0%	
	迷信	计数	161	237	241	639
		行百分比	25.2%	37.1%	37.7%	
		列百分比	20.3%	17.0%	19.3%	
	洋教	计数	63	176	161	400
		行百分比	15.8%	44.0%	40.3%	
		列百分比	7.9%	12.6%	12.9%	
	没听过	计数	202	388	436	1026
		行百分比	19.7%	37.8%	42.5%	
		列百分比	25.4%	27.8%	35.0%	
总计		计数	795	1398	1247	3440

三、不同文化程度的农村居民对基督教属性认识的差异

在3445个有效样本中，小学及以下文化程度的农村居民选择“劝善”的样本145个，占本组总人数的22.5%；初中文化程度的农村居民选择“劝善”的样本405个，占本组总人数的29.2%；高中或中专文化程度的农村居民选择“劝善”的样本276个，占本组总人数的35.4%；中专文化程度的农村居民选择“劝善”的样本132个，占本组总人数的44.9%；本科及以上文化程度的农村居民选择“劝善”的样本169个，占本组总人数的50.0%。文化程度越高，越倾向于认为“基督教跟其他宗教差不多，都劝人做善事”（见表8－1－3）。

表8－1－3　不同文化程度的农村居民对基督教属性认识的差异

			文化程度					总计
			小学及以下	初中	高中或中专	大专	本科及以上	
基督教属性	很好	计数	156	320	159	75	85	795
		行百分比	19.6%	40.3%	20.0%	9.4%	10.7%	
		列百分比	24.2%	23.0%	20.4%	25.5%	25.1%	
	真理	计数	51	66	23	12	5	157
		行百分比	32.5%	42.0%	14.6%	7.6%	3.2%	
		列百分比	7.9%	4.8%	2.9%	4.1%	1.5%	
	劝善	计数	145	405	276	132	169	1127
		行百分比	12.9%	35.9%	24.5%	11.7%	15.0%	
		列百分比	22.5%	29.2%	35.4%	44.9%	50.0%	
	迷信	计数	146	246	146	49	50	637
		行百分比	22.9%	38.6%	22.9%	7.7%	7.8%	
		列百分比	22.7%	17.7%	18.7%	16.7%	14.8%	
	洋教	计数	71	190	96	18	24	399
		行百分比	17.8%	47.6%	24.1%	4.5%	6.0%	
		列百分比	11.0%	13.7%	12.3%	6.1%	7.1%	
	没听过	计数	236	444	215	71	64	1030
		行百分比	22.9%	43.1%	20.9%	6.9%	6.2%	
		列百分比	36.6%	32.0%	27.6%	24.1%	18.9%	
总计		计数	644	1389	780	294	338	3445

四、不同政治面貌的农村居民对基督教属性认识的差异

在3431个有效样本中，中共党员选择“劝善”的样本165个，占本组总人数的32.9%；普通群众选择“劝善”的样本748个，占本组总人数的30.7%；共青团员选择“劝善”的样本207个，占本组总人数的41.9%。共青团员选择“劝善”的比例显著高于中共党员和普通群众，即共青团员更倾向于认为“基督教跟其他宗教差不多，都劝人做善事”（见表8－1－4）。

表8－1－4　不同政治面貌的农村居民对基督教属性认识的差异

			政治面貌			总计
			中共党员	普通群众	共青团员	
基督教属性	很好	计数	101	586	106	793
		行百分比	12.7%	73.9%	13.4%	
		列百分比	20.1%	24.1%	21.5%	
	真理	计数	11	133	13	157
		行百分比	7.0%	84.7%	8.3%	
		列百分比	2.2%	5.5%	2.6%	
	劝善	计数	165	748	207	1120
		行百分比	14.7%	66.8%	18.5%	
		列百分比	32.9%	30.7%	41.9%	
	迷信	计数	82	455	101	638
		行百分比	12.9%	71.3%	15.8%	
		列百分比	16.3%	18.7%	20.4%	
	洋教	计数	84	275	40	399
		行百分比	21.1%	68.9%	10.0%	
		列百分比	16.7%	11.3%	8.1%	
	没听过	计数	133	761	128	1022
		行百分比	13.0%	74.5%	12.5%	
		列百分比	26.5%	31.3%	25.9%	
总计		计数	502	2435	494	3431

第二节　对基督徒的态度

为了了解农村居民对基督教徒的态度，我们询问了农村居民“如果您身边有信基督教

的，您的态度是？”选项包括：“非常理解，愿意交往”“基本理解，可以交往”“不理解，最好不交往”和“无所谓”。在3555个有效样本中，选择“非常理解”的样本386个，占10.9%；选择“基本理解”的样本1136个，占32.0%；选择“不理解”的样本649个，占18.3%；选择“无所谓”的样本1384个，占38.9%。

一、不同年龄的农村居民对基督徒的态度的差异

在3538个有效样本中，29岁及以下的农村居民选择“基本理解”的样本359个，占本组总人数的44.5%；30~49岁的农村居民选择“基本理解”的样本457个，占本组总人数的31.8%；50岁及以上的农村居民选择“基本理解”的样本313个，占本组总人数的24.1%。29岁及以下的农村居民选择“不理解”的样本56个，占本组总人数的6.9%；30~49岁的农村居民选择“不理解”的样本224个，占本组总人数的15.6%；50岁及以上的农村居民选择“不理解”的样本368个，占本组总人数的28.4%。总的来看，不同年龄选择“非常理解”的比例不存在显著差异，年龄越高选择“基本理解”的比例越低、选择“不理解”的比例越高，即年龄越高越不愿意和基督教徒交往（见表8-2-1）。

表8-2-1 不同年龄的农村居民对基督徒的态度的差异

		年龄分段			总计
		29岁及以下	30~49岁	50岁及以上	
非常理解	计数	113	137	136	386
	行百分比	29.3%	35.5%	35.2%	100.0%
	列百分比	14.0%	9.5%	10.5%	10.9%
基本理解	计数	359	457	313	1129
	行百分比	31.8%	40.5%	27.7%	100.0%
	列百分比	44.5%	31.8%	24.1%	31.9%
不理解	计数	56	224	368	648
	行百分比	8.6%	34.6%	56.8%	100.0%
	列百分比	6.9%	15.6%	28.4%	18.3%
无所谓	计数	278	617	480	1375
	行百分比	20.2%	44.9%	34.9%	100.0%
	列百分比	34.5%	43.0%	37.0%	38.9%
总计	计数	806	1435	1297	3538
	行百分比	22.8%	40.6%	36.7%	100.0%
	列百分比	100.0%	100.0%	100.0%	100.0%

二、不同文化程度的农村居民对基督徒的态度的差异

在3542个有效样本中，小学及以下文化程度的农村居民选择基本理解的样本167个，占本组总人数的25.3%；初中文化程度的农村居民选择“基本理解”的样本380个，占本组总人数的26.4%；高中或中专文化程度的农村居民选择“基本理解”的样本274个，占本组总人数的34.0%；大专文化程度的农村居民选择“基本理解”的样本132个，占本组总人数的44.7%；本科及以上文化程度的农村居民选择“基本理解”的样本178个，占本组总人数的51.6%。总的来看，不同文化程度选择“非常理解”的比例不存在趋势性的差异，文化程度越高越倾向于选择“基本理解”，文化程度越低越倾向于选择“不理解”（见表8-2-2）。

表8-2-2 不同文化程度的农村居民对基督徒的态度的差异

		您的文化程度					总计
		小学及以下	初中	高中或中专	大专	本科及以上	
非常理解	计数	78	136	73	46	53	386
	行百分比	20.2%	35.2%	18.9%	11.9%	13.7%	100.0%
	列百分比	11.8%	9.5%	9.1%	15.6%	15.4%	10.9%
基本理解	计数	167	380	274	132	178	1131
	行百分比	14.8%	33.6%	24.2%	11.7%	15.7%	100.0%
	列百分比	25.3%	26.4%	34.0%	44.7%	51.6%	31.9%
不理解	计数	172	316	129	17	13	647
	行百分比	26.6%	48.8%	19.9%	2.6%	2.0%	100.0%
	列百分比	26.1%	22.0%	16.0%	5.8%	3.8%	18.3%
无所谓	计数	242	605	330	100	101	1378
	行百分比	17.6%	43.9%	23.9%	7.3%	7.3%	100.0%
	列百分比	36.7%	42.1%	40.9%	33.9%	29.3%	38.9%
总计	计数	659	1437	806	295	345	3542
	行百分比	18.6%	40.6%	22.8%	8.3%	9.7%	100.0%
	列百分比	100.0%	100.0%	100.0%	100.0%	100.0%	100.0%

三、不同政治面貌的农村居民对基督徒的态度的差异

在3529个有效样本中，共青团员选择“基本理解”的样本242个，占本组总人数的48.0%，显著高于普通群众和中共党员；共青团员选择“不理解”的样本39个，占本组总人数的7.7%，显著低于普通群众和中共党员。共青团员更倾向于对信仰基督教的人表示理解，更愿意与基督教徒交往（见表8-2-3）。

表8－2－3 不同政治面貌的农村居民对基督徒的态度的差异

		政治面貌			总计
		中共党员	普通群众	共青团员	
非常理解	计数	55	270	60	385
	行百分比	14.3%	70.1%	15.6%	100.0%
	列百分比	10.5%	10.8%	11.9%	10.9%
基本理解	计数	173	712	242	1127
	行百分比	15.4%	63.2%	21.5%	100.0%
	列百分比	33.1%	28.5%	48.0%	31.9%
不理解	计数	118	489	39	646
	行百分比	18.3%	75.7%	6.0%	100.0%
	列百分比	22.6%	19.5%	7.7%	18.3%
无所谓	计数	177	1031	163	1371
	行百分比	12.9%	75.2%	11.9%	100.0%
	列百分比	33.8%	41.2%	32.3%	38.8%
总计	计数	523	2502	504	3529
	行百分比	14.8%	70.9%	14.3%	100.0%
	列百分比	100.0%	100.0%	100.0%	100.0%

四、不同职业的农村居民对基督徒的态度的差异

在3511个有效样本中，在校学生选择“非常理解”的比例最高为14.1%，村组干部选择“非常理解”的比例最低为8.5%，但是不同职业选择“非常理解”的比例不存在显著差异。在校学生选择“基本理解”的比例最高为49.4%，其次为农村中小学教师占48.2%，在家务农的农村居民选择“基本理解”的比例最低为25.1%。总的来看，在校学生和农村中小学教师更倾向于对基督教徒表示理解并愿意交往，普通群众和村组干部更倾向于选择不理解（见表8－2－4）。

表8－2－4 不同职业的农村居民对基督徒的态度的差异

		您的职业							总计
		1	2	3	4	5	6	7	
非常理解	计数	179	22	11	57	32	45	35	381
	行百分比	47.0%	5.8%	2.9%	15.0%	8.4%	11.8%	9.2%	100.0%
	列百分比	10.6%	8.5%	9.8%	10.4%	12.5%	14.1%	10.9%	10.9%

基本理解	计数	425	83	54	206	100	158	97	1123
	行百分比	37.8%	7.4%	4.8%	18.3%	8.9%	14.1%	8.6%	100.0%
	列百分比	25.1%	32.0%	48.2%	37.7%	38.9%	49.4%	30.2%	32.0%
不理解	计数	395	71	16	58	35	16	53	644
	行百分比	61.3%	11.0%	2.5%	9.0%	5.4%	2.5%	8.2%	100.0%
	列百分比	23.3%	27.4%	14.3%	10.6%	13.6%	5.0%	16.5%	18.3%
无所谓	计数	697	83	31	225	90	101	136	1363
	行百分比	51.1%	6.1%	2.3%	16.5%	6.6%	7.4%	10.0%	100.0%
	列百分比	41.1%	32.0%	27.7%	41.2%	35.0%	31.6%	42.4%	38.8%
总计	计数	1696	259	112	546	257	320	321	3511
	行百分比	48.3%	7.4%	3.2%	15.6%	7.3%	9.1%	9.1%	100.0%
	列百分比	100.0%	100.0%	100.0%	100.0%	100.0%	100.0%	100.0%	100.0%

注：1 = 在家务农，2 = 村组干部，3 = 农村中小学教师，4 = 企业工人，5 = 工商户，6 = 在校学生，7 = 其他

五、不同选举参与的农村居民对基督徒的态度的差异

在3542个有效样本中，参加了最近一次村委会选举投票的农村居民选择“基本理解”的样本650个，占本组总人数的29.3%；没有参加最近一次村委会选举投票的农村居民选择“基本理解”的样本480个，占本组总人数的36.3%。参加了最近一次村委会选举投票的农村居民选择“不理解”的样本477个，占本组总人数的21.5%；没有参加最近一次村委会选举投票的农村居民选择“不理解”的样本170个，占本组总人数的12.9%。总的来看，参加了最近一次村委会选举投票的农村居民更倾向于选择“不理解”（见表8－2－5）。

表8－2－5　不同选举参与的农村居民对基督徒的态度的差异

		最近一次村委会选举，您参加投票了吗		总计
		参加了	没有参加	
非常理解	计数	229	155	384
	行百分比	59.6%	40.4%	100.0%
	列百分比	10.3%	11.7%	10.8%
基本理解	计数	650	480	1130
	行百分比	57.5%	42.5%	100.0%
	列百分比	29.3%	36.3%	31.9%

不理解	计数	477	170	647
	行百分比	73.7%	26.3%	100.0%
	列百分比	21.5%	12.9%	18.3%
无所谓	计数	865	516	1381
	行百分比	62.6%	37.4%	100.0%
	列百分比	38.9%	39.1%	39.0%
总计	计数	2221	1321	3542
	行百分比	62.7%	37.3%	100.0%
	列百分比	100.0%	100.0%	100.0%

第三节　对基督教社会功能的观察

我们询问了如下问题："您村里信教的人对村子修路修桥、照顾孤寡老人等公益事业有何贡献？"在3546个有效样本中，选择"贡献很大"的农村居民138人，占4.9%；选择"贡献一般"的农村居民592人，占16.7%；选择"没有贡献"的农村居民1125人，占31.7%；选择"不清楚"的农村居民1691人，占47.7%（见8－3－1）。

表8－3－1　信教的人的贡献

		频率	百分比	有效百分比	累积百分比
有效	贡献很大	138	3.8	3.9	3.9
	贡献一般	592	16.5	16.7	20.6
	没有贡献	1125	31.3	31.7	52.3
	不清楚	1691	47.1	47.7	100.0
	总计	3546	98.7	100.0	
缺失	系统	47	1.3		
总计		3593	100.0		

一、不同年龄的农村居民对基督教所作贡献的评价的差异

在3529个有效样本中，29岁及以下的农村居民选择"没有贡献"的样本150个，占本组总人数的18.5%，显著低于30岁及以上的农村居民选择"没有贡献"的比例。29岁及以下

的农村居民选择“不清楚”的样本475个，占本组总人数的58.6%；30~49岁的农村居民选择“不清楚”的样本678个，占本组总人数的47.4%；50岁及以上的农村居民选择“不清楚”的样本528个，占本组总人数的41.0%。总的来看，年龄越低，越倾向于对基督教的贡献给出模糊性的回答；年龄越高，越倾向于明确认为基督教没有贡献（见表8-3-2）。

表8-3-2　不同年龄的农村居民对基督教所作贡献的评价的差异

		年龄分段			总计
		29岁及以下	30~49岁	50岁及以上	
贡献很大	计数	39	49	49	137
	列百分比	4.8%	3.4%	3.8%	3.9%
贡献一般	计数	147	245	198	590
	列百分比	18.1%	17.1%	15.4%	16.7%
没有贡献	计数	150	457	514	1121
	列百分比	18.5%	32.0%	39.9%	31.8%
不清楚	计数	475	678	528	1681
	列百分比	58.6%	47.4%	41.0%	47.6%
总计	计数	811	1429	1289	3529
	列百分比	100.0%	100.0%	100.0%	100.0%

二、不同文化程度的农村居民对基督教所作贡献的评价的差异

在3533个有效样本中，小学及以下文化程度的农村居民选择“没有贡献”的样本253个，占本组总人数的38.6%；初中文化程度的农村居民选择“没有贡献”的样本471个，占本组总人数的32.9%；高中或中专文化程度的农村居民选择“没有贡献”的样本268个，占本组总人数的33.3%；大专文化程度的农村居民选择“没有贡献”的样本66个，占本组总人数的22.4%；本科及以上文化程度的样本59个，占本组总人数的17.1%。总的来看，文化程度越低，越倾向于认为基督教没有贡献；文化程度越高，越倾向于对基督教的贡献给出模糊性回答（见表8-3-3）。

表8-3-3　不同年龄的农村居民对基督教所作贡献的评价的差异

		您的文化程度					总计
		小学及以下	初中	高中或中专	大专	本科及以上	
贡献很大	计数	31	42	30	15	20	138
	列百分比	4.7%	2.9%	3.7%	5.1%	5.8%	3.9%

贡献一般	计数	94	239	143	52	64	592
	列百分比	14.3%	16.7%	17.7%	17.7%	18.6%	16.8%
没有贡献	计数	253	471	268	66	59	1117
	列百分比	38.6%	32.9%	33.3%	22.4%	17.1%	31.6%
不清楚	计数	278	680	365	161	202	1686
	列百分比	42.4%	47.5%	45.3%	54.8%	58.6%	47.7%
总计	计数	656	1432	806	294	345	3533
	列百分比	100.0%	100.0%	100.0%	100.0%	100.0%	100.0%

三、不同政治面貌的农村居民对基督教所作贡献的评价的差异

在3519个有效样本中，共青团员选择“没有贡献”的样本90个，占本组总人数的17.8%，显著低于中共党员和普通群众对应的比例39.1%和33.1%。中共党员选择“不清楚”的样本199个，占本组总人数的38.3%；普通群众选择“不清楚”的样本1180个，占本组总人数的47.3%；共青团员选择“不清楚”的样本297个，占本组总人数的58.7%。相比中共党员和普通群众，共青团员更倾向于给出模糊性的回答，而不是直接给出没有贡献的否定性回答（见表8－3－4）。

表8－3－4 不同政治面貌的农村居民对基督教所作贡献的评价的差异

		政治面貌			总计
		中共党员	普通群众	共青团员	
贡献很大	计数	18	91	26	135
	列百分比	3.5%	3.6%	5.1%	3.8%
贡献一般	计数	99	397	93	589
	列百分比	19.1%	15.9%	18.4%	16.7%
没有贡献	计数	203	826	90	1119
	列百分比	39.1%	33.1%	17.8%	31.8%
不清楚	计数	199	1180	297	1676
	列百分比	38.3%	47.3%	58.7%	47.6%
总计	计数	519	2494	506	3519
	列百分比	100.0%	100.0%	100.0%	100.0%

四、不同职业的农村居民对基督教所作贡献的评价的差异

在3501个有效样本中，村组干部选择“没有贡献”的样本120个，占本组总人数的47.1%，显著高于其他职业对应的比例；在校学生选择“没有贡献”的样本47个，占本组总人数的14.6%，显著低于其他职业对应的比例。村组干部选择“不清楚”的样本77个，占本组总人数的30.2%，显著低于其他职业对应的比例；在校学生选择“不清楚”的样本204个，占本组总人数的63.6%，显著高于其他职业对应的比例（见表8－3－5）。

表8－3－5　不同职业的农村居民对基督教所作贡献的评价的差异

		您的职业							总计
		1	2	3	4	5	6	7	
贡献很大	计数	66	10	4	21	8	18	11	138
	列百分比	3.9%	3.9%	3.5%	3.9%	3.1%	5.6%	3.4%	3.9%
贡献一般	计数	252	48	27	81	63	52	63	586
	列百分比	14.9%	18.8%	23.9%	14.9%	24.5%	16.2%	19.6%	16.7%
没有贡献	计数	603	120	44	140	67	47	88	1109
	列百分比	35.7%	47.1%	38.9%	25.8%	26.1%	14.6%	27.4%	31.7%
不清楚	计数	770	77	38	301	119	204	159	1668
	列百分比	45.5%	30.2%	33.6%	55.4%	46.3%	63.6%	49.5%	47.6%
总计	计数	1691	255	113	543	257	321	321	3501
	列百分比	100.0%	100.0%	100.0%	100.0%	100.0%	100.0%	100.0%	100.0%

注：1＝在家务农，2＝村组干部，3＝农村中小学教师，4＝企业工人，5＝工商户，6＝在校学生，7＝其他

第四节　对家庭教会活动的观察

我们询问了如下问题：“村里或邻村有人聚集在某人家里拜耶稣基督吗？”在3457个有效样本中，有1049个农村居民选择“有，他们每周都拜”，占30.2%；118个农村居民选择“农闲的时候拜，农忙的时候就不拜”，占3.4%；42个农村居民选择“他们夜晚或早上的时候会聚在一起喊、一起哭”，占1.2%；123个农村居民选择“他们经常换地方，很神秘，我们不太清楚”，占3.5%；2143个农村居民选择“没有听说有这类事情”，占61.7%。

第五节 小结

1. 山东省农村居民对基督教的属性存在不同的认识，认为“基督教和其他宗教差不多，都劝人向善”的比例最高；认为基督教是真理的比例最低。年龄越小和文化程度越高的农村居民越倾向于认为“基督教跟其他宗教差不多，都劝人做善事”，共青团员更倾向于认为“基督教跟其他宗教差不多，都劝人做善事”。

2. 在对待基督教徒的态度上，有1/3以上的农村居民表示“无所谓”，仅有18.3%的农村居民明确选择“不理解，最好不交往”。年龄越小，文化程度越高越表现出对基督教和基督教徒的包容和理解。

3. 年龄越低，越倾向于对基督教的贡献给出模糊性的回答；年龄越高，越倾向于明确认为基督教没有贡献。文化程度越低，越倾向于认为基督教没有贡献；文化程度越高，越倾向于对基督教的贡献给出模糊性回答。相比中共党员和普通群众，共青团员更倾向于给出模糊性的回答，而不是直接给出没有贡献的否定性回答

4. 不同的性别、年龄、文化程度、政治面貌、职业、收入水平、离村频率的农村居民没有听说过村里或邻村有人聚集在某人家里拜耶稣基督的比例均不存在显著差异。

第九章　对宗教政策和宗教发展的认知

中华人民共和国建立初期我国即以法律的形式确定了宗教信仰自由的政策。之后由于“左”倾思想的影响，宗教政策出现巨大的偏差。改革开放以后，党的宗教政策得到了恢复和调整。1979 年中共中央批转全国统战工作会议文件《新的历史时期统一战线的方针任务》，强调“宗教信仰自由政策，是我们党正确处理群众宗教信仰的一项根本政策”①。1991 年《中共中央、国务院关于进一步做好宗教工作若干问题的通知》提出要“全面正确地贯彻执行宗教信仰自由政策”“依法对宗教事务进行管理”②。十七大将党的宗教工作基本方针写入大会报告并且载入了修订的党章总纲。党的宗教工作基本方针为：“全面贯彻党的宗教信仰自由政策,依法管理宗教事务,坚持独立自主自办的原则,积极引导宗教与社会主义社会相适应”。党的十九大报告指出，要“全面贯彻党的宗教工作基本方针，坚持我国宗教的中国化方向，积极引导宗教与社会主义社会相适应”③。新修订的《宗教事务管理条例》进一步规范了宗教事务管理，提出了“保护合法、制止非法、遏制极端、抵御渗透、打击犯罪”的原则。

我国的宗教政策不断发展，宗教事务管理日趋完善。本章首先试图展现我国宗教政策宣传的实际效果如何，即农村居民对党和国家宗教政策的了解程度如何？对党员信教问题是否具有正确的认知？是否能够辨别邪教？此外，本章还关注农村居民对宗教发展前景的判断。

---

① 中共中央统一战线工作部,中共中央文献研究室编:《新时期统一战线文献选编》,中共中央党校出版社 1985 年版,第 77 页。

② 中共中央统一战线工作部,中共中央文献研究室编:《新时期统一战线文献选编　续编》,中共中央党校出版社 1997 年版,第 295 页。

③ 本书编写组:《党的十九大文件汇编》,党建读物出版社 2017 年版,第 27 页。

第一节 对宗教政策的了解程度

我们询问了“您了解党和政府的宗教政策吗？”在3573个有效样本中，选择“非常了解”的样本181个，占5.1%；选择“比较了解”的样本802个，占5.1%；选择“不确定”的样本649个，占18.2%；选择“不太了解”的样本1379个，占38.6%；选择“很不了解”的样本562个，占15.7%。

一、不同性别的农村居民对宗教政策的了解程度的差异

在3565个有效样本中，男性选择“非常了解”的样本130个，占男性总人数的6.8%；女性选择“非常了解”的样本50个，占女性总人数的3.0%；男性选择“比较了解”的样本489个，占男性总人数的25.7%；女性选择“比较了解”的样本312个，占女性总人数的18.8%。男性选择“非常了解”和“比较了解”的比例均显著高于女性，表明男性对于宗教政策更为了解（见表9－1－1）。

表9－1－1 不同性别的农村居民对宗教政策的了解程度的差异

		性别		总计
		男	女	
非常了解	计数	130	50	180
	行百分比	72.2%	27.8%	100.0%
	列百分比	6.8%	3.0%	5.0%
比较了解	计数	489	312	801
	行百分比	61.0%	39.0%	100.0%
	列百分比	25.7%	18.8%	22.5%
不确定	计数	341	305	646
	行百分比	52.8%	47.2%	100.0%
	列百分比	17.9%	18.4%	18.1%
不太了解	计数	697	679	1376
	行百分比	50.7%	49.3%	100.0%
	列百分比	36.6%	40.9%	38.6%
很不了解	计数	248	314	562
	行百分比	44.1%	55.9%	100.0%
	列百分比	13.0%	18.9%	15.8%
总计	计数	1905	1660	3565
	行百分比	53.4%	46.6%	100.0%
	列百分比	100.0%	100.0%	100.0%

二、不同文化程度的农村居民对宗教政策的了解程度的差异

在3560个有效样本中，小学及以下文化程度的农村居民选择“非常了解”的样本5个，“比较了解”的样本71个，分别占本组总人数的0.8%和10.8%；初中文化程度的农村居民选择“非常了解”的样本62个，“比较了解”的样本260个，分别占本组总人数的4.3%和17.9%；高中或中专文化程度的农村居民选择“非常了解”的样本55个，“比较了解”的样本228个，分别占本组总人数的6.8%和28.0%；大专文化程度的农村居民选择“非常了解”的样本19个，“比较了解”的样本102个，分别占本组总人数的6.4%和34.6%；本科及以上文化程度的农村居民选择“非常了解”的样本39个，“比较了解”的样本136个，分别占本组总人数的11.4%和39.7%。总的来看，文化程度越高，对党和政府宗教政策越了解（见表9－1－2）。

表9－1－2　不同文化程度的农村居民对宗教政策的了解程度的差异

		您的文化程度					总计
		小学及以下	初中	高中或中专	大专	本科及以上	
非常了解	计数	5	62	55	19	39	180
	行百分比	2.8%	34.4%	30.6%	10.6%	21.7%	100.0%
	列百分比	0.8%	4.3%	6.8%	6.4%	11.4%	5.1%
比较了解	计数	71	260	228	102	136	797
	行百分比	8.9%	32.6%	28.6%	12.8%	17.1%	100.0%
	列百分比	10.8%	17.9%	28.0%	34.6%	39.7%	22.4%
不确定	计数	127	274	144	54	48	647
	行百分比	19.6%	42.3%	22.3%	8.3%	7.4%	100.0%
	列百分比	19.2%	18.9%	17.7%	18.3%	14.0%	18.2%
不太了解	计数	257	623	305	96	93	1374
	行百分比	18.7%	45.3%	22.2%	7.0%	6.8%	100.0%
	列百分比	38.9%	43.0%	37.5%	32.5%	27.1%	38.6%
很不了解	计数	200	230	81	24	27	562
	行百分比	35.6%	40.9%	14.4%	4.3%	4.8%	100.0%
	列百分比	30.3%	15.9%	10.0%	8.1%	7.9%	15.8%
总计	计数	660	1449	813	295	343	3560
	行百分比	18.5%	40.7%	22.8%	8.3%	9.6%	100.0%
	列百分比	100.0%	100.0%	100.0%	100.0%	100.0%	100.0%

三、不同政治面貌的农村居民对宗教政策的了解程度的差异

在3546个有效样本中，中共党员选择“非常了解”的样本74个，占本组总人数的14.1%；普通群众选择“非常了解”的样本74个，占本组总人数的2.9%；共青团员选择“非常了解”的样本31个，占本组总人数的6.1%。中共党员选择“比较了解”的样本208个，占本组总人数的39.6%；普通群众选择“比较了解”的样本438个，占本组总人数的17.4%；共青团员选择“比较了解”的样本150个，占本组总人数的29.7%。中共党员对宗教政策的了解程度显著强于非党员，共青团员对宗教政策的了解程度显著强于普通群众（见表9－1－3）。

表9－1－3 不同政治面貌的农村居民对宗教政策的了解程度的差异

		政治面貌			总计
		中共党员	普通群众	共青团员	
非常了解	计数	74	74	31	179
	行百分比	41.3%	41.3%	17.3%	100.0%
	列百分比	14.1%	2.9%	6.1%	5.0%
比较了解	计数	208	438	150	796
	行百分比	26.1%	55.0%	18.8%	100.0%
	列百分比	39.6%	17.4%	29.7%	22.4%
不确定	计数	58	486	100	644
	行百分比	9.0%	75.5%	15.5%	100.0%
	列百分比	11.0%	19.3%	19.8%	18.2%
不太了解	计数	155	1043	172	1370
	行百分比	11.3%	76.1%	12.6%	100.0%
	列百分比	29.5%	41.5%	34.1%	38.6%
很不了解	计数	30	475	52	557
	行百分比	5.4%	85.3%	9.3%	100.0%
	列百分比	5.7%	18.9%	10.3%	15.7%
总计	计数	525	2516	505	3546
	行百分比	14.8%	71.0%	14.2%	100.0%
	列百分比	100.0%	100.0%	100.0%	100.0%

四、不同职业的农村居民对宗教政策的了解程度的差异

在3528个样本中，选择“非常了解”的比例最高的职业为村组干部，占本组总人数的19.5%；其次为乡村中小学教师，占本组总人数的13.4%；比例最低的为在家务农和工商户，分别占本组总人数的2.5%和2.7%。

选择“比较了解”的比例最高的职业为工商户，占本组总人数的38.6%；其次为村组干部和农村中小学教师，分别占本组总人数的37.8%和37.5%；比例最低的为在家务农的农村居民，占本组总人数的16.4%。总的来看，对宗教政策最了解的为村组干部，最不了解的为在家务农的农村居民（见表9－1－4）。

表9－1－4　不同职业的农村居民对宗教政策的了解程度的差异

		您的职业							总计
		1	2	3	4	5	6	7	
非常了解	计数	43	51	15	21	7	27	15	179
	行百分比	24.0%	28.5%	8.4%	11.7%	3.9%	15.1%	8.4%	100.0%
	列百分比	2.5%	19.5%	13.4%	3.8%	2.7%	8.5%	4.7%	5.1%
比较了解	计数	281	99	42	115	56	123	81	797
	行百分比	35.3%	12.4%	5.3%	14.4%	7.0%	15.4%	10.2%	100.0%
	列百分比	16.4%	37.8%	37.5%	21.1%	21.7%	38.6%	25.2%	22.6%
不确定	计数	340	27	12	102	48	57	53	639
	行百分比	53.2%	4.2%	1.9%	16.0%	7.5%	8.9%	8.3%	100.0%
	列百分比	19.9%	10.3%	10.7%	18.7%	18.6%	17.9%	16.5%	18.1%
不太了解	计数	693	69	35	240	107	90	125	1359
	行百分比	51.0%	5.1%	2.6%	17.7%	7.9%	6.6%	9.2%	100.0%
	列百分比	40.5%	26.3%	31.3%	44.0%	41.5%	28.2%	38.9%	38.5%
很不了解	计数	353	16	8	68	40	22	47	554
	行百分比	63.7%	2.9%	1.4%	12.3%	7.2%	4.0%	8.5%	100.0%
	列百分比	20.6%	6.1%	7.1%	12.5%	15.5%	6.9%	14.6%	15.7%
总计	计数	1710	262	112	546	258	319	321	3528
	行百分比	48.5%	7.4%	3.2%	15.5%	7.3%	9.0%	9.1%	100.0%
	列百分比	100.0%	100.0%	100.0%	100.0%	100.0%	100.0%	100.0%	100.0%

注：1＝在家务农，2＝村组干部，3＝农村中小学教师，4＝企业工人，5＝工商户，6＝在校学生，7＝其他

五、不同打工经历的农村居民对宗教政策的了解程度的差异

在3128个有效样本中，外出打过工的农村居民选择“非常了解”的样本47个，选择“比较了解”的样本206个，分别占本组总人数的4.0%和17.7%。从来没有外出打过工的农村居民选择“非常了解”的样本112个，选择“比较了解”的样本498个，分别占本组总人数的5.7%和25.3%。从来没有外出打过工的农村居民对宗教政策的了解程度显著强于外出打过工的农村居民（见表9－1－5）。

表9－1－5　不同打工经历的农村居民对宗教政策的了解程度的差异

			从来没有外出打过工		总计
			否	是	
您了解党和政府的宗教政策吗	非常了解	计数	47	112	159
		行百分比	29.6%	70.4%	100.0%
		列百分比	4.0%	5.7%	5.1%
	比较了解	计数	206	498	704
		行百分比	29.3%	70.7%	100.0%
		列百分比	17.7%	25.3%	22.5%
	不确定	计数	215	348	563
		行百分比	38.2%	61.8%	100.0%
		列百分比	18.5%	17.7%	18.0%
	不太了解	计数	489	718	1207
		行百分比	40.5%	59.5%	100.0%
		列百分比	42.1%	36.5%	38.6%
	很不了解	计数	204	291	495
		行百分比	41.2%	58.8%	100.0%
		列百分比	17.6%	14.8%	15.8%
总计		计数	1161	1967	3128
		行百分比	37.1%	62.9%	100.0%
		列百分比	100.0%	100.0%	100.0%

第二节　对党员是否可以信教的认知

为了解农村居民对于党员是否可以信教的认知程度，本次调查询问了农村居民“您觉得共产党员是否可以信仰宗教？”在3575个有效样本中，明确认为党员不可以信教的农村居民1760人，占49.2%；明确认为党员可以信教的农村居民876人，占24.5%；选择“说不清楚”的农村居民939人，占26.3%。仅有不到一半的农村居民明确知道党员不能信教，表明农村地区的宗教政策和无神论宣传还有待加强。

一、不同性别的农村居民对党员能否信教的认知差异

在3567个有效样本中，男性选择党员“不可以”信教的人数1049人，占男性总人数的54.9%；女性选择党员“不可以”信教的人数708人，占女性总人数的42.8%。男性相比女性对党员能否信教这一问题拥有更准确的认知（见表9－2－1）。

表9－2－1　不同性别的农村居民对党员能否信教的认知差异

			性别		总计
			男	女	
党员能否信教	不可以	计数	1049	708	1757
		行百分比	59.7%	40.3%	100.0%
		列百分比	54.9%	42.8%	49.3%
	可以	计数	426	449	875
		行百分比	48.7%	51.3%	100.0%
		列百分比	22.3%	27.1%	24.5%
	说不清楚	计数	436	499	935
		行百分比	46.6%	53.4%	100.0%
		列百分比	22.8%	30.1%	26.2%
总计		计数	1911	1656	3567
		行百分比	53.6%	46.4%	100.0%
		列百分比	100.0%	100.0%	100.0%

二、不同年龄的农村居民对党员能否信教的认知差异

在3558个有效样本中，29岁及以下选择“不可以”的人数297人，占本组总人数的

36.7%；30～49 岁选择“不可以”的人数 671 人，占本组总人数的 46.7%；50 岁及以上选择“不可以”的人数 785 人，占本组总人数的 59.9%。总的来看，年龄越高明确知道党员“不可以”信教的比例越高。这一结果的可能原因之一是年龄较大的农村居民曾经经历过宣传比较深入的历史时期，而年轻人接受的相关宣传教育较少。另一种可能的原因是年轻人并非不知道党员不可以信教这一规定，但是他们有自己的看法，认为党员应当可以信教（见表 9－2－2）。

表 9－2－2 不同年龄的农村居民对党员能否信教的认知差异

			年龄分段			总计
			29 岁及以下	30～49 岁	50 岁及以上	
党员能否信教	不可以	计数	297	671	785	1753
		行百分比	16.9%	38.3%	44.8%	100.0%
		列百分比	36.7%	46.7%	59.9%	49.3%
	可以	计数	288	355	231	874
		行百分比	33.0%	40.6%	26.4%	100.0%
		列百分比	35.6%	24.7%	17.6%	24.6%
	说不清楚	计数	225	411	295	931
		行百分比	24.2%	44.1%	31.7%	100.0%
		列百分比	27.8%	28.6%	22.5%	26.2%
总计		计数	810	1437	1311	3558
		行百分比	22.8%	40.4%	36.8%	100.0%
		列百分比	100.0%	100.0%	100.0%	100.0%

三、不同文化程度的农村居民对党员能否信教的认知差异

在 3562 个有效样本中，大专学历的农村居民选择党员“不可以”信教的人数为 109 人，占本组总人数的 36.7%，在所有学历的农村居民中比例最低，显著低于其他学历农村居民的比例。大专以上选择党员“可以”信教的比例显著高于高中及以下，本科及以上选择“说不清楚”的比例显著低于大专及以下。总的来看，不同文化程度间明确知道党员不可以信教的比例并不存在趋势性的差异，即文化程度的增长并不对党员能否信教的认知具有显著影响（见表 9－2－3）。

表 9-2-3　不同文化程度的农村居民对党员能否信教的认知差异

			您的文化程度					总计
			小学及以下	初中	高中或中专	大专	本科及以上	
党员能否信教	不可以	计数	333	705	451	109	153	1751
		行百分比	19.0%	40.3%	25.8%	6.2%	8.7%	100.0%
		列百分比	50.2%	48.7%	55.6%	36.7%	44.6%	49.2%
	可以	计数	133	329	174	107	132	875
		行百分比	15.2%	37.6%	19.9%	12.2%	15.1%	100.0%
		列百分比	20.0%	22.7%	21.5%	36.0%	38.5%	24.6%
	说不清楚	计数	198	413	186	81	58	936
		行百分比	21.2%	44.1%	19.9%	8.7%	6.2%	100.0%
		列百分比	29.8%	28.5%	22.9%	27.3%	16.9%	26.3%
总计		计数	664	1447	811	297	343	3562
		行百分比	18.6%	40.6%	22.8%	8.3%	9.6%	100.0%
		列百分比	100.0%	100.0%	100.0%	100.0%	100.0%	100.0%

四、不同政治面貌的农村居民对党员能否信教的认知差异

在3548个有效样本中，中共党员选择“不可以”的人数392人，占本组总人数的74.1%；普通群众选择“不可以”的人数1177人，占本组总人数的46.8%；共青团员选择“不可以”的人数179人，占本组总人数的35.4%。中共党员虽然明确知道党员“不可以”信教的比例远远高于普通群众和共青团员，但是仍有超过1/4的中共党员对党员能否信教这一问题没有正确的认识，表明在党员中的宗教政策和无神论宣传还有不足（见表9-2-4）。

表 9-2-4　不同政治面貌的农村居民对党员能否信教的认知差异

			政治面貌			总计
			中共党员	普通群众	共青团员	
党员能否信教	不可以	计数	392	1177	179	1748
		行百分比	22.4%	67.3%	10.2%	100.0%
		列百分比	74.1%	46.8%	35.4%	49.3%
	可以	计数	76	602	190	868
		行百分比	8.8%	69.4%	21.9%	100.0%
		列百分比	14.4%	24.0%	37.5%	24.5%
	说不清楚	计数	61	734	137	932
		行百分比	6.5%	78.8%	14.7%	100.0%
		列百分比	11.5%	29.2%	27.1%	26.3%
总计		计数	529	2513	506	3548
		行百分比	14.9%	70.8%	14.3%	100.0%
		列百分比	100.0%	100.0%	100.0%	100.0%

五、不同职业的农村居民对党员能否信教的认知差异

在 3530 个有效样本中，村组干部明确知道党员“不可以”信教的比例最高，占本组总人数的 82.3%；农村中小学教师认为党员“不可以”信教的比例其次，占本组总人数的 60.2%；在校学生认为党员“不可以”信教的比例最低，占本组总人数的 38.4%（见表 9－2－5）。

表 9－2－5　不同职业的农村居民对党员能否信教的认知差异

		您的职业							总计
		1	2	3	4	5	6	7	
不可以	计数	829	218	68	225	131	123	147	1741
	行百分比	47.6%	12.5%	3.9%	12.9%	7.5%	7.1%	8.4%	100.0%
	列百分比	48.5%	82.3%	60.2%	41.4%	50.8%	38.4%	45.7%	49.3%
可以	计数	368	28	22	166	69	118	92	863
	行百分比	42.6%	3.2%	2.5%	19.2%	8.0%	13.7%	10.7%	100.0%
	列百分比	21.5%	10.6%	19.5%	30.6%	26.7%	36.9%	28.6%	24.4%
说不清楚	计数	512	19	23	152	58	79	83	926
	行百分比	55.3%	2.1%	2.5%	16.4%	6.3%	8.5%	9.0%	100.0%
	列百分比	30.0%	7.2%	20.4%	28.0%	22.5%	24.7%	25.8%	26.2%
总计	计数	1709	265	113	543	258	320	322	3530
	行百分比	48.4%	7.5%	3.2%	15.4%	7.3%	9.1%	9.1%	100.0%
	列百分比	100.0%	100.0%	100.0%	100.0%	100.0%	100.0%	100.0%	100.0%

注：1＝在家务农，2＝村组干部，3＝农村中小学教师，4＝企业工人，5＝工商户，6＝在校学生，7＝其他

六、不同选举参与的农村居民对党员能否信教的认知差异

在 3562 个有效样本中，参加了最近一次村委会选举投票的农村居民明确选择党员“不可以”信教的人数为 1211 人，占本组总人数的 54.1%；没有参加最近一次村委会选举投票的农村居民明确选择党员“不可以”信教的人数为 543 人，占本组总人数的 41.0%。这表明积极参与基层民主实践的农村居民对于党员能否信教这一问题具有更准确的认知（见表 9－2－6）。

表9-2-6　不同选举参与的农村居民对党员能否信教的认知差异

			是否参加村委会选举投票		总计
			参加了	没有参加	
党员能否信教	不可以	计数	1211	543	1754
		行百分比	69.0%	31.0%	100.0%
		列百分比	54.1%	41.0%	49.2%
	可以	计数	469	403	872
		行百分比	53.8%	46.2%	100.0%
		列百分比	21.0%	30.4%	24.5%
	说不清楚	计数	558	378	936
		行百分比	59.6%	40.4%	100.0%
		列百分比	24.9%	28.5%	26.3%
总计		计数	2238	1324	3562
		行百分比	62.8%	37.2%	100.0%
		列百分比	100.0%	100.0%	100.0%

第三节　对邪教的认知

我们询问了农村居民“您知道什么是邪教吗？”在3579个有效样本中，选择“非常了解”的样本440个，占12.3%；选择“比较了解”的样本1515个，占42.3%；选择“不确定”的样本651个，占18.2%；选择“不太了解”的样本689个，占19.3%；选择“很不了解”的样本284个，占本组总人数的7.9%。总的来看，大部分农村居民对邪教有明确的认知，但仍有1/3的农村居民对于邪教没有明确的了解。

一、不同性别的农村居民对邪教的认知的差异

在3571个有效样本中，男性选择“非常了解”的样本301个，“比较了解”的样本861个，分别占男性总人数的15.8%和45.1%；女性选择“非常了解”的样本138个，“比较了解”的样本649个，分别占女性总人数的8.3%和39.1%。男性选择“非常了解”和“比较了解”的比例均显著高于女性，表明男性对于邪教的认知更清晰（见表9-3-1）。

表 9－3－1　不同性别的农村居民对邪教的认知的差异

			性别		总计
			男	女	
您知道什么是邪教吗	非常了解	计数	301	138	439
		行百分比	68.6%	31.4%	100.0%
		列百分比	15.8%	8.3%	12.3%
	比较了解	计数	861	649	1510
		行百分比	57.0%	43.0%	100.0%
		列百分比	45.1%	39.1%	42.3%
	不确定	计数	337	314	651
		行百分比	51.8%	48.2%	100.0%
		列百分比	17.6%	18.9%	18.2%
	不太了解	计数	300	388	688
		行百分比	43.6%	56.4%	100.0%
		列百分比	15.7%	23.4%	19.3%
	很不了解	计数	111	172	283
		行百分比	39.2%	60.8%	100.0%
		列百分比	5.8%	10.4%	7.9%
总计		计数	1910	1661	3571
		行百分比	53.5%	46.5%	100.0%
		列百分比	100.0%	100.0%	100.0%

二、不同年龄的农村居民对邪教的认知的差异

在3562个有效样本中，29岁及以下选择“非常了解”的样本118个，占本组总人数的14.5%，略高于年龄更大的两组。29岁以下选择“比较了解”的样本401个，占本组总人数的49.4%，显著高于年龄更大的两组。总的来看，年轻人相比年纪较大的农村居民对于邪教有更清晰的认知（见表9－3－2）。

表 9－3－2　不同年龄的农村居民对邪教的认知的差异

			年龄分段			总计
			29 岁及以下	30～49 岁	50 岁及以上	
您知道什么是邪教吗	非常了解	计数	118	161	160	439
		行百分比	26.9%	36.7%	36.4%	100.0%
		列百分比	14.5%	11.2%	12.2%	12.3%
	比较了解	计数	401	573	530	1504
		行百分比	26.7%	38.1%	35.2%	100.0%
		列百分比	49.4%	39.8%	40.4%	42.2%
	不确定	计数	135	266	249	650
		行百分比	20.8%	40.9%	38.3%	100.0%
		列百分比	16.6%	18.5%	19.0%	18.2%
	不太了解	计数	124	326	236	686
		行百分比	18.1%	47.5%	34.4%	100.0%
		列百分比	15.3%	22.6%	18.0%	19.3%
	很不了解	计数	33	114	136	283
		行百分比	11.7%	40.3%	48.1%	100.0%
		列百分比	4.1%	7.9%	10.4%	7.9%
总计		计数	811	1440	1311	3562
		行百分比	22.8%	40.4%	36.8%	100.0%
		列百分比	100.0%	100.0%	100.0%	100.0%

三、不同文化程度的农村居民对邪教的认知的差异

在 3566 个有效样本中，小学及以下选择“非常了解”的样本 32 个，占本组总人数的 4.8%，显著低于初中及以上文化程度的农村居民。小学及以下文化程度的农村居民选择“比较了解”的样本 218 个，占本组总人数的 32.8%；初中文化程度的农村居民选择“比较了解”的样本 575 个，占本组总人数的 39.7%；高中或中专文化程度的农村居民选择“比较了解”的样本 377 个，占本组总人数的 46.4%；大专文化程度的农村居民选择“比较了解”的样本 153 个，占本组总人数的 51.7%；本科及以上文化程度的农村居民选择“比较了解”的样本 184 个，占本组总人数的 53.3%。总的来看，文化程度越高邪教的认知越清晰（见表 9－3－3）。

表 9－3－3　不同文化程度的农村居民对邪教的认知的差异

		您的文化程度					总计
		小学及以下	初中	高中或中专	大专	本科及以上	
非常了解	计数	32	152	146	49	59	438
	行百分比	7.3%	34.7%	33.3%	11.2%	13.5%	100.0%
	列百分比	4.8%	10.5%	18.0%	16.6%	17.1%	12.3%
比较了解	计数	218	575	377	153	184	1507
	行百分比	14.5%	38.2%	25.0%	10.2%	12.2%	100.0%
	列百分比	32.8%	39.7%	46.4%	51.7%	53.3%	42.3%
不确定	计数	156	279	126	33	56	650
	行百分比	24.0%	42.9%	19.4%	5.1%	8.6%	100.0%
	列百分比	23.5%	19.3%	15.5%	11.1%	16.2%	18.2%
不太了解	计数	153	318	129	50	38	688
	行百分比	22.2%	46.2%	18.8%	7.3%	5.5%	100.0%
	列百分比	23.0%	22.0%	15.9%	16.9%	11.0%	19.3%
很不了解	计数	105	124	35	11	8	283
	行百分比	37.1%	43.8%	12.4%	3.9%	2.8%	100.0%
	列百分比	15.8%	8.6%	4.3%	3.7%	2.3%	7.9%
总计	计数	664	1448	813	296	345	3566
	行百分比	18.6%	40.6%	22.8%	8.3%	9.7%	100.0%
	列百分比	100.0%	100.0%	100.0%	100.0%	100.0%	100.0%

四、不同政治面貌的农村居民对邪教的认知的差异

在3552个有效样本中，中共党员选择“非常了解”的样本146个，占本组总人数的27.7%；普通群众选择“非常了解”的样本222个，占本组总人数的8.8%；共青团员选择“非常了解”的样本66个，占本组总人数的13.0%。

中共党员选择“比较了解”的样本272个，占本组总人数的51.6%；普通群众选择“比较了解”的样本982个，占本组总人数的39.0%；共青团员选择“比较了解”的样本250个，占本组总人数的49.4%。总的来看，中共党员对什么是邪教有更清晰的了解，普通群众对邪教的了解最弱（见表9－3－4）。

表9-3-4　不同政治面貌的农村居民对邪教的认知的差异

			政治面貌			总计
			中共党员	普通群众	共青团员	
您知道什么是邪教吗	非常了解	计数	146	222	66	434
		行百分比	33.6%	51.2%	15.2%	100.0%
		列百分比	27.7%	8.8%	13.0%	12.2%
	比较了解	计数	272	982	250	1504
		行百分比	18.1%	65.3%	16.6%	100.0%
		列百分比	51.6%	39.0%	49.4%	42.3%
	不确定	计数	41	516	91	648
		行百分比	6.3%	79.6%	14.0%	100.0%
		列百分比	7.8%	20.5%	18.0%	18.2%
	不太了解	计数	52	560	72	684
		行百分比	7.6%	81.9%	10.5%	100.0%
		列百分比	9.9%	22.2%	14.2%	19.3%
	很不了解	计数	16	239	27	282
		行百分比	5.7%	84.8%	9.6%	100.0%
		列百分比	3.0%	9.5%	5.3%	7.9%
总计		计数	527	2519	506	3552
		行百分比	14.8%	70.9%	14.2%	100.0%
		列百分比	100.0%	100.0%	100.0%	100.0%

五、不同职业的农村居民对邪教的认知的差异

在3534个有效样本中，村组干部选择“非常了解”的比例最高，占本组总人数的32.7%；其次为农村中小学教师，占本组总人数的23.0%；在家务农的农村居民选择“非常了解”的比例最低，占本组总人数的8.5%。

在校学生选择“比较了解”的比例最高，占本组总人数的54.2%，在家务农的农村居民选择“比较了解”的比例最低，占本组总人数的36.5%。总的来看，村组干部对邪教的认知最清晰，在家务农的农村居民对邪教最缺乏正确的认知（见表9-3-5）。

表9－3－5　不同职业的农村居民对邪教的认知的差异

		您的职业							总计
		1	2	3	4	5	6	7	
非常了解	计数	145	86	26	64	27	41	45	434
	行百分比	33.4%	19.8%	6.0%	14.7%	6.2%	9.4%	10.4%	100.0%
	列百分比	8.5%	32.7%	23.0%	11.7%	10.4%	12.8%	14.0%	12.3%
比较了解	计数	625	129	49	260	114	174	148	1499
	行百分比	41.7%	8.6%	3.3%	17.3%	7.6%	11.6%	9.9%	100.0%
	列百分比	36.5%	49.0%	43.4%	47.6%	44.0%	54.2%	46.0%	42.4%
不确定	计数	353	16	12	110	51	53	48	643
	行百分比	54.9%	2.5%	1.9%	17.1%	7.9%	8.2%	7.5%	100.0%
	列百分比	20.6%	6.1%	10.6%	20.1%	19.7%	16.5%	14.9%	18.2%
不太了解	计数	394	21	19	91	53	43	56	677
	行百分比	58.2%	3.1%	2.8%	13.4%	7.8%	6.4%	8.3%	100.0%
	列百分比	23.0%	8.0%	16.8%	16.7%	20.5%	13.4%	17.4%	19.2%
很不了解	计数	193	11	7	21	14	10	25	281
	行百分比	68.7%	3.9%	2.5%	7.5%	5.0%	3.6%	8.9%	100.0%
	列百分比	11.3%	4.2%	6.2%	3.8%	5.4%	3.1%	7.8%	8.0%
总计	计数	1710	263	113	546	259	321	322	3534
	行百分比	48.4%	7.4%	3.2%	15.4%	7.3%	9.1%	9.1%	100.0%
	列百分比	100.0%	100.0%	100.0%	100.0%	100.0%	100.0%	100.0%	100.0%

注：1＝在家务农，2＝村组干部，3＝农村中小学教师，4＝企业工人，5＝工商户，6＝在校学生，7＝其他

六、不同收入水平的农村居民对邪教的认知的差异

在2763个有效样本中，高收入组选择“非常了解”的样本36个，占本组总人数的21.8%；中收入组选择“非常了解”的样本105个，占本组总人数的12.9%；低收入组选择“非常了解”的样本191个，占本组总人数的10.9%。高收入组选择“非常了解”的比例显著高于低收入组和中收入组。

低收入组选择“比较了解”的样本696个，占本组总人数的39.7%，显著低于中收入组的48.6%和高收入组的46.7%。总的来看，收入水平越高对邪教的认知越清晰（见表9－3－6）。

表 9－3－6　不同收入水平的农村居民对邪教的认知的差异

			人均收入			总计
			低	中	高	
您知道什么是邪教吗	非常了解	计数	191	105	36	332
		行百分比	57.5%	31.6%	10.8%	100.0%
		列百分比	10.9%	12.9%	21.8%	12.1%
	比较了解	计数	696	397	77	1170
		行百分比	59.5%	33.9%	6.6%	100.0%
		列百分比	39.7%	48.6%	46.7%	42.8%
	不确定	计数	309	148	21	478
		行百分比	64.6%	31.0%	4.4%	100.0%
		列百分比	17.6%	18.1%	12.7%	17.5%
	不太了解	计数	387	125	20	532
		行百分比	72.7%	23.5%	3.8%	100.0%
		列百分比	22.1%	15.3%	12.1%	19.4%
	很不了解	计数	171	42	11	224
		行百分比	76.3%	18.8%	4.9%	100.0%
		列百分比	9.7%	5.1%	6.7%	8.2%
总计		计数	1754	817	165	2736
		行百分比	64.1%	29.9%	6.0%	100.0%
		列百分比	100.0%	100.0%	100.0%	100.0%

第四节　对宗教社会功能的认识

学术界和宗教界有很多人热衷于谈论宗教的社会功能，认为信教的人更热心公益，宗教的传播可以改善公共服务，甚至有利于“善治”。为了解山东省农村居民对宗教社会功能的认知，我们设计了如下题目：“您认为信教对国家、社会有好处吗？”选项包括：“有很大好处，如促进社会公益事业、社会和谐、民族团结等”“没什么好处，都是封建迷信，不科学，骗人，还有邪教杀人等”“无所谓，这是个人事情，只要个人喜好，不危害家庭和社会就行”。在3528个有效样本中，认为宗教“有很大好处”的农村居民407人，占11.5%；认为宗教“没什么好处”的农村居民889人，占25.2%；选择“无所谓”的农村居民2232

人，占63.3%。

一、不同年龄的农村居民对宗教社会功能的认知差异

不同年龄的农村居民对宗教社会功能的认知存在显著差异，列联系数为0.186，卡方检验的显著性水平为0.001。在3512个有效样本中，29岁及以下选择“没什么好处”的样本103个，占本组总人数的比例为12.8%；30～49岁选择“没什么好处”的样本349个，占本组总人数的24.6%；50岁及以上选择“没什么好处”的样本436个，占本组总人数的33.8%。

29岁及以下选择“无所谓”的样本598个，占本组总人数的比例为74.2%；30～49岁选择“无所谓”的样本924个，占本组总人数的65.3%；50岁及以上选择“无所谓”的样本696个，占本组总人数的54.0%。总的来看，各年龄段认为信教“有很大好处”的比例很接近，年龄越高越倾向于认为信教没什么好处，年龄越低越倾向于选择无所谓（见表9－4－1）。

表9－4－1 不同年龄的农村居民对宗教社会功能认知的差异

		年龄分段			总计
		29岁及以下	30～49岁	50岁及以上	
有很大好处	计数	105	143	158	406
	行百分比	25.9%	35.2%	38.9%	100.0%
	列百分比	13.0%	10.1%	12.2%	11.6%
没什么好处	计数	103	349	436	888
	行百分比	11.6%	39.3%	49.1%	100.0%
	列百分比	12.8%	24.6%	33.8%	25.3%
无所谓	计数	598	924	696	2218
	行百分比	27.0%	41.7%	31.4%	100.0%
	列百分比	74.2%	65.3%	54.0%	63.2%
总计	计数	806	1416	1290	3512
	行百分比	22.9%	40.3%	36.7%	100.0%
	列百分比	100.0%	100.0%	100.0%	100.0%

二、不同文化程度的农村居民对宗教社会功能的认知差异

在3515个有效样本中，小学及以下文化程度的农村居民选择“没什么好处”的样本226个，占本组总人数的34.4%；初中文化程度的农村居民选择“没什么好处”的样本392个，

占本组总人数的27.5%；高中或中专文化程度的农村居民选择“没什么好处”的样本189个，占本组总人数的23.7%；大专文化程度的农村居民选择“没什么好处”的样本37个，占本组总人数的12.6%；本科及以上文化程度的农村居民选择“没什么好处”的样本44个，占本组总人数的12.8%。

小学及以下文化程度的农村居民选择“无所谓”的样本343个，占本组总人数的52.2%；初中文化程度的农村居民选择“无所谓”的样本899个，占本组总人数的63.2%；高中或中专文化程度的农村居民选择“无所谓”的样本515个，占本组总人数的64.6%；大专文化程度的农村居民选择“无所谓”的样本207个，占本组总人数的70.4%；本科文化程度的农村居民选择“无所谓”的样本256个，占本组总人数的74.4%。

总体来看，各文化程度选择“有很大好处”的比例不存在显著差别，大专文化程度选择“有很大好处”的比例稍高；以高中毕业为界，上过大学的农村居民选择“没什么好处”的比例显著低于没上过大学的农村居民，上过大学的农村居民选择“无所谓”的比例高于没上过大学的农村居民；小学及以下文化程度的农村居民认为信教“没什么好处”的比例显著高于更高文化程度的农村居民（见表9－4－2）。

表9－4－2　不同文化程度的农村居民对宗教社会功能认知的差异

		文化程度					总计
		小学及以下	初中	高中或中专	大专	本科及以上	
有很大好处	计数	88	132	93	50	44	407
	行百分比	21.6%	32.4%	22.9%	12.3%	10.8%	100.0%
	列百分比	13.4%	9.3%	11.7%	17.0%	12.8%	11.6%
没什么好处	计数	226	392	189	37	44	888
	行百分比	25.5%	44.1%	21.3%	4.2%	5.0%	100.0%
	列百分比	34.4%	27.5%	23.7%	12.6%	12.8%	25.3%
无所谓	计数	343	899	515	207	256	2220
	行百分比	15.5%	40.5%	23.2%	9.3%	11.5%	100.0%
	列百分比	52.2%	63.2%	64.6%	70.4%	74.4%	63.2%
总计	计数	657	1423	797	294	344	3515
	行百分比	18.7%	40.5%	22.7%	8.4%	9.8%	100.0%
	列百分比	100.0%	100.0%	100.0%	100.0%	100.0%	100.0%

三、不同政治面貌的农村居民对宗教社会功能的认知差异

在3503个有效样本中，中共党员选择信教“有很大好处”的样本51个，占本组总人数

的9.8%；普通群众选择信教"有很大好处"的样本282个，占本组总人数的11.4%；共青团员选择信教"有很大好处"的样本72个，占本组总人数的14.3%；共青团员认为信教"有很大好处"的比例最高，中共党员认为信仰"有很大好处"的比例最低，但三组间不存在显著差异。

中共党员选择信教"没什么好处"的样本164个，占本组总人数的31.6%；普通群众选择信教"没什么好处"的样本654个，占本组总人数的26.3%；共青团员选择信教"没什么好处"的样本66个，占本组总人数的13.1%；共青团员认为信教"没什么好处"的比例显著低于普通群众和中共党员。

中共党员选择"无所谓"的样本304个，占本组总人数的58.6%；普通群众选择"无所谓"的样本1546个，占本组总人数的62.3%；共青团员选择信教"没什么好处"的样本364个，占本组总人数的72.5%；共青团员选择"无所谓"的比例显著高于普通群众和中共党员（见表9－4－3）。

表9－4－3 不同政治面貌的农村居民对宗教社会功能认知的差异

		政治面貌			总计
		中共党员	普通群众	共青团员	
有很大好处	计数	51	282	72	405
	行百分比	12.6%	69.6%	17.8%	100.0%
	列百分比	9.8%	11.4%	14.3%	11.6%
没什么好处	计数	164	654	66	884
	行百分比	18.6%	74.0%	7.5%	100.0%
	列百分比	31.6%	26.3%	13.1%	25.2%
无所谓	计数	304	1546	364	2214
	行百分比	13.7%	69.8%	16.4%	100.0%
	列百分比	58.6%	62.3%	72.5%	63.2%
总计	计数	519	2482	502	3503
	行百分比	14.8%	70.9%	14.3%	100.0%
	列百分比	100.0%	100.0%	100.0%	100.0%

四、不同职业的农村居民对宗教社会功能的认知差异

村组干部选择信教"有很大好处"的样本18个，占本组总人数的6.9%，在所有职业中比例最低；农村中小学教师选择信教"有很大好处"的样本19个，占本组总人数的17.0%，在所有职业中比例最高。

村组干部选择信教“没什么好处”的样本92个，占本组总人数的35.5%，在所有职业中比例最高；在校学生选择信教“没什么好处”的样本38个，占本组总人数的11.8%，在所有职业中比例最低。在校学生选择“无所谓”的比例最高为77.6%（见表9-4-4）。

表9-4-4　不同职业的农村居民对宗教社会功能认知的差异

		职业							总计
		1	2	3	4	5	6	7	
有很大好处	计数	189	18	19	71	34	34	36	401
	行百分比	47.1%	4.5%	4.7%	17.7%	8.5%	8.5%	9.0%	100.0%
	列百分比	11.3%	6.9%	17.0%	13.2%	13.3%	10.6%	11.4%	11.5%
没什么好处	计数	509	92	25	95	59	38	64	882
	行百分比	57.7%	10.4%	2.8%	10.8%	6.7%	4.3%	7.3%	100.0%
	列百分比	30.3%	35.5%	22.3%	17.7%	23.0%	11.8%	20.2%	25.3%
无所谓	计数	982	149	68	372	163	249	217	2200
	行百分比	44.6%	6.8%	3.1%	16.9%	7.4%	11.3%	9.9%	100.0%
	列百分比	58.5%	57.5%	60.7%	69.1%	63.7%	77.6%	68.5%	63.2%
总计	计数	1680	259	112	538	256	321	317	3483
	行百分比	48.2%	7.4%	3.2%	15.4%	7.3%	9.2%	9.1%	100.0%
	列百分比	100.0%	100.0%	100.0%	100.0%	100.0%	100.0%	100.0%	100.0%

注：1=在家务农，2=村组干部，3=农村中小学教师，4=企业工人，5=工商户，6=在校学生，7=其他

五、不同打工频率的农村居民对宗教社会功能的认知差异

在1377个有效样本中，基本没外出打工的农村居民选择“没什么好处”的样本181个，占本组总人数的31.5%；1/3时间在外打工的农村居民选择“没什么好处”的样本49个，占本组总人数的31.8%。2/3的时间在外打工的农村居民选择“没什么好处”的样本53个，占本组总人数的22.8%；基本上全年在外打工的农村居民选择“没什么好处”的样本77个，占本组总人数的18.5%。总体来看，选择“有很大好处”的比例没有显著差异，少于一半时间在外打工的农村居民选择“没什么好处”的比例显著高于多于一半的时间在外打工的农村居民（见表9-4-5）。

表9－4－5 不同打工频率的农村居民对宗教社会功能认知的差异

		去年您有多少时间在城市打工				总计
		基本没外出打工	三分之一的时间	三分之二的时间	基本上全年	
有很大好处	计数	63	14	25	55	157
	行百分比	40.1%	8.9%	15.9%	35.0%	100.0%
	列百分比	11.0%	9.1%	10.8%	13.2%	11.4%
没什么好处	计数	181	49	53	77	360
	行百分比	50.3%	13.6%	14.7%	21.4%	100.0%
	列百分比	31.5%	31.8%	22.8%	18.5%	26.1%
无所谓	计数	331	91	154	284	860
	行百分比	38.5%	10.6%	17.9%	33.0%	100.0%
	列百分比	57.6%	59.1%	66.4%	68.3%	62.5%
总计	计数	575	154	232	416	1377
	行百分比	41.8%	11.2%	16.8%	30.2%	100.0%
	列百分比	100.0%	100.0%	100.0%	100.0%	100.0%

六、不同选举参与的农村居民对宗教社会功能的认知差异

在3515个有效样本中，参加了最近一次村委会选举投票的农村居民选择“没什么好处”的样本635个，占本组总人数的28.9%；未参加最近一次村委会选举投票的农村居民选择“没什么好处”的样本250个，占本组总人数的19.0%。总的来看，选择“有很大好处”的比例没有显著差异，参与投票的农村居民选择“没什么好处”的比例显著高于没有参加投票的农村居民（见表9－4－6）。

表9－4－6 不同选举参与的农村居民对宗教社会功能认知的差异

		最近一次村委会选举，您参加投票了吗		总计
		参加了	没有参加	
有很大好处	计数	229	178	407
	行百分比	56.3%	43.7%	100.0%
	列百分比	10.4%	13.5%	11.6%
没什么好处	计数	635	250	885
	行百分比	71.8%	28.2%	100.0%
	列百分比	28.9%	19.0%	25.2%
无所谓	计数	1336	887	2223
	行百分比	60.1%	39.9%	100.0%
	列百分比	60.7%	67.5%	63.2%
总计	计数	2200	1315	3515
	行百分比	62.6%	37.4%	100.0%
	列百分比	100.0%	100.0%	100.0%

第五节　对宗教发展前景的判断

为了解农村居民对于宗教发展前景的判断，我们设计了以下题目："您觉得宗教在农村未来发展的前景是什么？"选项包括："信宗教对个人有好处，信的人会越来越多""信宗教没什么用，信的人会越来越少"和"不清楚"。在3535个有效样本中，认为信教的人会变多的样本337个，占9.5%；认为信教的人会变少的样本841个，占23.8%；选择"不清楚"66.7%。总的来看，2/3的人对于宗教的发展前景认知模糊，明确认为信教的人会变多的农村居民仅十分之一左右。

一、不同性别的农村居民对宗教发展前景的判断的差异

在3528个有效样本中，男性认为信教的人会变多的样本148个，占男性总人数的7.8%；女性认为信教的人会变多的样本188个，占女性总人数的11.5%；男性认为信教的人会变少的样本491个，占男性总人数的26.0%；女性认为信教的人会变少的样本348个，占女性总人数的21.2%。总的来看，男性更倾向于认为信教的人会变多，女性更倾向于认为信教的人会变少，但是二者的差异不显著（见表9-5-1）。

表9-5-1　不同性别的农村居民对宗教发展前景的判断的差异

			性别		总计
			男	女	
宗教发展前景	信的人变多	计数	148	188	336
		行百分比	44.0%	56.0%	100.0%
		列百分比	7.8%	11.5%	9.5%
	信的人变少	计数	491	348	839
		行百分比	58.5%	41.5%	100.0%
		列百分比	26.0%	21.2%	23.8%
	不清楚	计数	1250	1103	2353
		行百分比	53.1%	46.9%	100.0%
		列百分比	66.2%	67.3%	66.7%
总计		计数	1889	1639	3528
		行百分比	53.5%	46.5%	100.0%
		列百分比	100.0%	100.0%	100.0%

二、不同年龄的农村居民对宗教发展前景的判断的差异

在3520个有效样本中，50岁及以上的农村居民认为信教的人会变少的样本368个，占本组总人数的28.4%，显著高于年龄较低的农村居民的对应比例。总的来看，不同年龄段认为信教的人会变多的比例不存在显著差异，但是50岁及以上的农村居民更倾向于认为信教的人会变少（见表9-5-2）。

表9-5-2 不同年龄的农村居民对宗教发展前景的判断的差异

			年龄分段			总计
			29岁及以下	30~49岁	50岁及以上	
宗教发展前景	信的人变多	计数	63	134	140	337
		行百分比	18.7%	39.8%	41.5%	100.0%
		列百分比	7.9%	9.4%	10.8%	9.6%
	信的人变少	计数	145	325	368	838
		行百分比	17.3%	38.8%	43.9%	100.0%
		列百分比	18.1%	22.8%	28.4%	23.8%
	不清楚	计数	592	965	788	2345
		行百分比	25.2%	41.2%	33.6%	100.0%
		列百分比	74.0%	67.8%	60.8%	66.6%
总计		计数	800	1424	1296	3520
		行百分比	22.7%	40.5%	36.8%	100.0%
		列百分比	100.0%	100.0%	100.0%	100.0%

三、不同政治面貌的农村居民对宗教发展前景的判断的差异

在3509个有效样本中，中共党员选择信教的人会变少的样本172个，占本组总人数的33.4%；普通群众选择信教的人会变少的样本586个，占本组总人数的23.5%；共青团员选择信教的人会变少的样本81个，占本组总人数的16.1%。总的来看，不同政治面貌的农村居民认为信教的人会变多的比例不存在显著差异。中共党员认为信教的人会变少的比例显著高于普通群众和共青团员，共青团员认为信教的人会变少的比例显著低于中共党员和普通群众（见表9-5-3）。

四、不同职业的农村居民对宗教发展前景的判断的差异

在3490个有效样本中，认为信教的人会变多的比例最低的是村组干部和在校学生，分别占本组总人数的5.8%和6.6%。其他职业的农村居民认为信教的人会变多的比例均在10%

左右。村组干部认为信教的人会变少的样本99个，占本组总人数的38.1%，显著高于其他职业的比例（见表9－5－4）。

表9－5－3　不同政治面貌的农村居民对宗教发展前景的判断的差异

			政治面貌			总计
			中共党员	普通群众	共青团员	
宗教发展前景	信的人变多	计数	38	255	43	336
		行百分比	11.3%	75.9%	12.8%	100.0%
		列百分比	7.4%	10.2%	8.6%	9.6%
	信的人变少	计数	172	586	81	839
		行百分比	20.5%	69.8%	9.7%	100.0%
		列百分比	33.4%	23.5%	16.1%	23.9%
	不清楚	计数	305	1651	378	2334
		行百分比	13.1%	70.7%	16.2%	100.0%
		列百分比	59.2%	66.3%	75.3%	66.5%
总计		计数	515	2492	502	3509
		行百分比	14.7%	71.0%	14.3%	100.0%
		列百分比	100.0%	100.0%	100.0%	100.0%

表9－5－4　不同年龄的农村居民对宗教发展前景的判断的差异

		您的职业							总计
		1	2	3	4	5	6	7	
信的人变多	计数	177	15	12	55	24	21	30	334
	行百分比	53.0%	4.5%	3.6%	16.5%	7.2%	6.3%	9.0%	100.0%
	列百分比	10.5%	5.8%	10.8%	10.1%	9.5%	6.6%	9.4%	9.6%
信的人变少	计数	393	99	32	96	77	60	74	831
	行百分比	47.3%	11.9%	3.9%	11.6%	9.3%	7.2%	8.9%	100.0%
	列百分比	23.2%	38.1%	28.8%	17.7%	30.6%	19.0%	23.3%	23.8%
不清楚	计数	1121	146	67	391	151	235	214	2325
	行百分比	48.2%	6.3%	2.9%	16.8%	6.5%	10.1%	9.2%	100.0%
	列百分比	66.3%	56.2%	60.4%	72.1%	59.9%	74.4%	67.3%	66.6%
总计	计数	1691	260	111	542	252	316	318	3490
	行百分比	48.5%	7.4%	3.2%	15.5%	7.2%	9.1%	9.1%	100.0%
	列百分比	100.0%	100.0%	100.0%	100.0%	100.0%	100.0%	100.0%	100.0%

注：1＝在家务农，2＝村组干部，3＝农村中小学教师，4＝企业工人，5＝工商户，6＝在校学生，7＝其他

五、不同选举参与的农村居民对宗教发展前景的判断的差异

在3523个有效样本中，参加了最近一次村委选举投票的农村居民认为信教的人会变少的样本579个，占本组总人数的26.1%；没有参加最近一次选举投票的农村居民认为信教的人会变少的样本258个，占本组总人数的19.7%。参加了最近一次村委会投票选举的农村居民更倾向于认为信教的人会变少（见表9－5－5）。

表9－5－5 不同选举参与的农村居民对宗教发展前景的判断的差异

			最近一次村委会选举，您参加投票了吗		总计
			参加了	没有参加	
宗教发展前景	信的人变多	计数	195	141	336
		行百分比	58.0%	42.0%	100.0%
		列百分比	8.8%	10.8%	9.5%
	信的人变少	计数	579	258	837
		行百分比	69.2%	30.8%	100.0%
		列百分比	26.1%	19.7%	23.8%
	不清楚	计数	1441	909	2350
		行百分比	61.3%	38.7%	100.0%
		列百分比	65.1%	69.5%	66.7%
总计		计数	2215	1308	3523
		行百分比	62.9%	37.1%	100.0%
		列百分比	100.0%	100.0%	100.0%

第六节 小结

1.农村居民对宗教政策的了解不足、对邪教认识不够

无论是对党员是否可以信教的认知、对邪教的认知和对党和政府宗教政策的了解程度，山东省农村居民的认知水平都有待提升。文化程度越高对宗教政策了解越多、对邪教认知越清晰。受过高等教育的农村居民认为党员可以信教的比例高于没有受过高等教育的农村居民，这一结果的可能原因是，虽然这些人大部分知道国家不提倡党员信教，但是高教育水平的农村居民倾向于认为党员也应当有信教的权利。年轻人也呈现同样的特点，即对宗教政策的了解更多、对邪教认知更清晰，但是认为党员可以信教的比例更高，可能的原因同样

是年轻人更注重信仰自由。

2. 农村居民对宗教社会功能评价不高

仅有11.5%的农村居民认为信教有很大好处，且其中有149个人为信教群众，占信教群众总数的53.2%，不信教的农村居民认为信教有很大好处的比例仅为7.7%。年纪较高、文化程度较低的农村居民倾向于认为信教没有什么好处，共青团员认为信教没什么好处的比例显著低于普通群众和中共党员。在村里时间长的农村居民相比外出打工时间长的农村居民更倾向于认为信教没有什么好处。

3. 仅有少部分农村居民认为信教人数会增加

仅有十分之一的农村居民明确认为将来信教的人数会增加，年纪较大和具有党员身份的农村居民更倾向于认为信教的人会变少。其中信教群众中有136人认为信教人数会增加，占信教群众总人数的49.1%，不信教的农村居民认为信教人数会增加的比例仅6.1%。由于宗教（特别是基督教）的主要传播方式是本地市内传播，并且77%的信教者明确表示不会向“陌生人”传播自己的信仰，加上农村居民自身大部分并不认为信教人数会增加，因此农村地区出现宗教大规模增长的可能性不大，当前的“宗教热”很可能只是短时的。

附　录

附录1：样本概况

本部分内容包括样本的地区、性别、年龄、文化程度、收入水平、职业、政治面貌、离村频率的分布情况。

样本的地区分布

地区	频率	百分比	有效百分比	累积百分比
济南	169	4.7	4.7	4.7
青岛	320	8.9	8.9	13.6
淄博	240	6.7	6.7	20.3
枣庄	120	3.3	3.3	23.6
东营	180	5.0	5.0	28.6
烟台	240	6.7	6.7	35.3
潍坊	626	17.4	17.4	52.7
济宁	230	6.4	6.4	59.1
泰安	189	5.3	5.3	64.4
威海	96	2.7	2.7	67.1
日照	110	3.1	3.1	70.1
莱芜	80	2.2	2.2	72.4
临沂	320	8.9	8.9	81.3
德州	158	4.4	4.4	85.7

聊城	160	4.5	4.5	90.1
滨州	160	4.5	4.5	94.6
菏泽	195	5.4	5.4	100.0
总计	3593	100.0	100.0	

样本的性别分布

	性别	频率	百分比	有效百分比	累积百分比
有效	男	1917	53.4	53.5	53.5
	女	1667	46.4	46.5	100.0
	总计	3584	99.7	100.0	
缺失	系统	9	.3		
总计		3593	100.0		

样本的年龄分布

	年龄	频率	百分比	有效百分比	累积百分比
有效	29 岁及以下	813	22.6	22.7	22.7
	30～49 岁	1448	40.3	40.5	63.2
	50 岁及以上	1315	36.6	36.8	100.0
	总计	3576	99.5	100.0	
缺失	系统	17	.5		
总计		3593	100.0		

样本的文化程度分布

	文化程度	频率	百分比	有效百分比	累积百分比
有效	小学及以下	666	18.5	18.6	18.6
	初中	1456	40.5	40.7	59.3
	高中或中专	816	22.7	22.8	82.1
	大专	297	8.3	8.3	90.4
	本科及以上	345	9.6	9.6	100.0
	总计	3580	99.6	100.0	
缺失	系统	13	.4		
总计		3593	100.0		

样本的政治面貌分布

政治面貌		频率	百分比	有效百分比	累积百分比
有效	中共党员	530	14.8	14.9	14.9
	民主党派成员	17	.5	.5	15.3
	普通群众	2500	69.6	70.1	85.4
	共青团员	508	14.1	14.2	99.7
	其他	11	.3	.3	100.0
	总计	3566	99.2	100.0	
缺失	系统	27	.8		
总计		3593	100.0		

注：正文分析中，将民主党派成员和其他均归入普通群众。

样本的职业分布

职业		频率	百分比	有效百分比	累积百分比
有效	在家务农	1718	47.8	48.4	48.4
	村组干部	265	7.4	7.5	55.9
	农村中小学教师	114	3.2	3.2	59.1
	企业工人	548	15.3	15.4	74.5
	工商户	259	7.2	7.3	81.8
	在校学生	321	8.9	9.0	90.9
	其他	323	9.0	9.1	100.0
	总计	3548	98.7	100.0	
缺失	系统	45	1.3		
总计		3593	100.0		

样本的人均收入分布

		频率	百分比	有效百分比	累积百分比
有效	低	1764	49.1	64.2	64.2
	中	817	22.7	29.8	94.0
	高	165	4.6	6.0	100.0
	总计	2746	76.4	100.0	
缺失	系统	847	23.6		
总计		3593	100.0		

注：分别以 2015 年农村人均纯收入和 2015 年城镇人均可支配收入为低中高组的分界值。

样本的离村频率分布

		频率	百分比	有效百分比	累积百分比
有效	基本没外出打工	688	19.1	45.3	45.3
	三分之一的时间	158	4.4	10.4	55.7
	三分之二的时间	238	6.6	15.7	71.4
	基本上全年	434	12.1	28.6	100.0
	总计	1518	42.2	100.0	
缺失	系统	2075	57.8		
总计		3593	100.0		

附录2：山东省农村居民社会心理调查问卷及编码手册

一、政治心态

Q1 与朋友在一起的时候，你们谈论国家大事吗？

1 = 经常谈论　　2 = 有时谈论　　3 = 说不清

4 = 很少谈论　　5 = 从不谈论

Q2 您主要从什么渠道了解国家大事、国家政策？（多选）（否表示没选，是表示选中）

Q2_1（1）电视　　0 = 否　1 = 是

Q2_2（2）广播　　0 = 否　1 = 是

Q2_3（3）报纸（杂志）　　0 = 否　1 = 是

Q2_4（4）网络　　0 = 否　1 = 是

Q2_5（5）村里的宣传栏　　0 = 否　1 = 是

Q2_6（6）干部讲的　　0 = 否　1 = 是

Q2_7（7）朋友和家人告诉的　　0 = 否　1 = 是

Q2_8_0（8）其他，请注明（________）如有填写，直接输入填写内容

Q3 您看下列电视节目吗？（如被选中，就输入相应数字，下同）

	从不	很少	有时	经常	总是
Q3a 中央台新闻节目	1	2	3	4	5
Q3b 山东卫视新闻节目	1	2	3	4	5
Q3c 本市新闻节目	1	2	3	4	5
Q3d 本县（市、区）新闻节目	1	2	3	4	5

Q4 您知道什么是“民主”吗？

1 = 非常了解　　2 = 比较了解　　3 = 不确定

4 = 不太了解　　5 = 很不了解

Q5 下面两种说法哪一种更接近您对民主的理解？（单选）

1 = 民主就是“当官的为老百姓做主”

2 = 民主就是“老百姓决定谁来当官”

3 = 民主就是“大家的事大家商量着办”

4 = 都不是，我认为民主是（________）如有填写，登记在 Q5_4_0 之中

Q5_4_0 字符串列，用于登记答案 4 的自主填写内容

Q6 您觉着我们国家现在民不民主？

1 = 很民主　　2 = 比较民主　　3 = 说不准

4 = 不民主　　5 = 很不民主

Q7 您认为发展民主对于我们国家很重要吗？

1 = 很重要　　2 = 比较重要　　3 = 说不准

4 = 不重要　　5 = 很不重要

Q8 您同意如下看法吗？

	完全同意	比较同意	不确定	不太同意	很不同意
Q8a 只要让我的日子越过越好我不在乎是否民主	1	2	3	4	5
Q8b 民主会让整个社会变乱套	1	2	3	4	5
Q8c 在所有事情中社会稳定才是最重要的	1	2	3	4	5
Q8d 只有思想认识统一才能维护社会政治稳定	1	2	3	4	5

Q9 最近一次村委会选举，您参加投票了吗？

1 = 参加了（跳过第 11 题）　　2 = 没有参加（跳过第 10 题）

Q10 您在投票前是否与别人交流了想法？（除（1）之外，可多选）

Q10_1（1）没与任何人商量　　0 = 否　1 = 是

Q10_2（2）与家里人商量　　0 = 否　1 = 是

Q10_3（3）与朋友商量　　0 = 否　1 = 是

Q10_4（4）与本族人商量　　0 = 否　1 = 是

Q11 没有参加投票的原因是什么？

1 = 没有投票资格　　2 = 感觉没啥用　　3 = 没空参加　　4 = 没接到通知

5 = 其他，请说明（____________________）

Q11_5_0 字符串列，用于登记答案 5 的自主填写内容

Q12 您认为现在的村民委会员选举公平吗?

1 = 很不公平　　2 = 不太公平　　3 = 说不清

4 = 比较公平　　5 = 很公平

Q13 有的地方进行村委会选举时有请客吃饭、送钱送物的情况,您觉着这种做法合理吗?

1 = 很不合理　　2 = 不太合理　　3 = 说不清

4 = 比较合理　　5 = 很合理

Q14 按照《村民委员会组织法》,村民不仅可以直接选举产生村委会主任、副主任和委员,还有权参与村集体的决策、村集体事务的管理和对村委会的监督。 在您看来这四个方面有多重要?

	很重要	重要	说不清	不重要	很不重要
Q14a 民主选举	1	2	3	4	5
Q14b 民主决策	1	2	3	4	5
Q14c 民主管理	1	2	3	4	5
Q14d 民主监督	1	2	3	4	5

Q15 总体来说,您认为本地乡镇政府与老百姓的关系怎么样?

1 = 很好　　2 = 比较好　　3 = 很难判断

4 = 不太好　　5 = 很不好

Q16 近年来一些地方进行了村民直接选举产生乡镇长的试点,您觉得这种做法在本地应该推广吗?

1 = 应尽快推行　　2 = 应该实行,但现在条件不成熟

3 = 不应当实行　　4 = 说不清

Q17 在您看来,民主选举对解决农村的社会问题有多大帮助?

1 = 有很大帮助　　2 = 有帮助　　3 = 说不清

4 = 有一定的帮助　　5 = 没有帮助

Q18 您觉得现在这个地方农村迫切需要解决的问题有哪些? (可多选)

Q18_1 (1)学校教育质量差问题　　0 = 否　1 = 是

Q18_2 (2)社会治安问题　　0 = 否　1 = 是

Q18_3 (3)看病难看病贵问题　　0 = 否　1 = 是

Q18_4 (4)环境(水、土壤、空气)污染问题　　0 = 否　1 = 是

Q18_5（5）食品安全问题 0＝否 1＝是

Q18_6（6）文体活动场所、设施缺乏问题 0＝否 1＝是

Q18_7（7）子女不孝顺老人的问题 0＝否 1＝是

Q18_8（8）孩子上学路远、不方便问题 0＝否 1＝是

Q18_9（9）选举舞弊问题 0＝否 1＝是

Q18_10（10）基层干部多吃多占问题 0＝否 1＝是

Q18_11（11）村集体事务不公开透明问题 0＝否 1＝是

Q18_12（12）农民进城落户问题 0＝否 1＝是

Q18_13（13）贫困问题 0＝否 1＝是

Q18_14（14）交通不便问题 0＝否 1＝是

Q18_15（15）到政府部门办事难问题 0＝否 1＝是

Q18_16（16）养老的问题 0＝否 1＝是

Q18_17_0（17）其他问题，请说明（____________）如有填写，直接输入填写内容

Q19 在您身上有没有发生过下列事情？（可多选）

Q19_1（1）与乡镇干部或村干部吵架 0＝否 1＝是

Q19_2（2）状告某个政府部门 0＝否 1＝是

Q19_3（3）当"钉子户" 0＝否 1＝是

Q19_4（4）打政府热线电话反映问题 0＝否 1＝是

Q19_5（5）参加上访活动 0＝否 1＝是

Q19_6（6）都没有 0＝否 1＝是

Q20 总的来说，您认为当今社会是否公平？

1＝很不公平 2＝不公平 3＝说不清

4＝比较公平 5＝非常公平

Q21 总的来说，您认为您的生活是否幸福？

1＝很不幸福 2＝不幸福 3＝说不清

4＝幸福 5＝非常幸福

Q22 您认为将来农村会怎样？

1＝会比现在更好 2＝不会有太大变化

3＝会更破败 4＝说不准，没想过

二、宗教信仰

Q23 您认为人是否需要宗教信仰？

1 = 很需要　　2 = 比较需要　　3 = 说不清

4 = 不太需要　　5 = 很不需要

Q24 您相信人死之后有来世吗？

1 = 非常相信　　2 = 比较相信　　3 = 说不清

4 = 不太相信　　5 = 完全不信

Q25 您相信做善事会有善报、作恶会有恶报吗？

1 = 非常相信　　2 = 比较相信　　3 = 说不清

4 = 不太相信　　5 = 完全不信

Q26 您到了庙里或道观里面，会跪拜烧香吗？

1 = 会　　2 = 偶尔会　　3 = 就是参观一下，不会跪拜烧香

Q27 您每年给去世的祖先烧纸钱吗？（可多选）

Q27_1（1）清明节上坟烧　　0 = 否　1 = 是

Q27_2（2）过年时才烧　　0 = 否　1 = 是

Q27_3（3）家里人生病了，请求祖先保佑时烧　　0 = 否　1 = 是

Q27_4（4）从来不烧　　0 = 否　1 = 是

Q28 你们村民都信什么宗教？（可多选）

Q28_1（1）佛教　　0 = 否　1 = 是

Q28_2（2）道教　　0 = 否　1 = 是

Q28_3（3）基督教　　0 = 否　1 = 是

Q28_4（4）天主教　　0 = 否　1 = 是

Q28_5（5）伊斯兰教　　0 = 否　1 = 是

Q28_6_0（6）其他，请列出具体名称：如有填写，直接输入填写内容

Q28_7（7）不清楚　　0 = 否　1 = 是

Q29 村里有很灵验的神汉、神婆吗？

1 = 没有　　2 = 有 1 个　　3 = 有 2 个以上　　4 = 没听说过

Q30 村里有宗教场所吗？

1 = 没有

2 = 有，请列出具体名称（如某某庙、某某堂等）：__________

Q30_2_0 字符串列，用于登记答案 2 的自主填写内容

Q31 有外地人到村里传教吗？

1 = 经常有　　2 = 偶尔有

3 = 没有 （跳至 34 题）　　4 = 不清楚（跳至 34 题）

32、他们来传什么教？（　　　　　）教

Q32_1_0 字符串列，用于登记上述答案的自主填写内容

Q33 传教的人来自什么地方？

1 = 本地市的人　　2 = 本省其他地市的人

3 = 外省人。 请列出具体哪个省：　　4 = 不清楚

Q33_3_0 字符串列，用于登记上述答案 3 的自主填写内容，省的名称写完整，如“河南省”

Q34 您现在信教吗？

1 = 不信。（跳至第 42 题）

2 = 信。 请列出具体哪个宗教（　　　　　）

Q34_2_0 字符串列，用于登记上述答案的自主填写内容

Q35 您信教主要是受哪些人的影响？（可多选）

Q35_1（1）受父母影响　0 = 否　1 = 是

Q35_2（2）受祖父母影响　0 = 否　1 = 是

Q35_3（3）受子女影响　0 = 否　1 = 是

Q35_4（4）受同学影响　0 = 否　1 = 是

Q35_5（5）受邻居影响　0 = 否　1 = 是

Q35_6（6）受亲戚影响　0 = 否　1 = 是

Q35_7（7）有信宗教的人（和尚、道士、牧师、一般信徒等等）来传教 0 = 否　1 = 是

Q35_8（8）自己看书、看电视、上网等受影响 0 = 否　1 = 是

Q36 您信教多长时间了？（______）年 直接填作答的数字，填整数

Q37 您有过正式的入教仪式吗？

1 = 有　　2 = 没有

Q38 您认为您的信仰虔诚程度如何？

1 = 非常虔诚　　2 = 比较虔诚　　3 = 说不清

4 = 不太虔诚　　5 = 很不虔诚

Q39 您了解您所信奉的宗教的教义和知识吗?

1 = 非常了解　　2 = 比较了解　　3 = 说不清

4 = 不太了解　　5 = 很不了解

Q40 您现在有没有在宗教组织或宗教场所中免费帮忙?

1 = 有　　2 = 没有

Q41 您会向以下人传讲您的信仰吗?

	经常	偶尔	从来不会
Q41a 家人	1	2	3
Q41b 朋友	1	2	3
Q41c 同事	1	2	3
Q41d 邻居	1	2	3
Q41e 陌生人	1	2	3

Q42 村里或邻村有人聚集在某人家里拜耶稣基督吗?

1 = 有，他们每周都拜

2 = 农闲的时候拜，农忙的时候就不拜

3 = 他们夜晚或早上的时候会聚在一起喊、一起哭

4 = 他们经常换地方，很神秘，我们不太清楚

5 = 没有听说有这类事情

Q43 您怎么看待基督教?（可多选）

Q43_1（1）我觉得它很好，它劝人做善事　　0 = 否　1 = 是

Q43_2（2）我觉得它是真理，它的说法都有依据　　0 = 否　1 = 是

Q43_3（3）基督教跟其他宗教差不多，都劝人做善事　　0 = 否　1 = 是

Q43_4（4）信基督教也是一种迷信活动　　0 = 否　1 = 是

Q43_5（5）基督教是外国人的宗教，中国人不应该信　　0 = 否　1 = 是

Q43_6（6）我没有听说过　　0 = 否　1 = 是

Q44 如果您身边有信基督教的，您的态度是?

1 = 非常理解，愿意交往。　　2 = 基本理解，可以交往

3 = 不理解，最好不交往　　4 = 无所谓

Q45 您觉得共产党员是否可以信仰宗教?

1 = 不可以　　2 = 可以　　3 = 说不清楚

Q46 您村里信教的人对村子修路修桥、照顾孤寡老人等公益事业有何贡献？

1 = 贡献很大　　2 = 贡献一般　　3 = 没有贡献　　4 = 不清楚

Q47 您了解党和政府的宗教政策吗？

1 = 非常了解　　2 = 比较了解　　3 = 说不清

4 = 不太了解　　5 = 很不了解

Q48 您知道什么是邪教吗？

1 = 非常了解　　2 = 比较了解　　3 = 说不清

4 = 不太了解　　5 = 很不了解

Q49 您认为信教对国家、社会有好处吗？

1 = 有很大好处，如促进社会公益事业、社会和谐、民族团结等

2 = 没什么好处。 都是封建迷信，不科学，骗人，还有邪教杀人等

3 = 无所谓，这是个人事情，只要个人喜好，不危害家庭和社会就行

Q50 您觉得下列哪个神最灵，法力最大，信了最有用？（可多选）

Q50_1（1）如来佛　　0 = 否　1 = 是

Q50_2（2）玉皇大帝　　0 = 否　1 = 是

Q50_3（3）观音　　0 = 否　1 = 是

Q50_4（4）泰山奶奶　　0 = 否　1 = 是

Q50_5（5）财神爷　　0 = 否　1 = 是

Q50_6（6）关公　　0 = 否　1 = 是

Q50_7（7）耶稣基督　　0 = 否　1 = 是

Q50_8（8）女基督　　0 = 否　1 = 是

Q50_9（9）全能神　　0 = 否　1 = 是

Q50_10（10）土地爷　　0 = 否　1 = 是

Q50_11_0（11）其他（请列出）：______如有填写，直接输入填写内容

Q50_12（10）都不灵　　0 = 否　1 = 是

Q50_13（10）不清楚　　0 = 否　1 = 是

Q51 你现在不信任何宗教，假如让你来选择一种宗教，你会选哪个？

1 = 佛教　　2 = 基督教　　3 = 天主教　　4 = 道教

5 = 伊斯兰教　　6 = 儒教（孔子）　　7 = 其他宗教　　8 = 不清楚

Q52 您觉得宗教在农村未来发展的前景是什么？
1 = 信宗教对个人有好处，信的人会越来越多
2 = 信宗教没什么用，信的人会越来越少。
3 = 不清楚。

三、个人基本信息

Q53 您的性别：
1 = 男　　2 = 女

Q54 您的年龄：（______）直接填作答的数字

Q55 您的民族：（______）直接填作答的字，填写完整，如“回族”

Q56 您的文化程度：
1 = 小学及以下　　2 = 初中　　3 = 高中或中专
4 = 大专　　5 = 本科及以上

Q57 您的政治面貌：
1 = 中共党员　　2 = 民主党派成员　　3 = 普通群众　　4 = 共青团员
5 = 其他，请注明（__________）
Q57_5_0 字符串列，用于登记上述答案的自主填写内容

Q58 您的职业：
1 = 在家务农　　2 = 村组干部　　3 = 农村中小学教师　　4 = 企业工人
5 = 工商户　　6 = 在校学生
7 = 其他，请注明（__________）
Q58_7_0 字符串列，用于登记上述答案的自主填写内容

Q59 您第一次到城里打工是哪一年？
Q59_1（1）（__________）年 直接填作答的数字，如“1998”
Q59_2（2）从来没有外出打过工（跳至第 61 题）0 = 否　1 = 是

Q60 去年您有多少时间在城市打工？
1 = 基本没外出打工　　2 = 三分之一的时间
3 = 三分之二的时间　　4 = 基本上全年

Q61 去年您全家的毛收入：（______）元 直接填作答的数字，填整数，如“25000”

Q62 您家几口人？（______）直接填作答的数字

Q63 在外的家人每年都回家过年吗？

1 = 是　　　　2 = 不是

后　记

本书的出版需要感谢的个人和机构很多。

2014 年，笔者的“当代中国农民民主意识发展问题研究”获得国家社科基金资助。按照研究设计，完成这一课题需要在农村进行抽样调查，但课题的预算甚至难以支撑在山东省农村范围内的抽样调查。幸运的是，笔者又于 2015 年获批了教育部人文社科研究基地重大课题“当代中国基层社会意识形态问题研究”；2016 年 2 月，山东省委宣传部委托当代社会主义研究所进行高校意识形态状况的调查，并提供部分经费支持。在山东大学当代社会主义研究所支持下，笔者整合了上述多方资源，在山东省农村进行了一次抽样调查。

当代社会主义研究所兼职研究员张天舒、李广等参与了问卷调查从设计、实施到数据后期处理的全过程。时任当代社会主义研究所所长王建民教授不仅帮助对问卷进行仔细推敲，还提供了后勤保障。在问卷设计阶段，宗教史专家刘家峰教授付出了大量心血。山东大学的近 300 名在校生参与了问卷的发放和收集。山东大学政治学与公共管理学院政治学专业研究生刘艳艳、徐玉娟等参与了数据的录入、核对工作；张宏发对数据进行了反复清洗；张宏发、王迎欣、信鸽、张丹、黄倩影等参与了村庄概况数据的补录工作。感谢参与这项工作的所有专家、老师和同学们！

感谢当代社会主义研究所所长崔桂田教授对本书出版给予的大力支持！

感谢山东人民出版社隋小山编辑的辛苦劳动！

楚成亚

2018 年 11 月于鳌山卫